신기루를 쫓는 인생

세 가지 헛된 믿음

-신, 정의, 이념-

사겸 이완수 지음

신기루를 쫓는 인생

세 가지 헛된 믿음
- 신, 정의, 이념 -

바른북스

인생의
전환점에 서서

70여 년의 세월을 살고 나서 생각해 보니 왠지 허전함에 뒤를 돌아보게 한다. 꼭 무엇엔가 속은 느낌이다. 나만의 헛된 망상일까?

대부분의 사람들은 인생의 목표를 정하고 꿈을 이루기 위해 최선을 다해 노력한다. 어렵고 힘든 시간을 견디고 목표에 이르면 편안하고 풍족한 삶이 보장된다는 희망을 되뇌며 끊임없이 자기최면을 걸며 살아간다.

역사 이래 인간은 내일이라는 희망에 속아 살아왔다. 희망이라는 신기루에 속아 속는 줄 알면서도 따라갔다. 길 잃은 사막을 헤매며 생명의 오아시스를 찾는 인생은 신기루에 속아 죽을 줄 알면서도 허상을 좇아간다.

지금도 세 가지 허상에 속으며 다른 이를 속이고 스스로를 속이며 신기루를 쫓아 멸망의 내리막길을 내달리고 있다.

첫 번째가 신이라는 신기루다. 신화에 속고 실체가 없는 신화 속의 신이라는 존재 앞에 두려워 떨며 무릎을 꿇는다.

사람은 죽어서 신이 되기를 바란다. 영원히 죽지 않고 생로병사와 화복이 관계없는 신국, 천국의 삶을 꿈꾼다.

이 땅 위에서 자유와 평등이 가득 차고 평화가 넘쳐나는 이상 국가를 이루지 못하고 한 번 태어난 생명은 한 번 죽는 것이 정해진 이치로 영원히 살지 못하니까 죽어서라도 태어남의 고통이나 늙는 억울함이나 병으로 고생하는 것과 죽음의 공포에서 벗어나 편안하게 영원히 살고 싶은 소원에서다.

두 번째가 정의라는 신기루다. 지금 비록 고통을 당하고 억울하게 짓밟히고 있지만 언젠가는 나중에 결국에는 정의가 승리한다는 것이다.

그러나 인류의 역사와 우리들의 삶 속에서 정의가 승리한 적은 한 번도 없는 것 같다. 승리한 것은 신도 아니요. 정의도 아니요. 선도 아니었다. 불의한 폭력과 무력, 힘의 승리였을 뿐이다. 그래도 우리는 오늘도 정의를 위해 싸운다. 최소한의 사회정의는 이루어져야 하기 때문이다.

마르크스의 공동체 경제사상은 정의로운 것이다. 그러나 그 정의는 실현되지 못하였고 심지어 경제 정의를 말하는 사람은 핍박을 당하였다.

세 번째로 이념, 사상이라는 신기루다. 이념이나 사상 역시 신처럼 실체가 없는 것이다. 《사회와 정치》(이완수 저, 좋은땅, 2020)에서 밝힌 것처럼 사회주의라는 사상이나 이념은 없는 것이다. 있다면 인간이 생각하고 논하는 모든 정치경제를 포함한 학문적 사상과 주의, 이념은 모두 사회주의에 속한 것이다.

아직까지 단 한 번도 완벽하게 이루어진 적이 없는 정치적 민주주의나 경제적 공산주의는 인류의 바람직한 꿈이지만 말이다.

쓸모없는 신화 속의 우상화된 신을 두려워하는 어리석음과 정의라는 강자의 힘의 논리에서 벗어나고 정치경제적 이념 갈등으로 다투고 패를 갈라 싸울 것이 아니라 인류의 미래를 위협하는 핵무기와 식

량 부족과 자연환경 파괴와 바이러스의 공격, 기후 변화 같은 자연
재해에 대비하는 데 총력을 기울여야 할 것이다.

현대 인류의 삶을 주관하고 결정짓는 것은 정치와 경제와 과학이다.

정치는 인간의 개인주의의 일탈을 막기 위해 나쁜 이기주의를 제
한하여 통제하는 것이다. 개인뿐 아니라 인간사회 공동체의 소속원
인 시민, 민족, 국민, 국가와 인류를 통제하여 바르게 다스리는 것이
정치다.

정치의 통제에는 국가와 민족, 개인과 단체의 권리와 자유와 평등
과 종교의 집회와 행사 일체가 포함된다. 질서를 파괴하는 자에게는
철퇴가 필요하다. 국가정치의 통치는 국민의 생명을 보호하는 것보
다 우선적인 것은 없기 때문이다.

경제는 의식주의 문제로 인간의 최소한의 생존권이기 때문에 공동
체의 목표는 최대 다수의 최대 행복을 누리는 것이지만 그렇지 못할
경우에라도 최소한의 생존권은 모두에게 평등하게 나누어져야 하는
것이다.

어느 한 나라의 부유한 삶이나 지역공동체의 안일만 위한 경제공동체가 아니라 전 세계 인류의 균등한 삶을 위한 하나밖에 없는 지구공동체라는 관점에서 경제를 논하고 파괴적인 투기자본의 투자와 실체 없는 돈(블랙머니, 코인)의 체계적인 통제방안도 미리 마련해야 할 것이다.

과학은 첨단과학기술과 의술이 빠르게 발달하고 있지만 인류의 보편적인 평화와 안전과 평등한 삶을 위해 쓰여야 한다. 이제는 핵 위협이나 군비경쟁으로 시간을 허비할 시간이 없다. 산업 쓰레기들을 처리하고 환경오염을 막는 신기술을 발명하여 하나밖에 없는 인류의 삶의 터전인 지구를 보호하고 지켜야 한다.

생명이 생존할 수 없는 달이나 화성 등의 천체에서 지구에 없는 신물질을 발견하고 채취하여 새로운 동력을 얻으려는 노력은 계속해야 할 것이지만 생존 자체가 불가능한 이주에의 꿈(신기루)은 일찍 버리는 것이 좋을 것이다.

공든 재산과 인명을 살상하는 미사일이 아니라 태풍의 눈을 쏴서 해체시키므로 피해를 막는 미사일을 만들고 태양의 흑점 폭발로 인한 태양풍의 영향을 최소화할 수 있는 방안과 파괴된 오존을 다시 회복할 수 있는 기술과 미생물학, 의학을 연구하여 동토의 땅이 녹아 그 속에 갇혀 있던 미지의 미생물과 새로운 바이러스의 공격에 대비해야 한다.

속는 줄 알면서도 속으며 살아온 인류의 사기꾼 세 가지 신기루에 대해 그 실체를 자세히 밝히고 위태로운 인류의 미래를 밝힐 촛불을 켜보려는 어리석은 노력의 단편을 펼쳐보려고 한다.

차례

정의(공의, 사회정의)

이념(주의, 사상, idologie)

신

(God, Gott, 하나님)

신이란
무엇인가?

신은 눈에 보이거나 만지거나 피부의 감각으로 느낄 수 없는 형상이 없는 존재다. 존재가 아닌 그저 무일 뿐이다.

이것이 원시 인류로부터 현대인에게 이르기까지 신에 대해 깨달은 결론이라면 결론이다.

그러나 인간은 스스로 연약한 존재임을 알기에 부족하고 유한한 존재인 것을 깨달음으로 인해 인간보다 강하고 의지할 수 있는 질병과 죽음도 이길 능력 있는 영원한 존재를 꿈꾸게 되었고 그런 존재를 신이라 칭하고 기대려는 의뢰심, 의존성이 형성되었다. 그런 의존성이 종교심으로 종교가 만들어졌다.

오늘날에 와서는 생각하는 종교인 중에 신은 실존하는 존재가 아니요, 더욱이 우상이 아니라는 것을 깨닫고 신은 인간의 삶 속에 스며들어 정신과 생활을 지배하는 의식으로 각 개인과 뜻을 같이하는 공동체의 체험적 인식에 따라 다르게 나타난다고 생각하는 사람도 있게 되었다.

신인식 곧 신앙심은 사람에 따라 공동체에 따라 각 종교와 분리된 교파에 따라 종족과 민족에 따라 또 그들의 문화와 관습에 따라 다른 깨달음을 갖게 되고 숭배의 형식도 다르게 마련이다.

신은 인간의 우상이다. 이상형이다. 그래서 신앙은 신과 하나 되는 것을 목표로 한다. 신을 체험함으로써 신과 합일(일체)되었다고 믿는다.

신은 실체로 존재하는 물질이나 형체가 아니고 인간의 필요에 의해 만들어진 상상의 산물이기 때문에 어떤 신을 추구하고 믿느냐? 하는 것은 개인과 공동체의 추구하는 가치관, 삶의 목적과 밀접한 관계가 있다.

따라서 신의 모습, 형상은 가지각색이다. 무서운 진노의 신인가 하면 자애로운 용서의 신이기도 하다. 전쟁에서 승리의 신인가 하면 때로는 적을 몰아오는 패망의 신이기도 하다. 축복의 신인가 하면 어느덧 저주의 신이 되어 있다.

영웅이나 왕의 존재인가 하면 신들을 지배하고 낳는 신들의 아버지와 어머니이기도 하다. 보이지 않고 드러나지 않는 신인 동시에 말씀하고 행동하는 신으로 나타난다.

현대인이 갖고 있는 신개념은 모두 동양에서 왔다. 세계 모든 종교가 동양에서 발생했기 때문이다.

현대 인류의 조상이라고 확신하는 호모 사피엔스는 아마도 아프리카와 유럽인종의 혼합으로 이루어졌다고 보는 것이 타당할 것이다.

지구상의 대홍수 이후에 살아남은 자들의 후예들이 번성하며 곳곳으로 흩어져 나가 삶의 터전을 이루며 자연환경에 적응하는 과정에서 변화무쌍한 자연의 변화와 죽음의 공포에 떨며 의지하게 된 것이 신이요 종교의 시발점이 되었을 것이다.

동양 특히 중국과 한국의 신개념은 도다. 도는 어떤 형체의 신이 아니라 진리로 사람이 살아야 할 길, 바르게 걸어가야 할 길이다. 이 세상에는 수천수만 갈래의 길이 있지만 인생을 살아야 할 바르고 참된 길은 오직 하나요 바른 사람이 되는 길도 하나라는 생각이다.

동양사상, 동양철학은 태극으로부터 시작된다. 태극은 음양론으로 태초의 창조론이다. 그리스도교의 태초의 천지창조론과 같은 것이다.

태극은 음과 양이 나오는 한가운데요 음양이 하나 되는 점, 정중앙이다. 모든 생명의 탄생은 태극으로부터 나오고 음양의 조화로 이루어진다. 물질과 정신도 자연과 사람의 건강도 음양의 조화에 달렸다.

인류 최초의 문명발상지라고 할 수 있는 메소포타미아 지역의 수메르인의 종교와 문화가 인도의 불교와 이스라엘의 유대교와 그리스도교, 이슬람과 조로아스터교 등 세계 4대 종교의 바탕이 된 것이 분명하다.

　그들의 신개념은 전지전능한 불멸의 신이요 인간의 생사화복을 주
장하는 신이며 영혼불멸사상으로 사후의 세계, 영생으로 인도하는 신
이다.

철학자들의
초월적인 신

기원전 5세기경 소크라테스와 그의 제자들이 등장하며 지혜와 지식을 논하며 가르치는 철학이 탄생하였다.

소크라테스와 아킬레우스의 죽음에 대한 이야기가 유명하다.

소크라테스는 - "인격(品位) 있는 사람은 어떤 일을 할 때 그것이 옳은 일인가? 선량한 사람이 할 일인가? 하는 것만 생각해야 한다고 하며 그 일을 하면 살게 되느냐 죽게 되느냐? 하는 것을 생각해서는 안 된다."고 말했다고 한다.

아킬레우스는 - 그의 어머니 여신에게 "내 아들아 네가 너의 친구인 파트로폴로스의 원수를 갚기 위해 텍토르를 죽이면 너 자신도 죽게 된다. 왜냐하면 텍토르의 바로 등 뒤에서 죽음의 신이 너를 붙들려고 기다리고 있기 때문이다."는 말을 들었다.

아킬레우스는 이 말을 듣고 죽음이나 위험은 아랑곳하지 않고 오히려 친구를 위하여 원수를 갚지 않고 비겁한 자로 살아남게 되는 것을 훨씬 두려워하여 대답하기를 "나의 원수에게 복수를 한 다음에는 죽어도 좋습니다. 이곳에서 대지의 짐이 되면서까지 머리 굽은 배들(전갈?) 곁에서 웃음거리가 되고 싶지는 않습니다."고 말했다고 한다.

아킬레스는 위대한 전사였지만 발목이 약하게 태어나 잘 접질리고 삐는 것이 유일한 약점이었다. 헥토르를 죽여 친구의 원수를 갚은 아킬레스는 헥토르의 여동생을 사랑했다가 유혹에 빠져 발목 뒤 인대에 독화살을 맞고 죽었다고 한다. 그 뒤로 약점이라는 뜻을 가지고 있는 발목 뒤 인대를 아킬레스건이라고 부르게 되었다(* 아킬레우스는 그리스어 발음이고, 아킬레스는 라틴어 발음이다).

플라톤은 신화를 "늙은 아내의 수다"라고 비판하였다. 그러나 플라톤의 신화에 대한 거부와 비판은 대중들에게 쉽게 호응을 얻지 못하고 받아들여지지 않았다. 신화는 로마시대를 거치며 음악과 시문학에 자료가 되고 인용되었다.

로마시대의 고전학자 바로는 종교는 인간의 한 제도로 사회의 선을 보존하는 아주 중요한 역할을 하는 도구라고 말하며 미신(신화)에 사로잡힌 사람들은 신을 두려워하며 참되고 경건한 사람들은 신을 부모처럼 공경한다고 말했다.

바로가 말하는 로마사회의 신과 신화의 가치 세 가지는

첫째, 시인과 문학가, 음악가들의 연극(희비극) 공연과 오락을 위해 만든 신화적 가치

둘째, 도시와 사람들(시민)의 통합을 위해 숭배로 이용하는 대중적 가치

셋째, 철학자들이 만들어 내는 자연에 대한 이론과 지식적 가치라고 말한다.

철학자 키케로는 그 누구도—노파나 어린아이라도—하데스(지옥)의 공포나 스킬라, 켄타우로스, 용 같은 괴물을 믿을 만큼 어리석지 않다고 말하면서도 미신(신화)에 잘 속아 넘어가는 대중의 어리석음에 불만을 표하기도 했다.

신학자이며 철학자인 아우구스티누스는 "신 안에서 쉼을 얻기 전까지 모든 영혼은 불안하다. 인간의 진정한 안식과 평화와 행복은 하나님 품 안에서 안식을 얻을 때만 누릴 수 있다."고 고백했다.

따라서 인간의 실존은 신과 하나가 되든지 신을 거부하든지 선택을 해야 한다. 인간의 삶은 신을 빼놓고 논의될 수 없다고 말한다.

독일의 관념 철학자인 헤겔은 "신은 인격적으로 최고 최상의 절대적 존재다."라고 정의했다.

고대 로마시대에는 신화가 거의 없었다. 그리스의 신화를 대부분 받아들였고 이집트의 태양신과 동방의 영혼불멸설까지 받아들여 하나로 통합되었다.

그리스 로마신화는 문학과 건축양식을 비롯한 모든 문화예술의 근원이 되었고 로마제국의 그리스도교 공인 이후, 구약성서의 창조신화가 대신하며 현대 유럽문화의 기틀이 되었다.

그리스도교를 초월주의라고 하는 것이나 그리스도교 역사를 역사 밖의 역사라고 하는 것은 오류다. 희랍문화와 로마사상으로 옷 입혀지고 게르만 민족의 신화가 덧입혀진 신학이지만 동양 역사가 역사 내의 역사를 말하듯이 그리스도교 역사철학 역시 인간 삶에 중심을 둔 인본주의, 인간중심사상이요 역사 내의 역사다.

18세기 계몽주의자들이 신으로부터의 해방과 인권선언을 외치며 신본주의를 배격하고 인본주의를 가르쳤음에도 불구하고 19세기까지의 서양 신학은 초월적인 신, 영원한 타자, 창조자, 구원자로서의 신을 믿었고 그 신을 증명하기 위해 모든 두뇌와 상상력과 노력을 기울여 왔다.

19세기 말 니체의 "신은 죽었다."는 외침에 신학은 발칵 뒤집혔고, 자유주의 신학자들은 드디어 신의 초월성을 형이상학적 사유의 산물로 치부하고 역사 안으로 들어온 신, 인간의 삶 속에 내재해 있는 신의 발견에 눈을 뜨기 시작하고 따라서 역사적 예수 연구에 박차를 가하기 시작했다.

칸트의 이성 비판으로 초월적 신에 대한 변증이 끝났다고 생각하지만, 21세기의 현재에도 대부분 신앙인들은 초월적 존재로부터 오는 구원을 희망하며 구원자의 재출현(재림)을 기다리고 있다.

칸트는 순수 이성 비판에서 '형이상학적 해명'이라는 이름으로 선험적 논리학을 펼친다. 인간의 선험적 형식 또는 선험적 감성이란 양심을 이르는 말이다.

철학적 용어인 순수 이성은 인간이 태어나서 배우고 익힌 지식으로 사물을 판단하는 능력이 아니라 태어나면서 이미 부모에게 받은 유전자를 통한 선험적 지식, 곧 양심의 판단 능력을 말하는 것이다. 그 바탕 위에서 새롭게 얻어지는 지식이 재구성되어 새로운 것을 발견하고 발명해 내는 것이다. 순수 이성은 곧 선한 양심이다.

사람이 인식하고 인지하는 모든 감정과 지식은 사람이 선험적으로든, 경험적이든, 사유의 산물이든지 간에 사람의 본질, 본성에 속한다.
진리란 없는 것을 발견하거나 발명해 내는 것이 아니라 이미 자신속에 있는 것과 세상과 우주에 펼쳐져 있는 것을 알아가는 것이요 발견해 내는 것이기 때문이다.

진리의 속성 곧 본질은 변하지 않는 데 있다. 그러므로 변하는 것은 진리가 아니거나 참되지 못하다는 말이다.

공자는 진리, 도는 한시도 떠날 수 없는 것이라고 말했다. 진리, 옳은 길에서 벗어나면 비뚤어지고 엉뚱한 곳에 다다르게 된다는 것이다.
참된 사랑을 하지 않으면 사람이 되지 못하고 인격자가 아닌 괴물이 되어버린다는 말이다.

나사렛 예수가 이 땅 위에 온 이유는 진리를 위해 태어났으며 진리를 증언하기 위해서다. 인간이 발견하고 깨달아 아는 진리는 '사랑'이 유일한데 이 사랑은 변해서도 안 되고 변할 수 없으니 변하는 것은 참사랑이 아니요, 거짓말이요, 가짜인 가식적 행동이라는 말이다.

니체가 "신은 죽었다."라고 말한 것은 그리스도교 교인들의 신앙에 사랑이 식어 시들어 버린 것을 발견한 것이다.

삶 속에 사랑이 없고 거짓된 창부의 유희만이 가득한 세상을 보고 너희가 믿는 그런 신은 없다. 가짜다. 너희가 믿는 신은 죽었다. 사람들의 마음속에 참된 사랑이 없음을 보고 사랑이 죽었다. 신이 죽었다고 표현한 것이다.

돌연변이의 실상을 알아가는 생명 과학처럼 신에 대한 탐구, 신학의 연구는 신성이 곧 사람의 본성임을 알아가는 과정이다.

이렇게 초월적인 신을 찾아 헤매고 의지하는 신앙, 초월적인 신을 증명하기 위한 철학과 신학의 노작들에 의해, 결코 증명될 수 없는 형이상학적 사유 등으로 인해, 진리가 무엇인지 우리 인생에 있어서 그 무엇이 유일한 진리가 될 것인가에 대한 근본적인 인생의 물음을 소홀히 하게 되었다.

거기에 따라 그리스도교는 엉뚱한 방향으로 쓸모없게 변모되었고 그리스도교의 신학자, 목사, 설교자들조차 참된 그리스도가 무엇인지 제대로 알지 못하게 되어버렸다.

인간은 제가 살고 있는 지구도 모르는 주제에 우주의 신을 논하며 우주를 지배하려고 꿈꾸고 있다. 신은 완전한 존재라고 믿으며 인간의 불완전함을 신을 통해서 완전에 도달하고 신탁을 빙자해서 세상의 권세를 잡고 누리기를 바란다.

철학과 신학은 똑같이 진리를 찾고 깨닫기 위한 학문이다. 신학은 종교적 신을 믿고 따르며 진리를 추구하는 것이요 철학은 사변적, 사상과 윤리의 실천을 통해 진리를 추구하는 것이다.

무한한 영원에는 종말이 없다. 제한된 시간의 존재 유한한 인간에게 생의 끝, 죽음과 종말이 있을 따름이다.

신은 무한한, 영원한 존재인가? 신에게는 종말도 없고 죽음도 없는가? 신을 믿으면 유한한 인간도 영생할 수 있으며 죽어도 다시 부활할 수 있을까?

신이 무엇인지를 묻고 인류 역사의 신화 속에 나타난 신과 각 종교의 신, 우상화된 신기루와 참된 신의 의미를 찾아 이해하므로 어리석은 우리 자신을 되돌아보고자 한다.

신화 속의
신

　지구상에서 신이 가장 많은 나라는 신화의 나라인 그리스와 가히 신들의 땅, 신들의 고향이라 할 수 있는 인도 두 나라일 것이다.

　물론 신들의 계곡에 늘어선 피라미드의 나라 이집트도 **빼놓을** 수 없을 것이다.

　신과 신화에 대해 정확한 이해를 위해 신화의 나라 그리스와 신들의 땅 인도에 관해 그리고 성경의 사상에 실제적으로 많은 영향을 주고 있는 이집트 신들의 이야기를 비롯해 세계 여러 지역과 민족들의 신화를 살펴보자.

◆ 신화의 나라 그리스

　신들의 공화국 그리스의 신은 너무도 많다. 고대 그리스인들은 세상 모든 만물에는 모두 각각의 신이 깃들어 있다고 생각했다.

하늘의 별부터 땅 위의 생물, 꽃과 나무와 동물, 바닷속의 물고기까지 다 각각 신이 있고, 큰 신을 따르고 섬기는 정령들이 살고 있다고 믿었다.

그 많은 신들은 또한 족보가 있어 서로 결혼도 하고 다른 신의 아내를 빼앗기도 하며 불륜을 저지르기도 한다. 신들의 아들과 딸이요 신들을 지배하는 신의 아버지이며 신들의 제왕(제우스)까지 존재한다.

그리스신화의 창조신화는 카오스(혼돈)로부터 땅의 신 가이아와 에레보스가 먼저 나오고 에로스(사랑)와 무저갱(혼돈의 나락) 신이 나왔다.

가이아는 에레보스에게서 하늘의 신 우라노스를 낳고 둘이 결합하여 아들을 남편으로 삼아 아이들을 낳았다.

우라노스는 자식들에게 아내를 빼앗기지 않으려고 아이들이 태어나는 대로 다시 자궁 속으로 밀어 넣었다. 가이아는 시샘 많은 남편 몰래 티탄(거인족) 6쌍을 낳아 깊은 땅속에 숨기고 커다란 낫을 만들어 주었다. 그중 크로노스가 낫으로 아버지인 우라노스의 남성(근)을 잘라 죽였다.

크로노스는 누이 레아를 아내로 삼아 자식을 낳았는데 아버지처럼 시샘하여 아이들을 낳는 대로 삼켜 먹어버렸다. 크로노스의 마지막 낳은 아들 제우스가 아버지 크로노스를 처치하여 악습이 사라졌다.

그리스 판테온 신전에서는 고대 그리스의 12신을 숭배하는데 모두가 잘 아는 사랑과 미의 여신 아프로디테와 죽음의 신 하데스, 술의 신 디오니소스, 태양신 헬리오스 등이 포함된다.

프로메테우스가 진흙으로 인형을 만들고 숨결을 불어넣으니 사람이 되었다. 그는 신들에게서 불을 훔쳐 인간에게 주었고 탄탈로스가 제우스의 식탁에서 넥타르와 암브로시아를 훔쳐 인간들에게 주었다.
(* 그리스신화의 인간 창조자는 프로메테우스다.)

프로메테우스는 티탄(거인)족에 속하는 신으로 **'먼저 생각하는 사람'**, '선지자'라는 뜻이다.

올림포스 산의 신들의 제왕 제우스와 권력을 다투는데 프로메테우스가 제우스를 속이고 꺼지지 않는 불을 화양목 안에 넣어 인간에게 주었다. 이에 분노한 제우스가 인간을 벌하기 위해 최초의 여자인 '판도라'를 만들어 **'행동한 뒤 생각하는 사람'**이라는 이름을 가진 프로메테우스의 동생인 에피메테우스에게 아내로 주었다.

그는 형인 프로메테우스의 만류에도 불구하고 아름다운 판도라에게 반하여 그녀를 아내로 맞았다. 그 후, '판도라의 상자'라는 사건이 발생하여 인류에게 재앙이 주어졌다.

예언자인 프로메테우스에게 제우스가 자신의 미래를 묻자 대답을 거절하였다. 이에 제우스가 크게 분노하여 코카서스산 바위에 쇠사슬로 묶어 독수리에게 간을 쪼아 먹히게 하였다.

밤새 간을 회복시키면 이튿날 다시 독수리가 쪼아 먹는 일이 반복되었는데 헤라클레스가 독수리를 죽이고 그를 구해주었다.

그 은혜를 갚기 위해 나중에 헤라클레스가 제우스의 벌로 12과업을 수행할 때 프로메테우스의 동생인 아틀라스의 꾐에 빠지지 않게 도와주었다고 한다.

판도라의 상자 – 판도라는 '모든 선물을 받은 여자'라는 뜻이다. 태초에 제우스는 대장장이 신인 헤파이스토스를 불러 여신처럼 아름다운 여자 인간을 만들라고 하여 '판도라'라는 최초의 여자 인간이 탄생하였다.

(* 여기서는 제우스가 대장장이를 시켜 최초의 여자 인간을 창조하였다.)

제우스는 판도라의 탄생을 축하하며 상자를 주고 절대로 열어보지 말라고 하였다. 그 상자 안에는 온갖 욕심과 질투와 시기와 미움, 각종 질병과 악으로 가득 차 있었다. 뚜껑을 여는 순간 모든 것이 빠져나와 세상에 가득 차게 될 것이었다.

판도라는 프로메테우스의 동생 에피메테우스와 결혼하여 행복하게 잘 살았다. 어느 날 심심하여 제우스가 준 상자에 호기심이 발동하여 뚜껑을 열고 말았다. 뚜껑을 여는 순간 평화로웠던 세상이 금새 험악해지고 시끄러워졌다. 깜짝 놀란 판도라가 급하게 뚜껑을 닫았지만 나쁜 것들은 이미 다 빠져나오고 마지막으로 희망만 남게 되었다.

그 후, 여자(판도라)의 후손들은 판도라의 상자에서 빠져나온 온갖 악과 질병에 시달리면서도 마지막 희망만은 잃지 않게 되었다고 한다. 마치 구약성서의 창세신화 속의 이브와 닮은 죄인이 되고 불행의 씨앗이 되는 묘사와 같다 할 것이다.

인간의 비참한 낳고 병들고 늙고 죽는 현실을 판단하고 그래도 희망을 잃지 말고 살라는 위로의 이야기이지만 한번 이 세상에 태어난 인간은 반드시 죽는다는 사실은 인간에게 희망이 될 수 없지 아니한가?

유행가 가사처럼 노력하면 안 되는 일이 없다면 얼마나 좋을까마는 아무리 노력해도 안 되는 것이 유한한 인간의 생이요 죽음이다. 신화는 이러한 인간의 영원에의 바람이요 꿈일 뿐이다.

남자 신들이 여자의 딸들을 유혹하여 그 사이에 영웅이 탄생하니 영웅은 신의 아들이다. 계속하여 뛰어난 영웅들이 탄생하자 신들은 보이지 않게 되고 헤라클레스 같은 위대한 영웅이 나타나게 되었다.

헤라클레스는 그리스 로마시대의 최고의 영웅이며 이탈리아에서는 상인의 신이고 유럽 여러 나라의 행운과 구원의 신이기도 하다. 그들은 한 나라의 지도자나 영웅은 신의 후손이라는 자부심을 갖고 있다.

인간의 역사는 모두 신들의 지배하에 있고 전쟁의 승패는 물론 개인의 건강과 성공, 사랑과 행복, 태어나고 죽는 것까지 곧 요람에서 무덤까지 신에 의해 좌우된다. 힘이 세고 능력 있는 영웅들과 예쁜 여인들은 모두 신의 아들과 딸들이다.

신이 많다는 것은 신이 없다는 것이다. 신은 인간의 꿈(이상)과 생사 화복을 주관하는 능력이요 주인인데, 어떤 신도, 신들의 제왕 제우스 마저도 인간의 끝없는 욕망을 만족스럽게 채워줄 능력이 없으므로 궁 극적인 신이 아닌 것이다.

그리스에는 신이 많은 만큼 신전도 수없이 많았다. 그러나 지금까 지 추앙을 받는 신도 없고 제사하는 신이 없으므로 신전들은 다 폐허 가 되고 흔적들만 남아 전 세계 관광객들이 옛 문화유적을 찾는 관광 지로 전락하고 말았다. 그것은 그 신들의 진리인 신탁을 빌어 조직된 종교가 없었기 때문이다. 그것은 신화는 신화일 뿐 진리가 아니기 때 문이다.

철학자들의 등장 이후, 600여 년 뒤, 2천 년 전 아덴(아테네)의 모든 사람들과 그곳에서 나그네로 살고 있는 외국인들이 모여 철학자들과 지혜자들의 새롭게 깨달은 진리를 가지고 변론하는 아레오바고 언덕 위의 광장에서 왜소한 거인 유대인 바울의

"아덴 사람들아 너희가 범사에 종교심이 많구나. 심지어 너희는 알 지 못하는 신(미신)까지 섬기는구나. 내가 오늘 너희가 알지 못하고 섬 기는 신을 알게 해주리라!" 하고

"만물을 지으시고 천지를 주관하시는 하나님은 인간이 손으로 만든 전(신전)에 계시지 않으시고 무엇이 부족한 것처럼 사람의 손으로 섬김을 받지도 아니하시며, 만인에게 생명과 호흡과 만물을 친히 주시는 분으로 사람들과 함께하기 위해서 우리에게 오신 하나님, 예수를 믿어라! 너희 시인 중 어떤 사람이 말한 것처럼 우리는 다 신의 소생이라 하였으니, 신의 소생인 사람이 손이나 기술로 만든 금과 은과 돌에 새긴 우상을 섬기는 어리석음을 회개하고 하나님을 믿어라!" 하는 연설 한마디에 그 오래되고 위대한 신화는 와르르 무너져 내렸다.

실체가 없는 무성한 신들의 이야기는 사람을 위해 탄생한 진짜 신의 아들, 그리고 사람의 죄(원죄)를 사하기 위해 십자가에 대신 죽은 예수, 영원한 생명의 부활 이야기에 한순간에 무너지고 철학자와 지혜자, 어리석은 일반 대중들까지 단번에 그리스도교 교인이 된 것이다.

사도 바울의 전도를 시작으로 신이 없던 그리스인들에게 드디어 신이 생겼다. 드디어 끝없는 신화의 논쟁에서 벗어나 현재의 삶 속에 함께하시는 신을 믿는 신앙에 눈을 뜨게 된 것이다.

평소에 종교성이 많던 그리스인들은 순식간에 빠르게 그리스도교화 되어 갔다.

마치 불교 2천 년, 유교 500년의 종교적 뿌리가 깊었음에도 불구하고 민중(민간) 속에 뿌리 깊은 알지 못하는 신, 미신과 삼신(단군신앙) 하늘님을 믿던 조선 사람들의 신앙이 그리스도교의 하나님, 예수를 빠르게 받아들였던 것처럼 말이다.

따라서 그리스의 그 많은 신전들은 섬기는 이는 물론 돌보는 이도 없게 되어 점차로 허물어져 갔다.

그리스신화 속의 신들은 대부분 반신반인이다. 이집트의 피라미드 앞에 서 있는 스핑크스 키마이라, 켄타우로스, 피그마이오스, 그립스 등 허리까지는 사람의 모습에 아래는 말의 몸을 가진 괴물들이다.

신화는 우화요 예화와 같은 것이다. 참된 삶의 지혜와 진리를 설명하기 위해서 신탁을 빌어 선악을 구별하는 법을 말한 것이다. 그리스인들은 인간과 세상의 강자의 원리를 설명하기 위해 신화를 만들었다.

호메로스는 트로이 전쟁 이야기 《일리아스》와 《오디세이》의 장대한 두 서사시를 통해 인간과 전쟁을 노래하였고, 헤시오도스는 《신들의 계보(신통기)》와 《날과 날(노동과 나날)》에서 신과 인간의 삶을 노래하였다.

둘 다 천지만물의 존재와 실존의 원리를 묻고 찾아 대답하려고 하는 것이다. 궁극적인 목적은 인간 이해다.

인간은 무엇인가? 인간은 과연 신의 자손인가? 아니면 신의 창조물인가? 삶이란 무엇인가? 어떻게 사는 것이 더 인간다운 삶인가?

호메로스는 전쟁의 영웅들을 신의 아들로 반신, 반인으로 추앙하지만 헤시오도스는 반신이나 영웅들보다는 평범한 사람들의 선량한 삶에 더 가치를 둔다. 신보다 인간의 가치를 위에 둔 인본주의 곧 인간중심주의이다.

여기서부터 비로소 인간의 정신이 지식의 내용으로 정리되며 인정받기 시작하였다. 가족, 법, 종교와 국가가 개인 삶의 목적이 되며 공동체 사회의 관계 속에서 개인이 인정받기 시작하였다.

그리스신화와 로마신화는 거의 같은 뿌리로 합리주의적이다. 신화가 시와 문학과 건축양식을 비롯한 모든 문화예술의 근원이 되었고 현재까지도 시문학에 인용되고 있다.

오늘날 사람들은 4차 산업혁명 시대에 살면서도 그리스신화 속에 갇혀 살고 있다. 신의 계보가 어떻고, 신들의 사랑싸움 이야기와 피비린내 나는 전쟁영웅 찬양이 오늘도 끊임없이 패권주의로 인류의 평화를 위협하고 있다.

우리는 호메로스의 신들의 영웅과 호전적 가치관을 버려야 한다. 헤시오도스의 신의 계보, 신들의 족보를 외울 것이 아니라 보통사람들의 사랑과 선행을 실천하는 평화를 추구해야 할 것이다.

4차 산업혁명은 로봇을 위한 혁명이 아니다. 인간은 결코 로봇의 조종간을 잡은 로봇의 종이 되어서는 안 된다.

◆ 신들의 땅, 고향 인도

　지구상에서 가장 불가사의한 나라가 인도일 것이다. 수많은 인종과 다양한 종교를 발생시킨 천의 얼굴을 가진 신비로 가득 찬 곳으로 힌두교와 불교, 시크교, 자이나교, 이슬람교 등 다양한 문화가 뒤섞여 있다.

　브라만(영) 신을 믿는 힌두교인들의 영원한 성지 바라나시는 삶과 죽음이 뒤섞이는 갠지스강 가의 신들의 고향이요 천국의 문이다.

　석가모니가 깨달음을 얻은 곳도 바라나시에서 12km밖에 떨어져 있지 않다. 그러나 동양 최대의 종교인 불교가 발생지인 인도에서는 힌두교와 이슬람에 밀려 거의 존재가 미미하다.

　바라나시는 바라나강과 아시강의 이름을 합한 것으로 갠지스강의 중하류에 위치한 기원전부터 존재한 오래된 도시다.

　산스크리트어로 바라나시는 '신성한 물을 차지한다.'는 뜻을 가지고 있어 힌두교도들에게 바라나시는 이곳에서 죽으면 생사의 윤회로부터 해방된다고 믿으며 갠지스강물에 몸을 씻기만 해도 이생의 모든 죄가 사해진다고 믿는다.
　갠지스강은 힌두교뿐 아니라 시크교, 자이나교와 불교의 성지이기도 하다.

　모든 힌두교도들의 마지막 소원이 죽어서 바라나시의 갠지스강 가에서 화장되어 갠지스강에 뿌려지는 것이다.

따라서 늙거나 병들어 죽음이 가까운 사람들은 미리 바라나시로 와서 죽음을 기다린다.

특이한 점은 인도의 옛 사원들은 남녀의 성적인 조각들로 채워져 있다는 것인데, 신이 사랑이라는 깨달음이어서가 아닐까? 인간이 남녀의 육체가 하나 되는 사랑을 나누는 성적 쾌락 속에 신이 존재한다고 믿거나 신이 함께한다고 믿었을 것이다.

사람은 남녀의 사랑으로 잉태되면서부터 어머니의 자궁 물주머니 속에서 형상이 만들어지고 세상에 태어나면서 바로 물로 씻김(세례)을 받는다. 날마다 땀나고 더러워진 손과 몸을 물로 씻는다(회개). 죽어서 불에 살라져 한 줌 재가 되어 강물에 뿌려진다(귀천). 이러한 생명사상과 죽음에 대한 생각 때문에 갠지스강 바라나시의 신성한 물을 차지하는 것이 중요한 것이다.

그러나 실제로 갠지스강은 지구상에서 온갖 오물로 뒤덮여 오염된 가장 더러운 강물 중 하나일 뿐이다.

마하트마 간디와 라마 크리슈나, 비베 카난다 같은 위대한 정신적 지도자와 석가모니 부처의 선각자를 가진 나라에 제대로 된 애국자, 정치지도자가 없고 고약한 인권 말살 카스트제도의 차별과 허무한 종교의 무지와 미신에서 벗어나지 못하고 오늘과 같은 코로나 19 상황에서도 악취 풍기는 똥물을 뒤집어쓰며 한데 어울려 신의 가호를 빌고 있다.

인도에는 3억 3천만의 신이 있다고 한다. 그것은 대부분의 인도인들이 어떤 특정한 신의 형상(부처상이나 십자가, 괴물 우상)을 믿고 섬기는 것이 아니라 각자 자신들의 조상신, 보다 가족 수호신을 믿기 때문이다. 그리스의 정령처럼 모든 물체에 수호신이 존재한다는 믿음일 것이다.

따라서 신화, 신들의 이야기가 풍성한 그리스인들에게 신이 없었듯이 신들의 땅, 신들의 고향, 세계의 큰 종교가 두 개나 생겨난 인도에는, 인도 사람들에게는 역시 신이 없는 것이다.

3억 3천의 수호신을 섬기는 인도, 13-15억 명의 인도인들은 신이 없는 신들의 땅, 신들의 고향에 사는 신비 그 자체다.

힌두교의 브라만은 영으로 힌두교는 사람들에게 브라만에게 드리는 기도와 주문과 주술을 가르쳤으나 점차 제사에 치우치며 제사를 주관하는 사제를 브라만으로 칭하게 되었다.

비슈누, 브라(흐)만은 인간 내면의 정신, 참자아, 자기 정체성, 등 영적 영역을 말하는 것이요 베다교는 제사에 치중하는 종교다.

그들은 역사를 기록하지 않으며 기록할 가치도 없다고 생각했다.

카스트제도의 폐해로 자유에의 희망조차 없이 오랫동안 역사의 시작, 바닥에 머물러 있었다.

브라만(영, 하나님)을 아는 자 곧 믿고 행하는 사람은 브라만이 된다고 하는 것은 '불교의 참자아 곧 진리를 깨닫는 사람은 부처가 된다는 말과 그리스도교의 하나님 곧 사랑을 행하는 사람은 하나님의 아들딸이다.'라는 말과 같은 이치이다.

◆ 이집트의 태양신과 신(왕)들의 계곡

이집트 신화는 우주론적 창조신화로 마트는 법과 진리 정의와 지혜의 여신으로 태양신 라의 딸이며 지식과 달의 신 토트의 아내다.

고대 신전이 있는 도시마다 신화가 다르다. 대표적인 것이 헬리오폴리스로 태양의 신이다. 무저갱(카오스, 창조 전의 혼돈)에서 최초로 빛이 창조된 것이다. 나일 강에서 아톰이 솟아 나와 빛을 만드니 태양신 라다. 라와 아톰과 마트는 이집트의 주신 삼신으로 스스로 존재하는 삼위일체의 신이라고도 한다.

이집트의 신은 왕조가 바뀔 때마다 주신이 바뀌는 특색을 가지고 있다. 처음에는 라신이 주신이었는데 중세왕국시대에는 아몬이 나타나며 라와 합쳐져 아몬라가 되었다가 프톨레마이오스 왕조시기에 이시스가 등장하여 라의 자리를 이어 주신이 된다.

악역을 맡은 세트는 이시스의 남편 오시리스의 동생인데 형을 시기하여 죽여서 바다에 던져버린다.

세트는 인간의 몸에 개의 머리를 가진 괴물이다. 이집트 신의 계보의 시작이다.

성경 창세기에서는 형인 가인이 동생 아벨을 시기하여 삽으로 쳐 죽이는데 형과 동생의 역할이 바뀐 것이다.

이시스가 자기 남편의 시체를 건져 재생시키자 다시 죽여서 갈가리 찢어 조각내어 버리자 이를 또다시 모아서 부활시켜 죽은 자들을 다스리는 음부의 권세를 가진 신이 되게 한다.

여기서부터 페르시아의 영혼불멸설이 발달하여 부활이라는 개념이 생겨나고 그리스로 넘어가는 매개역할을 하고 부활과 미래세계의 삶을 미리 준비하는 미라와 피라미드 문화가 발달하고 사후세계의 영생이 주장된다.

라는 아몬과 결합하여 아몬 라의 모습이다가 나중에는 호루스와 결합하여 주신의 위치를 유지한다. 라는 낮을 주관하는 태양신으로 아침에는 카프라, 저녁에는 아톰이라 불리는데 셋 다 태양신이지만 각자 담당하는 시간이 다른 것같이 각각 다른 모습으로 묘사되기도 한다. 여기서 그리스도교의 삼위일체설이 유래하였다는 주장이 있기도 하다.

이집트 신화의 특색은 신들이 사람의 모양이 아닌 동물의 얼굴을 하고 있다는 것이다. 이집트 신화 역시 처음에는 다신론이었다가 라의 태양신으로 단일화가 시작 되었고 왕권이 강해지면서 왕이 곧 라, 아톰 신의 아들이라는 방향으로 진전해 파라오는 곧 신이요 태양신의 아들로 사람들을 다스리는 왕이 된 것이다.

태양을 중심으로 한 별자리들도 메소포타미아의 천문학과 점성술에서 비롯된 것이고 철학과 법 등도 고대 바빌로니아의 함무라비 법전 같은 것들이 아라비아 대상들을 통해 유입되었을 것으로 생각된다.

피라미드와 왕(신)들의 계곡의 건설은 영혼불멸과 부활의 신앙에서 시체를 썩지 않게 보관하는 방법으로 방부 처리한 미라를 만들고 미래의 삶을 준비하는 집으로서 모든 살림과 보물을 저장하므로 거의 대부분이 도굴되었다.

아벨호텝 4세(B.C 1353-1335)가 18년 동안 나라를 다스리며 다신교 국가였던 이집트를 태양신인 아톰의 유일신으로 바꾸려는 개혁을 시도하였다.

왕권을 강화하기 위해 왕이 태양신 아톰의 아들 파라오라 칭하고 신권인 제사장의 권한과 왕권을 독차지하려고 하였다. 나중에는 더 나아가 "파라오가 곧 신이다."라고 칭했다. 이 과정에서 다른 신들을 섬기는 제사장들의 반대와 공격으로 나라가 혼란하고 불안정하였다.

그의 사후 어린 투탕카멘이 뒤를 이어 왕이 되었으나 2-3년 후에 죽어 묻히게 되었는데 그의 무덤이 유일하게 도굴당하지 않고 고고학자들에게 발견되어 황금마스크와 많은 보석과 유물들이 발굴되어 세상에 드러나 유명해지게 되었다.

그의 무덤이 도굴당하지 않은 것은 첫째, 규모가 작아 왕의 묘가 아니라 피라미드를 만드는 인부들이 머물고 재료들을 보관하는 곳으로 생각되었기 때문이며 둘째, 람세스 1세의 대형 피라미드에 가리어 입구가 불분명했기 때문이다.

저자의 우견으로는 인류의 최초 문화 발상지인 메소포타미아 지역의 수메르인들의 종교와 신들의 이야기가 그리스에 전해져 신들의 계보에 이르는 장엄한 신들의 이야기, 서사시 신화를 낳았다.

애급에 이르러 애급문명과 신들의 계보에 따른 신들의 계곡을 만들다가 태양신의 독주로 태양신의 아들인 파라오가 왕이 되었다.

히브리 족속은 본래 수메르인(셈족?)의 후예 아람족이 바벨탑(지구라트)을 쌓다가 그들보다 강력한 외부종족(유럽족?)의 침략으로 망하고 뿔뿔이 흩어져 그들의 조상이 된 아브라함의 후손이 가나안 땅을 거쳐 흉년을 피해 애급에 내려갔다가 애급의 종이 되어 피라미드(지구라트의 다른 이름?)를 건축하였다.

이집트의 피라미드는 메소포타미아의 지구라트와는 다르다. 지구라트는 구약성서에서 바벨탑으로 명명된 제단형 신전이다. 계단을 만들어 상층부로 올라갈수록 좁아지고 맨 꼭대기에는 제단이 있었을 것이다. 내부에는 제단과 함께 지하에 무덤도 있었다.

지진으로 인해 무너진 것으로 생각되지만 창세기에는 신의 노여움을 사서 언어의 혼란으로 무너졌다고 기록되어 있다.

그리스도교 천주교회의 성당이 오늘날의 지구라트(바벨탑)다. 창이 넓고 천장이 높으며 종탑이 뾰족하고 높은 고딕 성당은 중세시대 유럽의 피라미드로 예배하는 제단과 지하에 무덤이 있다.

중남미 마야제국의 피라미드는 메소포타미아의 지구라트(바벨탑)와 같은 형태다.

이집트의 피라미드는 계단형 탑이나 제단형 신전이 아니고 왕과 왕비, 왕족들의 무덤이다.

고대 이집트의 피라미드는 2-3단의 제단이었다가 6-7단의 계단형 제단으로 발전하였고 사각형식 신전을 쌓다가 무너지자 굴절식을 시도하고 나중에야 피타고라스의 정리에서 증명되었듯이 기하학적으로 가장 안전한 삼각형 형태의 건축양식으로 남았다.

노예생활을 하던 야곱 족속이 430여 년 후 모세라는 위대한 인물이 나타나 출애굽을 통해 약속의 땅인 가나안을 향해 가는 여정에 그가 왕궁생활에서 배우고 익힌 발달된 애굽문명과 전해진 수메르 문명

(바빌론)의 법과 제도들을 이용하여 이스라엘 족속의 십계명 등 율법과 제사를 중히 여기는 야훼신앙을 만들었다.

그리고 지중해를 건너온 강력한 게르만족속(튜톤족?)의 철기문명과 함께 동쪽의 인도로 들어가 베다교가 되어 힌두교의 본체인 브라만 신앙을 낳고 더 나아가 중국의 황허문명의 기초가 된 것이 아닌가 생각된다.

그리스의 올림포스 산 꼭대기에 신들의 제왕 제우스가 없었듯이, 신들의 이야기 신들의 계보를 만든 신화 속에 사람에게 필요한, 사람을 위한 신이 없었듯이, 신들의 땅 인도, 신들의 고향 바라나시에도 사람의 불치의 병을 고쳐주고 죽지 않고 영원히 살게 하는 신은 없었다. 신들의 계곡(왕들의 계곡) 영원한 삶을 예비한 피라미드 속 미라의 부활 또한 없었다.

피라미드는 탑이다. 사람이 쌓아 올린 건축물이다. 각 시대와 종교에 따라 건축형식이 다르지만 쌓아 올리는 것은 마찬가지다. 이슬람 사원과 가톨릭의 옛 성당들이 대표적이다. 옛날에는 신전과 제단 또는 무덤에 그쳤던 것이 점차로 사람이 사는 건축물로 발달하여 현재의 마천루 고층빌딩이 된 것이다.

신을 섬기기 위해 쌓던 제단과 신전, 죽은 자의 시체를 두던 무덤 탑이 사람이 주인이 되어 거주하는 산 자들의 성으로 바뀐 것이다.

천주교 성당은 제단과 신전과 무덤이 하나로 된 완성품인가 하면 불교는 화장 문화에 따라 사리탑을 따로 만들어 불경과 함께 보관하기도 한다.

◆ 수메르 왕조의 창조신화

수메르인의 신앙은 다신교였으며 하늘과 땅의 힘이 의인화된 것이다. 신들은 인간을 자신들을 섬기는 종으로 삼기 위해 창조했는데 인간들의 수가 너무 많아지고 똑똑해지자 풀어주었다고 한다.

초기 왕조시대(B.C. 2900~2350) 후기에 쐐기문자로 신을 찬양하는 찬가를 돌기둥에 새겼다. 신정시대에는 신전 바벨탑(지구라트)의 성직자가 국가의 문화와 종교, 정치행정의 모든 책임자들이었다.

본래 지구라트는 그들이 산 위의 높은 곳에서 살 때는 2단으로 되어 있었으나 점차 좋은 풀과 농경지를 찾아 남쪽 낮은 곳으로 내려왔다.

비옥한 유브라데스와 티그리스 강이 범람하면 홍수가 나 평야와 제단이 물에 잠기게 되자 여러 층으로 제단을 쌓은 것이 지구라트다. 후에 이집트의 피라미드의 원형이 되었다.
아마도 바벨탑은 여러 지구라트 중에서 중앙신전으로 대형으로 높이 쌓다가 지진으로 무너지고 매몰된 것이라 생각된다.

초기 우르 제 3왕조 시대의 판테온 신전에는 $60 \times 60 = 3,600$의 신이 있었다고 하며 왕조 중반기에 이르러 신들은 인간중심적이 되어 수메르인들은 왕이나 힘센 영웅들은 신으로부터 힘과 권위가 부여된다고 믿었다. 영혼불멸을 믿었으며 신의 기운, 곧 에너지는 없어지지 아니하고 변형된다고 믿었다.

B.C. 2340년경 같은 셈족 계열의 아카드인이 수메르지역을 정복하기 전에는 메소포타미아 북부에는 아카드인이 남부에는 수메르인이 살고 있었다. 정복 후에 문화와 신화가 하나로 통합되었다.

B.C. 17세기 중반에 아모리인 계열의 바빌로니아인들이 메소포타미아 남부 지역을 점령하여 고대 바빌로니아(B.C. 1830-1531)가 300여 년 지배하였고 당시에는 수메르어+아카드어=아람어로 통용되었을 것이다.

B.C. 1200년경에는 후로리안과 히타이트인들이 판테온을 주신으로 받아들였다고 한다.
인간 창조는 최초의 여신 티아마트의 자식인 킹구의 피를 이용해 인간을 만들었다고 한다.

◆ 북유럽 신화

북유럽 신화는 아이슬란드, 노르웨이, 스웨덴, 덴마크와 북부 독일에 살던 노르드인과 게르만 종족들이 과거에 믿었던 신화다.
그들이 나중에 잉글랜드와 스코틀랜드 남부로 진출해 앵글로색슨의 칠왕국시대를 통해 다른 지역에 영향을 끼쳤다.

태초에 오딘과 그의 형제들이 강물에 떠내려온(대홍수?) 물푸레나무로 남자를 느릅나무로 여자를 만들고 오딘이 생명을 둘째가 기지와 감정을 셋째가 청각과 시각을 주었다고 한다.

북유럽 신화의 특징은 기후적 특징과 연관되어 혹독한 추위 등 자연환경을 극복해 보려고 신들이 노력했지만 끝내 극복하지 못하고 종말을 맞는다. 신도 운명을 거스를 수 없고 이길 힘이 없으며 늙고 병들고 죽는다는 것이다.
즉 그리스의 제우스나 이집트의 라와 같은 전능한 신이 아니다.

농업의 신 토르, 티르, 오딘 삼신이 있다. 오딘은 8-9세기 바이킹 천국의 발랄라의 주신이었으나 문서로 정리되던 13-14세기 신화에는 농경이 안정을 갖추며 농업의 신 토르가 더 주목을 받았다.

그리스도교 신화에서 멀리 떨어진 북유럽이었기에 그런 신화가 500년 정도나 지속된 것이다.

북유럽 신화의 영향은 현대까지 음악으로 바그너의 〈니벨룽겐의 반지〉와 문학으로 톰킨의 《반지의 제왕》 등이 있다.
유럽 3대 문화인 그리스, 가톨릭, 북유럽문화는 10세기에 가톨릭이 전파되면서 신화를 버리고 그리스도교로 개종하였고 때로는 노르웨이의 국왕 올라프 2세처럼 백성들에게 개종을 강요하기까지 하였다.

독일 작센(색슨)족들도 후랑크 왕국의 사를 마뉴 군주에 의해서 전쟁에 의해 학살을 당하며 개종되었다.

반대로 839년 아일랜드를 침입한 노르웨이 출신 바이킹들은 그리스 도교의 예수를 버리고 농사의 신 토르를 믿으라고 강제하기도 하였다.

그 후, 일 년에 6-8개월을 눈 속에 덮여 사는 북유럽 스칸디나비아 반도 삼국은 눈이 거의 내리지 않는 터키 남부 지역의 니콜라우스 이야기를 눈썰매를 타는 산타 이야기로 둔갑시켜 눈 덮인 숲속 마을을 산타의 탄생지로 만들어 전 세계 어린이들의 꿈속의 나라 산타마을 신화를 창조하였다.

인간 리프(생명)와 리프트 라시르(생명을 사랑하는 자)는 라그나 로크(대홍수) 이후 살아남은 신인류의 시조다.

◆ 게르만 신화(에다)와 후랑스

북유럽 독일, 영국, 홀란드, 오스트리아, 스위스, 덴마크, 노르웨이, 스웨덴, 아이슬란드 등은 모두 게르만 족속이다. 영국의 앵글로 색슨족은 게르만 민족의 앵글로 부족과 작센 부족의 통합된 이름이다. 광범위한 영토와 부족을 가진 이들은 의사소통이 가능한 방언을 가지고 있었으며 공통된 신화와 전설을 가지고 있었다.

게르만족은 처음에는 철기문화에 뒤졌으나 켈트족이 로마화 된 이후 남부 게르만 후랑크족은 로마화 되어 가다가 그리스도교를 받아들임과 동시에 로마를 점령하여 5세기 말에 서로마제국을 멸망시켰다.

스칸디나비아 반도에서 함부르크, 쉴레스비히 홀스타인 지역에서 B.C. 850-760년과 650년경 기후 변화와 인구증가로 남서쪽으로 이동하여 대서양 연안까지 진출하였다.

이것이 1차 게르만 민족의 대이동이다.

로마제국 초대 황제 아우구스투스가 게르만족과의 전쟁에서 처음에는 승리하였으나 말년에는 라인 강 유역(쾰른 Koeln)과 도나우 강으로 방어선을 구축하였다. **(* 쾰른은 로마의 점영지 kolonie로 점령지, 식민지를 뜻한다.)**

2차 게르만족의 대이동은 후랑크왕국과 고트족의 대이동으로 로마제국은 골치 아픈 게르만족과의 전쟁에서 계속 패배하며 400여 년을 버텼지만 3세기 49년 동안 18명의 황제가 등장하며 내정이 불안정해지다가 결국 A.D. 313년 콘스탄틴 대제가 게르만 고트족에게 굴복하여 그리스도교를 국교로 승인하기에 이르렀다.

콘스탄틴 대제는 지금의 터키 이스탄불인 콘스탄티노플에 수도를 옮기고 동로마제국의 시대를 열었으나 A. D. 476년 서로마제국은 고트족에게 멸망당하고 말았다.

참고로 유럽제국의 뿌리가 된 게르만 민족의 15개 중요한 부족은 다음과 같다.

1 노르드족
2 반달족

3 부르군트족

4 고트족 – 동서 고트족으로 분리

5 알라마나족(알레마니아족) – 동고트족과 함께 현재의 독일, 폴란드, 불가리아 등 동구권의 여러 나라의 종족

6 앵글로족

7 유트족

8 튜튼(턴)족

9 후랑크족 – 현재의 후(프)랑스 건국

10 작센족(색슨) – 앵글로족과 통합되어 현재의 영국 주류족이 된 앵글로색슨족

11 프라센족 – 1차 대전 시 마지막 프라센 제국

12 수에비족

13 암부로네스족

14 바바리안족

15 바타비안족

후랑스는 개체신화가 없는 유일한 나라 중의 하나로 게르만족의 하나인 후랑크족의 후랑크 왕국이 확대된 나라다.

후(프)랑스 헌법은 출신, 인종, 종교에 상관없이 후랑스 시민을 총칭한다. 후랑스 시민은 갈리아인, 로마인, 서유럽의 켈트인, 이탈리아인과 후랑크 종족을 비롯한 여러 게르만 종족으로 구성되어 있으며 현재는 아프리카 흑인과 각지에 흩어져 있던 유대인들이 이민해 왔고 여러 나라의 난민들도 많다.

후(프)랑스어, 후(프)랑스라는 국명은 게르만 민족의 후랑크족의 언어, 후랑크 왕국 이름에서 왔다.

로마시대 이전에 갈리아 지역은 현재의 서유럽 후랑스, 벨기에, 독일과 스위스의 일부와 북부 이탈리아 지역이다.
B.C. 58-51년에 로마의 집정관 글라우스 카이사르의 지휘로 정복되었다.

후랑크 왕국 - 서유럽에서 로마제국의 쇠퇴와 함께 게르만 민족 연합이 갈리아 지역으로 이동하였으며 본래 후(프)랑스인은 게르만족의 일부인 후랑크 족이다. 게르만 민족 대이동은 A.D. 3-7세기 동안으로 이 시기에 게르만족은 대부분 그리스도교로 개종하였다.

대이동의 이유로 게르만 종족 중 고트족이 동서 고트족으로 분리될 만큼 매우 번성하였고 튜튼(턴)족 등 억세고 전투에 강한 종족들의 인구가 번창하였기 때문이며 고트족과 알레마니아 족들이 로마군에 자원 복무하여 많은 수가 고위 장교에 오르자 내정이 불안해진 로마제국의 황제에게 위협이 되었고 실제로 고트족 장군들이 강압적으로 내정에 간섭하였다.

후(프)랑스 왕국과 공화국 - 후랑크 왕국의 메르빙거 왕조의 클로비스 1세와 그의 아들들이 6세기 초 현재의 프랑스 영토만큼의 지역을 확보하였다. 또 다른 게르만 종족인 노르만인들(스웨덴, 노르웨이 출신 바이킹족)이 계속 이주해 오며 침입하여 북부 노르망디 공국 지역을 차지하였으나 중세시대 후랑스 왕국에 합병되므로 인해 큰 인구를 갖게 되었다.

후랑스는 1099년에 12만 명의 후랑스 주사자로 예루살렘 왕국을 다스리기도 했다.

1789년 후랑스 대혁명에 의해 후랑스 제1공화국이 되었고 전쟁을 통해 다시 황제가 된 나폴레옹이 1802년 공공교육법을 시행하여 지역 언어(각 **종족방언**)가 사라지고 오늘의 후랑스어로 통일되는 기초가 되었다.

후랑스 대혁명이 일어난 1789년에는 12-13%의 사람들만이 후랑스어를 유창하게 구사할 수 있었다고 한다. 나폴레옹은 전쟁을 즐기는 독재자였지만 교육뿐 아니라 후랑스 민법을 만들고 그 민법에 만인의 자유와 평등을 법제화했다.

◆ 영국의 신화

고대에는 켈트종족들이 갈리아를 중심으로 유럽의 중앙과 서부에 이르는 넓은 지역에 걸쳐 살았으나 갈리아 전쟁으로 라틴계 로마인에게 정복되고 후에는 게르만계 후랑크 족의 지배를 받으며 번성하지 못해 신화도 거의 사라지고 로마신화에 섞여 있다.

아일랜드, 웨일스, 스코틀랜드도 나중에 영국에 들어온 앵글로색슨과 노르만 같은 게르만족의 북유럽신화와 혼합되었다.

창조신화도 없고 강력한 영웅도 아니며 인간적이고 인간과 동일한 인간의 이야기이며 북유럽 신화의 신처럼 신도 죽는다.

마치 할머니가 손주를 재울 때 들려주는 전래동화, 옛날이야기 수준이다. 대표적인 것이 **아서왕의 전설**(죽음)이다.

로마 주둔군이 물러나고 게르만족인 앵글로색슨족이 침입하여 지배하자 전쟁에서 계속 패하기만 하던 토착민 브리튼족 중에서 한 사람의 영웅이 나와 일시적인 승리를 거두었던 전투의 지도자를 아서왕의 모델로 삼았지만 결국 앵글로색슨족의 제국이 되고 말았다. 원탁의 기사와 성배 등의 이야기도 그리스도교 신앙과 관련된 각색된 신화다.

◆ 스페인 신화

스페인에는 35,000년 전에 호모 사피엔스가 도착하며 거주가 시작되었고 B.C. 200년경에 로마에 점령당해 히스파니아라는 이름으로 불리다가 서로마제국 멸망 후 게르만 부족이 유럽 중서부로 이동하며 서고트족이 서고트왕국을 세웠다.

8세기 초 서고트왕국이 무어인들의 공격으로 726년에 멸망하고 이베리아 반도 대부분이 이슬람 영향 아래 있다가 7세기 동안 여러 소왕국으로 나뉘어 그리스도교 국가가 되었다. 1492년에 가톨릭 군주라는 이름 아래 스페인으로 통합되며 근대에 스페인은 세계 최초의 강력한 제국이 되었다.

이슬람 지배 당시에는 그리스도교도와 유대인이 자신의 종교를 숭배할 자유가 주어졌으나 10-11세기에 신분의 보장을 얻기 위해 귀족계급부터 많은 사람들이 이슬람으로 개종하여 현재의 안달루시아 주민의 다수가 이슬람교도가 되었다.

한편 1492년 스페인 제국으로 통합된 후 철저한 가톨릭 국가가 되기 위해 유대인을 박해하고 종교재판을 통해 개종을 거부하는 유대인들과 이슬람교도들을 이단이라는 이름으로 살해하였다.

1492년 콜럼버스가 아메리카 신대륙에 도착하고 마젤란의 세계 일주 이후, 16-17세기에 걸쳐 수많은 식민지를 확보하여 식민지에서 탈취해 온 금은보화로 더욱 부강한 나라가 되었다. 그들은 심지어 식민지인들에게도 가톨릭 신앙을 강제하여 오늘날 중남미 나라들이 대부분 로마 가톨릭국가가 되었다.

그 후, 19세기에 들어서며 영국과 후랑스와의 끊임없는 전쟁에 약화되고 식민지 쟁탈전에서 패배하며 지배권을 잃고 경제적 위기에 시달릴 때 마지막 필리핀과 쿠바 등에서 미국의 갑작스런 공격으로 식민지 전쟁에서 완전히 패배하고 말았다. 그 틈에 칼빈주의 영향으로 개신교 국가가 된 홀란드(네덜란드)는 끊임없는 독립전쟁을 통해 독립하였다.

쇠퇴의 길에서 1937년 후랑코 군사정권의 독재에 시달리다가 1975년 후랑코 사망 후, 새로운 공화국으로 발돋움하며 관광사업 등으로 새롭게 경제건설을 이룩하였다.

현재의 스페인은 세계적으로 스페인어 사용 인구가 5억 7천만 명에 이르고 고소득 국가이고 14번째 경제 대국이다.

에스파냐(Espania)는 그리스 관점에서 '해가 지는 곳' '서쪽의 가장자리'이고, 아직 지구가 둥근 것을 알지 못했던 당시 유대인의 성서적 관점에서는 '서쪽의 땅끝'이라는 의미이다.

◆ 슬라브 신화(동유럽 신화)

러시아, 우크라이나, 슬로베니아 등 동유럽 국가들의 주 민족인 슬라브 족이 믿던 신화다.

슬라브 신화의 특징은 태초에 우주(지구)는 아무것도 존재하지 않는 바다였다. 즉 모든 생물 탄생의 근원은 물이다.

그 바다 위에 세계수(세계나무)가 서 있는데 3단계의 우주로 나뉜다. 가장 위의 머리 왕관 부분은 하늘이요 신들의 세계이고 가지들은 인간세상이며 뿌리 부분은 지옥이다.

세계나무는 인간과 신과의 관계는 수직적이며 인간세계의 관계는 수평적이라는 세계관을 갖고 있다.

또 하나 특징은 인도신화처럼 다두와 다 팔이다. 발은 두 개뿐이나 머리와 팔은 여러 개를 가지고 있는 사방팔방을 자유자재로 다스리는 전능의 신이다.

겨울잠을 들지 못하는 곰들을 할머니가 이야기를 해 주면서 잠을 재운다든가 곰이 위험에 처한 아이를 구했는데 그 아이가 커서 추장이 되었다는 등 인디언 신화는 곰과 함께 시작된다.

인디언들은 이야기를 좋아하며 기억력이 뛰어난 아이를 골라 예부터 전해오는 이야기들을 재미있게 하는 법을 가르쳤다. 이야기꾼은 부족에서 가장 신성한 사람으로 대접을 받았다. 마치 인도의 초기 불교에서 진리를 전하는 이야기꾼이나 그리스 아테네의 오레오바고 광장에서 지혜를 말하던 소피스트(수사)들처럼 존경했다.

인디언들은 동물들과 각 개인의 힘과 지혜를 서로 나눈다.
예민한 말코손바닥 사슴 무스에게서 항상 주위를 경계하는 주의력을 배우고 독수리에게서는 넓은 시야와 위엄을 아비새에게서는 용맹스러움을 배운다.

그들은 영혼불멸을 믿었고 사후에는 다른 세계에 태어난다고 믿었다.

마야제국은 현재 멕시코의 중심부 5개 지역에 걸쳐 B.C 2000년경 시작되었다고 한다. B.C 1800년경의 유적이 발견되기도 하며 마야 토기는 B.C 1200년경으로 확정되었다.

거대 도시는 A.D 250-900년경에 발달했으며 흥왕기 인구가 10

만 명 정도로 본다. 후기마야(A.D. 800-900)시대에 도시국가들은 서로 총력전을 벌리며 점령한 도시를 불태우고 파괴하였다. 그들의 주식은 옥수수였는데 서기 1000년경에 기후 변화로 심한 가뭄이 중남미 지역 전체를 휩쓸어 사람들이 아사하고 떠나며 버려진 땅이 되었을 것이다.

마야의 창조신화 뽀뿔부에 마야의 천지창조에 쌍둥이 형제의 모험과 인류 출현에 옥수수 신이 등장한다. 마야인에게 옥수수는 옥수수 신이 죽어 탄생한 거룩한 작물로 인간도 옥수수 반죽으로 빚어진 피조물이라고 믿었다.

◆ 아즈텍제국과 신화

아즈텍제국은 세 개의 도시국가 동맹으로 1428-1521년까지 멕시코 분지와 그 주변 지역을 지배하다가 스페인군의 침략 시에는 멕시코 중앙 전 지역과 중앙아메리카 일부까지 지배하였고 다신교를 믿었다.

멕시코시티에서 북동쪽으로 40-50km 떨어진 테오티우아칸은 거대한 피라미드 도시다.

테오티우아칸은 아즈텍인(나와족?)들이 사용한 나와족어로 신들이 태어난 곳, 신들의 도시라는 뜻이다.

가장 큰 피라미드는 세계의 흩어져 있는 피라미드 중 세 번째로 크며 문 입구에 있는 케잘코아틀은 아즈텍신화에 나오는 깃털 달린 뱀으로 신성시했다.

이집트의 피라미드가 대서양을 건너 아메리카에 전해졌다는 주장이 있지만, 이집트의 피라미드는 왕(파라오)들의 무덤이었지만 테오티우아칸의 피라미드는 지구라트와 같은 형이다. 수메르의 바벨탑처럼 신전이다. 태양신에게 희생 제물을 바치고 제사 지내는 제단 중심의 신전이다.

* 피라미드는 산처럼 높이 쌓아 올린 건축물을 뜻한다. 중국과 이집트, 중앙아메리카 등 여러 문명권에 널리 분포되어 있다. 고대 인류가 사방으로 흩어지면서도 신에게 제사하는 신전과 제단은 같은 방식을 고수한 것이다. 중세의 천주교회당과 현대의 마천루도 피라미드의 한 종류라고 할 수 있다. 천주교회당에는 제단과 지하에 무덤이 함께하지만, 현대의 고층빌딩에는 찬란한 조명 속에 산 사람들의 향연이 벌어지고 있다.

멕시코의 중앙에 위치해 마야문명이 흥왕하기 이전인 B.C. 400년경에 태양신을 섬기는 12-15만 명의 당시 최대의 인구가 살던 거대 도시였다고 추측하나 문자나 기록이 없어 확인할 길이 없다.

또 어떻게 건설되었는지 또 언제, 그리고 왜 멸종되었는지도 알 수 없다.

후기의 마야인들조차 저주의 갈대숲이라 부르며 가까이 가기를 두려워했던 버려진 땅이었다. 저자의 생각으로는 극심한 자연환경의 변화나 코로나 19 같은 전염병으로 멸종된 것 같다.

마야가 쇠퇴한 후 여러 부족들의 도시국가들이 번성하다가 도시국가 연맹으로 패권을 차지한 아즈텍인들이 14세기 초에 테오티우아칸을 발견하고 열성적인 태양 숭배자들인 그들은 장마 등 이상기후로 태양을 오랫동안 볼 수 없으면 케잘코아틀에게 인신 공양을 통해 사람의 심장을 바치며 태양을 달래고 구출하라고 부르짖었다고 한다. 그리고 식량이 부족했던 그들은 인육을 버리기 아까우니 먹었다고 한다.

그들은 당시의 태양이 창세 이후, 다섯 번째 태양이며 마지막 태양이라고 생각하며 태양에게 인간의 살과 피와 심장을 바치지 않으면 태양이 사라지고 세상의 종말이 임한다고 믿었다. 아즈텍의 신화 예언에 따르면 2012년 12월 22일에 지진으로 세상이 멸망한다고 되어 있다고 한다.

아즈텍제국도 1520년 오툼바(Otumba) 전투에서 스페인군 600명에게 패전한 것으로 되어 있으나 스페인군의 천연두 바이러스 공격으로 당시 인구 2,500만 명 중 1,800만 명 이상이 멸절한 것으로 알려졌다.

◆ 잉카제국과 신화

잉카신화에는 잉카인들이 자신들의 존재와 주변 세계를 알려고 하는 소망이 표현되어 있다.

오늘날 안데스 산맥 곳곳에서 발견되는 잉카인들에 대한 수많은 신화는 주로 잉카왕의 부활과 천년왕국의 도래에 관한 것들이다.

잉카제국은 콜럼버스가 아메리카 대륙에 상륙하기 이전의 아메리카에서 가장 거대한 제국이었다. 서양에서는 왕의 이름을 따서 잉카제국이라 부르게 되었다.

지금 페루의 쿠스코로 13세기 페루의 고산지대에서 탄생하여 1438년에 본격적인 역사시대가 열렸다.

1438-1533년까지 약 95년간 잉카는 무력정복과 평화조약을 병행하여 현재의 에콰도르, 페루, 남서중앙 볼리비아, 북서 아르헨티나, 북칠레, 콜롬비아 남부 등 안데스 산맥을 중심한 넓은 영토를 가진 전성기를 누렸다.

잉카의 창조신 타키 비라코차의 8자녀가 동굴에서 내려와 인근에 살며 인간의 시조가 되었다고 한다. 그들 중 남매 사이에서 태어난 신치로카가 자신을 따르는 사람들을 쿠스코로 인도하여 쿠스코에 새로운 도시를 건설하였다.

쿠스코에서 북서쪽으로 80km 떨어져 있는 마추픽추는 페루에 있는 잉카제국의 요새도시로 해발 2,430m 되는 산맥의 정상 위에 위치해 있다.

1450년경에 건설되어 번성하다가 약 1세기 후, 스페인의 침략으로 버려지고 잊혀졌다가 현지인들 일부만 알고 있던 비밀이 1911년 미국의 탐험가 하이램 빙엄에 의해 발견되어 세상에 알려졌다.

마추픽추가 400여 년 동안 잊혀진 것은 위대한 문화와 문명을 가졌던 중남미의 잉카제국을 침략하여 천연두를 비롯한 인플루엔자, 티푸테리, 티푸스 등의 바이러스를 사용하여 당시 중남미 인구의 50-90%를 멸절시켰기 때문이다.

그로 인해 1532년 보병 110명과 67명의 기병으로 중남미 전역을 식민지로 만들었다. 약 4,000만-5,000만 명의 원주민을 학살했다고 전해진다.

잉카인들의 신화는 매듭문자로 기록되었는데 스페인의 가혹한 통치 기간에 대부분 학살당하여 매듭문자를 해독(석)할 수 없게 되었다고 한다.

◆ 아프리카 신화

베냉 공화국 아보메이 폰족의 창조신화는 마우는 여자로 달을 지배하며 서쪽에 살았고 리사는 남자로 해를 상징하며 동쪽에 살았다. 그들은 일식과 월식 때만 만나 사랑을 나눌 수 있었고 거기서 인간이 태어났다.

잠비아의 전설은 태초에 신이 대지를 창조하고 모든 생물을 창조했다. 신은 그의 부인과 사람들과 함께 땅 위에 살았다.

그때 카모누라는 사람이 아주 영리하여 모든 행동을 할 때마다 신을 모방하였다.

1600년경 콩고 무송고족의 삼마왕은 많은 물건을 만들어 백성들을 편하게 살게 해 주었다. 그는 평화를 사랑한 아프리카의 왕이었다. 아프리카인의 어록은 '왕은 신이 아니다. 이 세상에 신 같은 왕은 없다.'고 한다.

◆ 중국 신화의 인간 창조

창조의 여신 여와가 진흙으로 인형을 만들고 숨결을 넣어서 인간에게 생명을 주었다.

사람을 처음에는 하나하나 손으로 만들었으나 나중에는 귀찮아 밧줄로 진흙을 휘저어 인간을 다량으로 생산했다.

그래서 수작업으로 만든 인간은 고귀한 사람이 되고 다량으로 생산한 인간은 천한 사람이 되었다고 한다. 그러나 인간이 얼마 못 살고 죽자 인간을 만들며 남자와 여자를 따로 만들어 짝이 되어 스스로 번성하게 하였다. 중국의 여신 여와는 사람들에게 아이를 점지해 주는 신이다.

또 다른 창조신화는 혼돈에서 어떤 한 신이 나오니 반고라는 남신이다. 이 반고라는 신이 18,000년 후에 죽어 하늘과 땅과 온 세상 만물로 변하였다.

인간의 탄생은 반고 시절에 강가에서 여와라는 여신이 탄생했을 때 시작된다. 혼자 있기 심심한 여와가 진흙으로 인형을 만들었다. 인간족의 시조는 조롱박 오누이로 불을 발견한 태호 복희, 농사와 의술을 가르친 남신 명제 신농, 신족들의 전쟁에서 승리하여 대천황이 된 황제 이후, 삼황오제가 출현한다.

삼황오제는 - 복희씨, 신농씨, 헌원씨의 삼 황제를 말하며 오제는 그 후예들인 소호, 전, 곡, 요, 순을 말한다.

복희씨는 끈을 매듭지어 그물 만드는 법을 사람들에게 가르쳐 고기 잡는 법과 팔괘를 만들어 천문지리와 인간의 생사화복을 점쳤다고 한다.

신농씨는 처음으로 나무를 깎아 쟁기를 만들고 농사짓는 법을 가르치고 풀(약초)을 이용해 약을 만들어 백성들의 질병을 치료하였다.

헌원씨는 배와 수레를 만들어 강과 먼 곳을 다닐 수 있는 교통문화를 발전시켰다고 한다.

오제 중 요, 순이 가장 잘 알려져 있다. 요임금은 인자한 성품으로 어진 정치를 하여 태평한 생활이 되자 주변 소국들이 스스로 복종하여 요의 백성이 되었다 한다.

홍수를 조절하는 사방사업을 일으켜 물을 다스렸고 나중에 자기 아들에게 왕위를 물려주지 아니하고 신하인 순에게 물려주었다.

순임금은 선양받아 요임금처럼 덕으로 백성을 다스려 유가에서 요와 순임금을 최고의 덕을 가진 성군으로 받들고 있다. 후에 요임금처럼 자신의 아들이 아닌 우에게 선양했다.

중국의 건국신화는 한나라의 유방이 중국 천하를 통일한 후, 오직 한(漢)족만이 하, 은, 주나라의 정통성을 이어받은 민족임을 내세우기 위해 사마천으로 하여금 사기를 기록하게 하였다.

사마천 사기와 산해 경, 회남자, 장자, 열자, 한비자, 여씨 춘추, 순자, 묵자 등에서도 우화로 전한다.

중국신화의 특징은 신의 감응(택함과 축복)이다. 위대한 인물(지도자, 왕, 영웅)은 신의 택함과 점지를 통해 축복으로 사람의 몸에서 탄생하는 것이다.

중국에 최초로 문화가 발달한 곳은 황허 강 유역으로 B.C. 3000년경부터 황허 유역의 기름진 땅에 옥수수와 조를 재배하였고 나무와 돌로 만든 도구를 사용했으며 개와 돼지 등 가축을 길렀다. 토기를 만들어 사용하며 중국 황허문명의 토대를 이루었다.

세계에서 가장 큰 인류대국이며 통합된 유럽대국 만큼이나 큰 나라인 중국은 과거 황제와 관료제도로 황제의 인격에 따라 정치가 달라지고 백성들의 삶이 영향을 받았다.

주역에 빠져 미신이 성행하였으며 인도와 달리 역사를 정리하여 세밀하게 기록하였다.

한자(漢子)라고 하는 상형문자의 폐해와 가부장제의 폐해도 컸으나 현재는 공산당 일당의 정치체제하에서 제한된 글자사용과 개방된 자유 시장경제로 경제성장을 이루며 군사대국으로 미국과 더불어 새로운 동서냉전의 양상을 빚고 있다.

◆ 일본 신화

고사기와 일본서기에 기록된 창세신화에서 세상 처음에 다카바다하라에서 고토아마스카미와 가미요 나나미라는 신이 태어났고 후에 이자나기와 이자나미가 태어났다.

태양의 신 아마테라스와 달의 신 쓰쿠로이가 있으며 폭풍의 신 스사노모는 성격이 드세서 말썽을 일으키다가 인간세상으로 쫓겨났다.

고대 야마토(大和) 조정이 한반도를 통해 대륙의 왕권사상의 영향을 받아 태양숭배를 시작하며 아마쓰가미(天神) 사상을 첨부하여 믿는 것이 신도(神道)다. 거기에 정령, 조상신, 애니미즘, 불교 등 다신적인 복합종교다.

일본서기에 31대 요메이 천황이 불법을 믿고 신도를 존숭했다. 기록하였으니 백제로부터 불교를 받아들인 29대 긴메이 천황의 넷째 아들이다. A.D. 6-7세기 때로 일본서기는 8세기(720년)에 편집되었다.

일본 말로 신은 가미다. 신도에는 800만의 가미가 있다고 하는데 인도와 동남아시아 계통의 조상신, 가족신 등 다신교 신앙이다.

신도의 신은 절대, 전능의 신이 아니라 인간이 죽은 영들이 신(가미)이며 살아 있는 지도자 천황도 신이다.

전쟁에서 공을 세우거나 나라를 위해 목숨을 바친 전쟁영웅들의 위패를 모아둔 신전에 제물을 바치며 절하는 미신을 행하는 국가적 종교의식이다.

중요한 행사 때마다 현충사에서 기념식을 하는 한국의 정치인들의 행사와 같은 행위를 하는 일본 정치인들의 행태를 못마땅해하는 한국인들의 정신상태도 이해하기 어려운 부분이다.

개인적인 종교의식이든 국가적 차원의 행사든 남의 나라 사람들의 죽은 영혼을 신으로 섬기는 어리석은 미신에 흥분할 일도, 감 나라, 대추 나라 참견하고 시비할 일도 아니라고 생각된다.

일본의 한 종족인 아이누들은 새끼 곰을 데려다 정성을 다해 키워서 크면 잡아먹는데 잡을 때 우리가 이렇게 잘 대해주었다는 것을 신들의 세계에 가거든 잘 말해달라고 청한다고 한다.

그들의 짐승사냥은 신을 신들의 나라(세계)로 돌려보내 주는 행위로 축제라고 말하며 정당화하는 것이다.

바라기는 남의 나라를 침략하고 남의 민족을 약탈하고 죽이는 악행까지 신을 신들의 나라로 돌려보내는 선행이라고 착각하지 아니하길 빈다.

살기 위해 짐승을 사냥하고 잡아먹으면서도 나도 사냥당해 죽을 수 있다는 죽음에 대한 공포심도 함께 있는 것이다.

후세에 와서 왕을 천황이라 부르고 천황은 태양신의 아들이라고 믿는다. 그들의 군대와 무사는 나라를 위해 죽는 것이 아니라 오직 천황을 위하여 살고 죽는다. 일본인들에게 있어서 천황은 살아 있는 태양이요 신이다. 욱일승천기는 태양이 다시 떠올라 빛나기를 바라는 것이다.

◆ 베트남 신화

베트남의 건국신화는 중국 신농씨의 3대손인 제명이 아들 록똑(Loc Tuc)을 명하여 현재 운남성에서 바다에 이르는 지역을 다스리게 하여 백성들에게 농경을 가르치고 음식 만드는 법을 가르쳐 잘 살게 하였으나, 어느 날 갑자기 용궁으로 가버렸다.

북쪽의 라이 황제가 침입하자 다시 나타나 싸워 라이가 죽자 라이의 딸과 결혼하여 100명의 아들을 낳으니 50명은 데리고 다시 용궁으로 가버리고 50명은 어머니 라이를 따라서 산속으로 들어가 살게 되었다. 그래서 베트남인들은 지금도 자신들이 용왕의 후손이라고 믿는다.

◆ 집시(찌고이너 Zigeuner) 신화

롬인(로마니 Romani)은 인도 북부에서 살던 유랑 족으로 한 곳에 정착하지 않고 떠돌이 생활을 하는 유랑문화를 낳았다. 대다수는 유럽에 거주하며 동유럽 특히 발칸반도에 가장 많이 살았다.

로마니 민족은 14세기를 전후하여 루마니아 왕국에 의해 500여 년간 노예생활을 하였으며 영국과 미국의 노예해방과 노예제도 폐지와 함께 자유의 몸이 되었다.

미국과 중남미와 호주 등으로 이주하여 현재 세계 곳곳에 1천 100만 명 정도의 로마니들이 살고 있다고 추산한다.

제2차 세계대전 당시에는 독일 히틀러의 멸절 대상이 되어 잡히는 대로 홀로코스트에 강제노역으로 끌려가 가스실에서 60-80만 명이 학살되었다고 한다.

루마니아에서 해방된 로마니들은 정착할 땅이 없어 특별한 목적지도 없이 말을 타고 염소 떼 등 가축을 몰며 오늘은 이곳, 내일은 또 저곳으로 발길 닿는 대로 마치 몽골의 유목민 아닌 유목민처럼 유랑하며 낙천적인 삶을 구가한다.

말이 낙천적이지 제대로 된 신분증이나 체류권과 인구통계도 없이 소규모 단위로 유럽 각국을 떠돌며 노숙이나 다름없는 천대와 차별을 당하는 삶은 결코 낭만적인 삶이 아니다.

달의 신을 섬기며 달빛을 따라 밤의 축제를 즐기며 춤추며 노래한다.

특히 모계사회로 부족의 어머니를 왕비라 부르고 깍듯이 모신다. 현재 유럽에서 로마니 어를 사용하는 사람은 약 200만 명에 달한다고 한다.

헝가리의 민요로 만들어진 〈집시의 달〉 또는 〈집시의 노래〉라는 노래가 그들의 삶을 잘 대변해 주고 있는 듯하다.

오늘 사랑하고 내일 떠나보내야 하는 젊은 청춘남녀의 애달픈 사랑 이야기다.

집시의 달

달이여 저 밝은 달이여
희미한 추억에 잠기는
외로운 나그네 비추세
한 많은 집시의 달이여

달이여 저 밝은 달이여
애달픈 사랑에 흐느끼는
나 여린 아가씨 비추세
한 많은 집시의 달이여

사랑은 국적이나 인종의 벽이 없다고 말하지만 집시족의 집단생활에서 떨어져 나가는 것은 죽음을 뜻하기 때문에 어쩔 수 없이 떠나보낸다.

떠나가 버린 매혹적인 집시의 소녀를 사랑한 한 나그네가 소녀를 그리워하며 부르는 집시의 달이다.

집시의 노래는 한 잎, 두 잎 낙엽 지는 쓸쓸하고 유난히 맑은 가을 하늘에 걸린 보름달이 외로운 나그네의 맺을 수 없는 사랑의 한(슬픔)을 더욱 애달프게 뿜어내고 있다.

영화 〈파리의 노틀담〉이 한국어로 '노틀담의 꼽추'라고 번역되어 상영되었다.

노틀담 사원의 종지기 꼽추 콰지모도 역할의 안토니 퀸의 명연기와 까만 머리칼의 까무잡잡한 아름다운 처녀 에스메랄다의 역을 한 지나 롤로 브리지다의 노래와 춤에 노틀담의 꼽추뿐 아니라 전 세계의 관객들의 눈이 황홀했던 것을 기억한다.

그 처녀가 바로 독일어로 더 유명해진 찌고이너린(Zigeunerin, 마델 Madel, 뫼첸 Maechen), 집시의 여인이다.

저자의 생각으로는 독일어로 양이 'Schaf'이고 염소가 'Ziege'이니 아마도 주로 많은 염소 떼를 몰고 다니므로 염소 떼를 몰고 다니는 사람들이라는 의미에서 'Zigeuner, Zigeunerin'이라 부르게 된 것 같다.

◆ 페르시아 신화

페르시아 지역은 과거 수메르 문명이 발생한 메소포타미아 지역이다. 고대 바빌로니아와 아람국, 후기 바벨론제국에 이어 메대와 페르시아 제국이 흥왕했던 곳이다.

수메르 신화는 따로 살펴보았고 페르시아 신화는 현재 이란을 중심으로 중동 지역에 전해지는 신화다.

페르시아 문화는 베다시대의 인도문화와 비슷한 점이 많은데 페르시아인과 인도인이 뿌리가 같은 아리아인이기 때문이다.

고대 아리아인의 신은

1 바루나(Varuna)는 미트라(Mithra)와 함께 고대 이란지역의 2대 주신 중의 하나이며 조로아스터교의 아후라 마즈다와 동격의 신이다.
2 미트라(Mithra)는 정의와 계약의 신으로 바루나와 거의 동격의 신

으로 보며 인도지역 불교의 미륵이 미트라의 변형이라고 본다. 그의 부관격인 베레 트라그나가 전쟁 승리의 신으로 로마시대에는 군인들이 많이 믿었다고 한다.

3 아후라 마즈다는 조로아스터교의 신이다. 보이지 않는 존재로 완전히 선하고 생명을 주는 전지전능한 신이다. 곧 그리스도교의 하나님과 같은 사랑이다.

아후라 마즈다 신의 계시를 받은 짜라투스트라가 사람들과 함께 사랑하며 살기 위해 10여 년간의 숲속(동굴)에서의 철학(명상)의 시간을 끝내고 세상 밖으로 나왔다.

니체는 짜라투스트라가 세상으로 내려오는 것을 태양이 내일 신선한 아침을 밝히려고 동쪽 하늘에 떠오르기 위해 서쪽 하늘 아래 바다 밑으로 몰락하는 것처럼 몰락이라고 표현한다.

물론 진리를 깨닫고 거짓을 발견한 그리고 소크라테스가 찾으라던 자기 자신을 찾은 니체 자신의 몰락이기도 한 것이다.

◆ 한국의 단군신화

단군신화는 세계 다른 나라나 민족의 신화처럼 창조신화가 아니다. 아예 창조신화가 없고 창조라는 말조차 없다.

단군신화의 신화 속에 이미 이 땅 위에 많은 사람들이 또 종족과 민족들이 존재했음을 밝혀주고 있다. 단군신화에 나오는 신들의 이야기도 단순 명료하다.

바다나 짐승이나 무저갱 같은 혼돈의 세계나 태양의 빛에서 창조가 시작되는 것이 아니다. 하늘에는 이미 신의 세계가 있었고 땅 위에는 사람들의 세계가 펼쳐져 있었다.

현재의 만주와 한반도의 북쪽에서 한민족이 처음으로 나라를 세우는, 나라가 세워지는 개천, 개국신화다. 고조선의 건국에 대한 이야기다.

단군신화는 승려 일연의 《삼국유사》와 이승휴의 《제왕운기》와 《세종실록지리지》와 《동국여지승람》 등 여러 문헌에 기록되어 있다.

삼국유사는 승려 일연이 충렬왕 7년에 저술한 것으로

옛날에 하늘에 환인이라는 천황신이 있었는데 그 신의 서자인 아들 환웅이 지상에 사는 사람들을 좋아하여 땅에 내려가 살기를 원하였다.

이에 환인은 3개의 천부인을 주며 "인간을 널리 이롭게 하라(홍익인간)!"고 허락하였다.

아버지 환인에게 허락을 받은 환웅천왕은 무리 3천 명을 거느리고 태백산 꼭대기에 내려오니, 신단수 아래 많은 사람들이 모여 나아와 맞이하였다.

여기서 신단수는 신단이라는 나무라는 견해와 신단수는 하늘에 제사 지내는 제단을 뜻한다는 견해가 있으나 제단이 더 확실하다.

* 저자의 식견으로는 3천 명은 시중드는 천사나 보다 거느린 군사일 것이다.

우리나라에서는 위대한 인물의 탄생이 남다르다. 환웅처럼 서자인 홍길동이 민중의 영웅으로 등장하고 고구려의 명장 연개소문은 갓 쉰 동이로 소개된다. 화려하고 뛰어난 각색보다 조금 모자라는 데서 완전함을 추구하는 겸손함일까?

전 세계적으로 만물과 인간 창조와 역사의 목적과 나라를 세우는 건국의 목적이 처음부터 뚜렷하게 제시되거나 정해진 신화나 전설은 고조선 건국신화 우리 한민족의 단군신화가 유일하다.

환웅이 내려온 곳을 신시라 하니 그로부터 사람들이 신 웅 또는 환웅천왕이라 부르게 되었다. 환웅은 바람과 비와 구름을 거느리고 죽음과 생명과 질병과 형벌과 선악 등 인간의 360여 가지의 일을 가르치며 교화하였다.

이때 동굴에 사는 한 마리의 곰과 호랑이 한 마리가 신 웅에게 나아와 모양이 변화하여 사람이 되고 싶은데 어찌하면 됩니까? 하고 물었다.

이에 신 웅이 신령한 쑥 한 타래와 마늘 20개를 각각 주며 이것을 먹고 100일(30일래?) 동안 동굴에서 나오지 않고 햇빛을 보지 않으며 명상을 하면 사람이 될 것이다. 하였더니 곰과 호랑이가 이것을 받아먹고 곰은 잘 견디며 정성으로 경계한 끝에 삼칠일 만에 여자가 되었으나 호랑이는 견디지 못하고 뛰쳐나가 버리고 말았다.

그러나 여자가 된 웅녀는 혼인할 사람이 없어 늘 신단수 앞에서 아기를 낳게 해달라고 빌었다. 이를 불쌍히 여긴 환웅천왕이 잠시 사람으로 변신하여 웅녀와 결혼하여 아들을 낳으니 이를 단군왕검이라 이름하였다.

단군왕검은 중국의 요임금이 즉위한 지 50년에 평양성에 도읍하여 나라 이름을 조선이라 칭하였다. 후에 중국 주나라의 무왕이 즉위한 기묘년에 기자를 조선의 왕으로 봉하니 단군은 아사달로 돌아와 산속으로 들어가 산신령이 되었다. 그가 세상에서 1,908년을 살았더라!

《제왕운기》는 고려시대 학자인 이승휴가 충렬왕 13년(A.D. 1287년)에 한국과 중국의 역사를 시 형식으로 쓴 2권의 역사책이다.

1권은 중국의 반고로부터 금나라까지의 역대 사적이고 2권은 지리와 고대 조선과 중국이 만주 지역에 설치한 한사군과 반도에 있던 삼한과 신라, 고구려, 백제와 발해 그리고 후삼국에서 고려 충렬왕 때까지의 기록이다.

각 책의 단군신화는 비슷한 내용으로 삼국유사의 내용이 간추려 있다. 7단계 토막이야기로 구성되어 있다.

1 하늘의 임금 환인과 그의 서자 환웅, 환웅과 웅녀의 아들 단군

2 아버지 환인의 허락과 도움으로 태백산 신단수 아래로 강림

3 신단수 아래 신시를 베풀고 스스로 환웅천왕이라 칭하고 사람들을 다스림

4 곰과 호랑이가 사람이 되고자 쑥과 마늘을 먹고 햇빛을 보지 않는 경계를 지키라 하였으나 곰만 사람인 여자로 변신하였다.

5 이 웅녀가 사람으로 변신한 환웅과 결혼하였다.

6 부부가 아이를 낳으니 단군왕검이라 부르고 단군이 성장하여 평양을 도읍으로 정하고 나라 이름을 조선이라 하였다.

7 단군이 1,908년의 수를 누린 후에 산에 숨어 들어가 신선이 되었더라!

저자의 생각에 여기서 중요한 사실은 웅녀가 곰이 사람이 된다는 토테미즘이 아니라 웅녀는 수많은 종족 중에 웅족의 처녀를 택하여 결혼했다는 것이다.

이런 신화의 목적은 자기 조상의 위대함 곧 신의 아들이라는 주장이요 우리는 신의 후손이라는 자신감과 자부심의 표현이라는 것이다.

신이 죽었다. 1994년 7월 8일 북한의 독재자이자 유일한 태양을 자칭하던 김일성이 82세의 나이로 심장이 멎었다. 생전에 주석궁으

로 지어져 집무실로 사용하던 건물은 세계에서 가장 가난한 나라 중의 하나로 수많은 백성이 굶어 죽어가는 시절에 안과 밖을 마르모어로 입힌 약 10억 달러(1조 원)에 가까운 돈을 들여 완공하였다. 그 앞에는 10만㎡ 넓이의 김일성 광장을 만들었다.

김일성 사망 후, 그 후계자 김정일은 아버지를 신으로 추앙하여 시신을 미라로 만들어 2층에 안치하였는데 그곳에 들어가는 데 1km의 긴 회랑에 롤밴드를 설치하였다. 김정일은 사망 후, 1층에 안치되고 북한의 금수산 태양궁전이라 부으며 중앙홀에는 김일성, 김정일 부자의 우상(석고상)이 20m의 높이로 자리하고 있다. 20세기 현대판 피라미드를 만든 것이다.

◆ 이스라엘의 신화

마지막으로 전 세계에 가장 잘 알려진 구약성서의 창조신화와 신약성서 속의 예수 탄생설화를 살펴보자.

◆ 구약성서의 창조신화

창세기는 천지창조의 기사인데 예부터 전해오는 지구의 발생과 만물과 사람의 창조 이야기로 시작하고 있다.

이 책을 쓴 저자인 모세는 애급 공주의 양아들로 입양되어 당시 세계 최고의 역사와 철학과 법과 문화와 최고로 발달된 천문 과학적 지식과 신체 단련은 물론 전쟁의 전술과 무기의 사용법 등 애급 통치를 위한 다음 세대의 왕과 지도자들을 양성하는 최고의 훈련과 교육을 받았다.

그 교육의 영향이 창세기를 비롯한 모세오경에 많이 나타나 있다 할 것이다. 예부터 구전과 설화로 전해 내려오던 천지창조의 이야기와 지구와 하늘 사이에 있던, 첫째 하늘 궁창에 대한 이야기와 사람이 만들어진 배경을 이야기한다.

태초에 하나님이 천지를 창조하셨다고 선포한다. 5일 동안 빛으로부터 세상 만물을 만드시고 6일째 되는 날에 하나님이 진흙으로 자신들과 닮은 인형을 손수 만들어 생기(호흡, 숨 생명)를 불어넣으니 사람이 생령이 되었더라! 사람은 신과 닮은꼴이요 신의 성품(사랑, 마음)까지 닮은 신의 자손이라는 주장이다.

다음에 선악과의 이야기와 뱀의 유혹과 타락에서 땅 위에는 이미 수많은 사람들, 종족과 민족들이 살고 있었음을 시사하고 있다. 실낙원, 에덴에서의 추방과 더욱 악해지는 죄악에 대한 홍수의 심판으로 처음 세상과 처음 인류가 멸망해 사라졌다고 쓰고 있다. (현재 교회 목사들의 설교내용과는 다르다.)

대 홍수의 이야기를 통해 석유와 석탄이 만들어지게 된 이야기 등을 이해할 수 있게 되는데, 지구상의 대 홍수 이야기가 4-5천 년 전에 형성된 상형문자인 중국 한자에도 나타나 있는 것을 보면 궁창이 두꺼운 수증기층인 투명한 물로 이루어져 있었음을 짐작할 수 있다.

* 실은 한자는 4,300여 년 전 중국 황허 강 이북과 만주에 거주하던 동이(東夷)족과 중국 여러 종족들이 만들어 사용하던 상형문자라고 주장되고 있다.

그러므로 대홍수 이전의 지구는 현재의 지구처럼 남극과 북극에 얼음으로 뒤덮이고 적도의 열대지방이 따로 있는 것이 아니요 단지 어느 한 곳이 살기 좋은 에덴동산이 아니라 어느 곳이나 똑같이 따뜻하고 지금의 열대지방처럼 옷을 입을 필요가 없고 농사나 거두어드리는 일이 없어도 풍요롭게 살 수 있는 일 년 내내 꽃이 피고 열매가 맺히는 낙원이었을 것이다.

모세는 우주의 세계를 지구를 중심으로 전개하고 사람 중심으로 펼쳐나가며 만물과 사람을 지으신 창조주 하나님을 모세 자신의 조상인 아브라함을 최초의 사람 아담의 계보로 연결하여 보잘것없는 노예이며 천대받는 떠돌이 족속인 히브리 족속들을 깨우친다.

너희는 이제부터 종이 아니라 유일하신 전능의 신, 하나님 야훼가 타락한 사람을 구원하시기 위해 선지자와 제사장으로 택한 백성이라고 깨우치며 가나안 복지라고 하는 거주할 땅을 향해 정복해 들어가는 과정의 역사를 서술하고 있다.

성서 창세기의 우주와 만물과 사람의 창조는 모세가 지어낸 창조 이야기가 아니다.

모세는 자기 민족의 뿌리를 찾기 위해 아브람으로부터 시작한다. 아브람은 수메르인이다. 수메르인은 창세기 노아의 홍수 이야기의 주인공 노아의 세 아들 중 둘째인 셈(수메르)의 후손이다.

단순하게 노아의 술 취한 이야기에서 큰아들 함은 아버지의 나체를 보았다 해서 저주를 받고 셈과 야벳은 축복을 받은 것으로 되어 있으나 함의 후손이 검은 피부의 흑인이 된 것이 저주에 의한 것이 아니고 야벳은 축복을 제일 많이 받아 백인이 된 것이 아니다.

저자의 우견으로는 일하기를 싫어하는 함은 과일이 사시사철 열리는 열대지방으로 삶의 터전을 삼아 살다 보니 태양의 자외선에 의해 피부가 상하고 이를 방지하기 위한 피부의 색소변화로 검은색이 되었을 것이다.

좀 더 새로운 것을 좋아하는 야벳은 추운 북쪽 지방으로 나아가 살다 보니 옷을 입어야 했고 햇빛을 피하여 적게 받아 흰 피부를 갖게 되었으며 셈의 후손은 적도에서 벗어난 적당한 기후에서 살다 보니 적당하게 그을려 황인종이 된 것으로 생각된다.

세계 4대 문명의 발상지 중의 하나로 알려진 메소포타미아 지역이다.

지금의 터키 동부에서 아르메니아, 아자르바이젠, 죠지아, 이라크와 이란에 걸쳐 네 개의 강이 흐르는 넓은 지역에 흩어져 방목하며 살던 셈의 후예들이 목축과 농사로 정착하여 세계 최초로 포도주 틀을 만들어 포도주를 대량 생산하며 놀라운 문명을 이룩한 수메르인들의 세계 최초의 그리고 최대의 문명이라고 말할 수 있겠다.

1849년에 성서학자들에 의해 발견된 아시리아의 고도 니네베(니느웨) 유적에서 약 3만여 점의 점토판 문서가 발견되었다. 그 점토판 문서에는 성경 창세기와 같은 창세신화와 대홍수 이야기가 기록되어 있었다고 한다.

성서 속의 창세신화가 신화가 아니라 역사적 사실임을 증명하기 위해 유물을 조사하던 성서학자들은 그만 아연실색하였으니 이 점토판의 기록이 모세의 구약성서보다 천여 년이나 앞섰기 때문이었다.

그들처럼 오늘날 많은 학자들은 히브리 사람들이 수메르의 창조 이야기를 훔쳐다 자기들의 역사로 만들었다고 성서의 기록은 가짜요 사기라고 난리를 피우기도 한다. 그러나 마음을 가라앉히고 잘 생각해 보라. 모세는 셈족의 후예인 수메르인인 자기 조상 아브람의 이야기를 하고 있는 것이다.

아니면 반대로 수메르인의 창조설화 속에 나오는 아담과 이브와 대홍수에서 살아남은 노아의 후예 셈족이 수메르인의 후손일 것이다.

점토판에 새겨진 천지창조 이야기 같은 최초의 고대 수메르(셈족) 문명과 그들의 후예인 바빌론 제국의 함무라비 법전 등 고도로 발달된 문명이 이집트에도 전해지고 동으로 인도와 험한 산맥을 넘어 중국에까지도 전해진 것이 확실하다.

이렇게 전해진 역사를 왕궁에서 배운 모세가 자기 조상의 위대함을 알고 자기 조상의 신, 하나님 야훼를 백성들에게 알리고 이집트 노예생활로부터 자유와 해방을 꿈꾸며 투쟁하여 출애굽의 역사를 이루어낸 대서사시이다.

물론 기록상의 이름이 달라진 것도 사실이고 숫자의 표기가 틀린 것도 있지만 수메르 신화 속 신들의 이야기가 실제의 신이라는 말은 아니다. 그 이야기 또한 그 옛날 언젠가부터 전해 내려오던 전설이요 신화인 것이다.

모세가 다른 족속의, 민족의 신화를 도둑질해다 베껴 쓴 것이 아니라 예부터 전해 내려오는 자기 조상의 신화를 정리하여 기록한 설화다.

창세기의 창조신화는 500여 년 동안 이방 문화에 찌들고 거지 같고 무식한 약소민족인 히브리인들에게 너희는 본래 하나님께 선택된 백성이다.

너희의 조상 아브람을 택하시고 약속하신 땅과 구원의 약속을 상기시키며 전능의 신이 너희(우리)와 함께한다는 확신 없이는 출애굽의 기적이 일어날 수 없었다.

그들의 선조 데라와 아브람은 당시 수메르 문명이 극도로 발달한 메소포타미아 중심지인 갈대아 우르에서 살았던 사람들이다. 아브람이 야훼를 만나 부패한 멸망의 우상의 도시를 떠나 이주한 가나안 지역 역시 우상과 저주의 땅이었다.

아브라함 때에 멸망당한 소돔과 고모라는 갈대아 우르를 넘어서는 멸망의 도성이었다. 이스라엘 족속에게 약속으로 주어진 아브라함의 유산 가나안 땅은 축복의 땅도 아니요 구원의 요새도 아니었다.

구약성서에 나타난 히브리인들의 생사관은 흙으로 빚어져 호흡(생기)을 받아 살다가, 년 한이 다 차면 죽어 한 줌 흙으로 돌아간다는 것이다. 최고의 지혜자조차 사람의 혼이 짐승과 마찬가지로 땅속 스올로 내려가는지 하늘 위로 올라가는지 알지 못한다고 한탄하였다.

가나안 복지로 들어가는 요단강을 건너는 것을 죽어서 하늘나라로 건너가는 구원으로 묘사한 것은 어디서 온 것일까?
가나안 복지는 결코 그들에게 구원도 아니요 천국도 아니었는데 말이다.

◆ 신약성서의 예수 탄생설화(신화)

나사렛 예수의 탄생 이야기는 남자를 알지 못하는 동정녀 처녀의 성령을 통한 탄생으로 거룩함을 표시한다.

마태는 이사야 7장 14절을 인용하여 천사가 마리아에게 전하는 소식으로 '보라 처녀가 잉태하여 아들을 낳을 것이요 그의 이름은 임마누엘이라 하리라!' 하였다.

무지개 탄생을 증명하는 세 가지 기적은

첫째, 처녀 임신으로 사람이 아닌 성령의 충만함으로 잉태되어 탄생했다.

둘째, 들에서 양들과 함께 자던 목자들에게 하늘의 천군과 천사가 나타나 찬양하며 메시아가 탄생했다는 기쁘고 좋은 소식을 전해주었다.

셋째, 메시아를 상징하는 동방의 별이 나타나 동방에서 천문(별)을 연구하던 동방박사(점성가)들이 예물을 갖고 와서 경배했다.

마가복음은 탄생설화 없이 복음의 시작이라고 선포한다.

누가는 예수 탄생설화를 수집하여 극적으로 각색하고 있다. 먼저 세례 요한의 탄생을 앞서 기록하므로 요한이 성령으로 잉태하였듯이 예수의 성령잉태가 기정사실임을 증명하려 애쓴다.

천사가 목자들에게 예수의 탄생을 알리고 경배하게 하고 허다한 천군과 천사가 나타나 그 유명한 탄생의 기쁜 소식 '지극히 높은 곳에서는 하나님께 영광이요 땅에서는 하나님이 기뻐하신 사람들 중에 평화'라고 찬양하며 선포한다.

그러나 요한은 다르다. 요한은 예수 탄생설화가 아니라 예수의 하나님의 아들 됨을 증명하는 신구약 성경 전체의 핵심진리인 성육신 사건을 선포한다.

성육신 사건이 곧 구원사건이다. 죄 많은 세상에서 죄에서 떠나 하나님의 아들딸이 되는 사건이다.

실로 하나님의 자녀가 되는 권세는 혈통으로나 육정으로 되는 것이 아니라 오직 하나님께로부터 나는 것이다. 거듭남, 중생, 임마누엘, 성령 충만이 곧 성육신이다.

◆ 신화와 설화

신화는 두 가지다. 하나는 그리스신화(神話)처럼 모든 신들의 아버지요 제왕인 제우스를 중심으로 세상을 지배하는 신들의 이야기 신화가 있고, 다른 하나는 전해 내려오는 이야기, 전설(傳說)과 민담, 설화(說話)인 신화가 있다.

창세기의 천지창조 이야기는 두 번째 신화, 전해 내려오는 이야기를 엮은 창조신화 또는 창조설화이다.

이것은 마치 세계 여러 민족 신앙 속에 나타나는 자기 조상의 신격화나 왕의 권위를 세우기 위한 태양신의 아들이라거나 높은 산의 산신의 아들이라든지, 한국의 고조선을 세운 단군이 하나님의 아들이라는 단군신화와 같은 격이다.

신화와 설화에 우화와 동화가 있다. 우화는 인격화한 동식물이나 어떤 사물을 주인공으로 만들어 그들의 행동 속에 사람과 세상의 풍자와 교훈을 주는 뜻을 나타내기 위해 만든 이야기이다. 오늘날의 만화와 만화영화(애니메이션)의 원조라 할 수 있다.

　우화는 도덕적 테마와 인간 행동의 원칙을 예시하는 짧은 이야기로 보편적인 경구를 설명하는 것이지만 현실에 있는 그대로의 인간들의 모습을 동물에 비유해 어리석음을 야유하기도 하고 참된 지혜를 캐내어 현명하고 바른 인생을 살라는 충고이기도 하다.

　동화는 전래동화와 창작동화가 있는데 전래동화는 예부터 전해 내려오는 신화와 우화, 전설과 민담, 설화 등을 어린아이들에게 쉽게 이해할 수 있도록 각색한 어린이를 위한 옛이야기고, 창작동화는 작가의 상상력으로 만들어 낸 어린이를 위한 이야기이다.

　성경은 코페르니쿠스의 지동설이 있기 전까지는 불변의 절대 진리였다. 오늘날 달이나 화성에 가겠다고 인공위성을 쏘아 올리는 시대에, 창세기의 기사가 비과학적이니 무엇이 틀렸느니 하며 시비할 일이 있겠는가?

　우리는 창세기에서 모세가 전하고자 하는 메시지가 무엇인지, 하나님의 말씀이 무엇인지를 발견하고 깨달아 복이 되고 선을 이루어 사람이 되고 평화롭게 살아갈 수 있는 인간세상을 만들어 가는 길을 배워 실천함으로 하나님이 함께하는 행복한 나라, 하나님의 나라를 완성해야 할 것이다.

　2천여 년 동안 나사렛 예수의 가르침에서 벗어나 혼돈의 안개 속을 헤맨 그리스도교의 죄악과 사기의 어두운 터널에서 빠져나와 거룩한 하나님, 성령, 사랑으로 충만하여 서로 믿고 의지하고 사랑하여 하나님의 나라를 이 땅 위에 이루고 살자는 것이다.

신화와 설화 조상의 족보와 과거의 영광에 목매달아서는 희망이 없다. 그것이 우리 인생을 구원해 주지도 행복하게 해줄 수도 없다. 우화와 전래동화 속에 나타난 선악을 깨닫고 분별하여 분연히 선을 택하고 실천하므로 바보 같지만 착하고 행복한 사람들이 되어 평화로운 세상에서 맘껏 자유롭게 살아보자는 것이다.

참고로 서부 독일 뒤셀도르후에 있는 네안데르탈(계곡)에 살던 원시 인류인 네안데르탈인은 3만 년 전에 멸종한 것으로 DNA 고고학을 통해 과학자들이 밝혀내었는데, 화석의 이빨을 분석한 결과 네안데르탈인은 현재 인간과 해부학적으로 동일한 구조를 가진 크로마뇽인 사이에 근친교배가 있었던 것으로 추정한다.

이에 근거하여 원시 인류인 네안데르탈인과 현대 인류의 조상 크로마뇽인은 5만 년 전 같은 조상을 가진 사이로 밝혀졌다.

DNA 유전자 검사로 친자 감별을 한다. 단백질 아미노산의 염기서열이 얼마나 닮았느냐를 보는 것으로 사람의 세포에 유전자가 담긴 부분이 두 곳인데, 하나(1)는 세포핵 안에 23쌍의 염색체 형태로 존재하는 30억 개의 염기쌍의 DNA이고 둘(2)은 핵 바깥의 미토콘드리아에 있는 1만 6천 개의 염기쌍의 유전자다.

1의 핵 유전자를 통해서 성별을 구별하고 사람의 특징을 알아낼
수 있다.

　성염색체로 여자(XX)인지 남자(XY)인지 알아낸 후, '다변화 좌위'를
분석한다. 다변화 좌위란 염기서열의 특정 부위에서 사람마다 다르게
나타나는 현상이다.

　DNA의 염기서열이 다양하기 때문에 개인마다 다변화 좌위도 다
르게 나타나 눈동자 색과 피부색 등을 결정하므로 다변화 좌위를 읽
어 개개인의 특징적인 용모까지 파악할 수 있다.

　2의 미토콘드리아의 유전자는 어머니를 알아내는 데 사용된다. 세
포가 활동하는데 필요한 에너지를 생산하는 미토콘드리아(세포의 핵발전
소)의 유전자는 모계를 통해 전달된다.

　미토콘드리아는 정자와 난자의 꼬리 부분에 있는데 수정(정자가 난자
에 들어가 하나 됨) 시에 정자의 꼬리는 떨어져 나가고 난자의 꼬리만 남기
때문이다.

　남자가 결혼하여 자식을 낳으면 자식은 어머니의 미토콘드리아만
물려받게 되는데 곧 외할머니와도 같은 미토콘드리아다. 당뇨병은 미
토콘드리아에 유전인자가 있어 100% 모계 유전병이다.

　앞으로 DNA 고고학이 더 발달하면 현생인류 곧 호모 사피엔스와
고대 인류와의 관계가 더 정확하게 밝혀질 것이다.

종교의
신

위에서 살펴본 대로 지구상에는 지금까지 수많은 종교들이 있다. 유대교와 그리스도교(천주교, 개신교), 이슬람(모하메드교)의 신은 전능한 유일신인 야훼 신앙으로 야훼, 하나님, 알라 등으로 불린다.

불교는 붓다, 부처라고 하는 진리를 깨달은 선각자인데 현재는 불상이라는 형상에 목매다는 우상종교가 되고 말았다.

힌두교는 비슈누, 브라만 신으로 본래는 인간 자신 안에 있는 참된 자아, 이성, 영혼, 사랑을 발견하여 잃어버렸던 본성을 되찾아 평화(구원)를 얻는 것이다.

거룩한 신의 영에 하나 되는 것 곧 그리스도교의 성령 충만, 신과의 합일 일체를 이루는 것이다. 그러나 현재에 와서는 어떤 하나의 신 존재라기보다 여러 잡신을 동시에 섬기는 다신교 형태다.

조로아스터교의 신은 사람을 사랑하는 신이다. 아후라 마즈다는 최고의 신으로 생명을 주는 지혜를 가진 신이다.

불교나 힌두교처럼 영겁회귀를 믿으며 영혼불멸을 바라고 인간의 행복이 무엇인가를 계속하여 물으며 인간은 사랑받을 만한 존재요 사랑을 필요로 하는 존재다. 그러므로 나는 사람을 사랑해야 하고 사랑한다. 고 외친다.

유교는 신이 없고 신을 믿지 않는 종교라고 말하지만 신은 사랑이므로 유교의 신은 사랑이다. 사람이 사는 데 꼭 필요한 것은 사랑이요 사랑이 있어야 사람이 된다. 사람과 사람이 서로 사랑할 때 비로소 인간이 된다. 인간, 사회, 공동체에 사랑이 없으면 비인간화되고 반사회적이 되고 반공주의자가 된다.

이성이 없으면 비이성적인 인간, 비이성적인 사회, 비이성적인 단체가 되고 양심이 없으면 비양심적인 인간, 비양심적인 사회, 비양심적인 이기주의 집단이 되고 만다. 인격이 없으면 짐승만도 못한 벌레가 되고 동물의 우리가 되고 개판이 되고 만다.

세계의 종교를 크게 두 종류로 나누어 유신론과 무신론으로 이야기한다. 세계 인구 76억 명 중에 무종교나 무신론자가 약 11억 명이 된다고 하고 나머지는 대체로 유신론자들이다.

또 다르게는 유일신을 믿는 종교와 유일신론자들이 있고 여러 신을 인정하고 필요할 때마다 다른 신을 찾는 다신론 자들도 상당히 많다.

유신론자는 옳고 무신론자는 잘못되었거나 유일신론자가 옳고 다신론 자는 틀렸다고 하는 것은 모두 잘못된 것이다.

근본적으로 신은 없는 것이고 인간의 필요에 의한 창작물이며 상상 속의 허상이며 연약한 감정의 소용돌이 속의 지푸라기일 뿐이다.

전능한 신이라면 인간의 한계를 뛰어넘는 초능력으로 인생의 낳는 산고와 질병의 고통과 늙어 찌그러지는 추함과 육신은 죽어 한 줌 흙과 재가 되는 것과 영혼이 있다면 지옥의 나락으로 영원한 고통에 떨어지는지 하늘로 올라가 신들의 나라에 들어가 영생을 누리는지 알려주고 구원해 주어야 하지 않겠는가?

그러나 어리석은 우리 인생은 동물과 사람이 그 끝이 같다는 것만 확실하게 알 뿐이다.

죽어서 다시 살아온 자도 없고 지옥이나 천국 여행을 예약하여 다녀올 수 있는 미래의 여행코스도 아니다. 신도 사후의 세계도 인식하고 만지며 체험할 수 있는 실체가 아니다.

돌이나 나무와 쇠붙이로 인간의 손으로 만들어 놓은 말도 못 하고 알아듣지도 못하며 맛있는 것을 주어도 먹을 줄도 모르고 돈이 무엇인지 얼마나 값어치가 있는 줄도 모르고 아무리 많이 쌓여 있어도 쓸데가 없는 존재다.

생각할 줄도 모르고 물어도 대답이 없는 우상 쪼가리만도 못한 것이 인간이 의지하고 복을 달라고 목매다는 병을 낫게 해주고 죽으면 고통이 없는 낙원에 보내달라고 떼쓰며 절하고 믿는 것이 허상의 신이다. 신기루가 허상인 줄을 알고 따라가면 죽을 줄 알면서도 친구 따라 강남 가듯 신기루를 쫓아가는 불쌍한 인생들이다.

구약성서 속의 신의 이야기는 6천여 년 동안 이해되지 못한 신으로 알지 못하는 신으로 남아 있다.

신약성서 속의 나사렛 예수의 신 이야기도 2천여 년이 지난 오늘날까지 제대로 이해되지 못한 알지 못하는 신, 미신으로 남아 있다.

미신은 신을 알고 깨달아 믿는 것이 아니라 신이 무엇인지 모르고 제 마음의 생각대로 우상을 숭배한다.

만약 신이 있다면 신이라는 물건이 있다고 해도 인간들은 결코 그 신을 만나지 못하고 알지도 못하며 불로초처럼 찾지도 못할 것이다.

신은 인간의 내면에서 일어나는 마음의 생각 곧 양심의 표상이기 때문이다. 양심, 인간의 마음, 생각 속의 선한 소원은 사랑의 충족, 사랑의 충만이다. 사랑이 채워지지 않아 부족하고 만족스럽지 못하니 심술이 나고 욕심이 생기고 악한 소원이 커지는 것이다.

구약성서의 모세와 지혜자들과 예언자(선지자)들은 단 하나의 신, 야훼 하나님을 소개하였다. 하나님은 '사랑'이라는 것이다. 사랑만이 너희의 구원이요 너희에게 사랑이 있고 하나님이 함께하여 서로 사랑할 때 그것이 곧 구원이요 행복이라는 말이다.

신약성서의 나사렛 예수가 가르쳐 준 신도 하나님은 사랑이라는 것이다. 너희 안에 이 마음 곧 하나님의 마음, 사랑을 믿고 서로 사랑하면 그것이 구원이요 세상 마지막 날까지, 너희가 사는 날 동안 그 사랑이 영원히 함께한다는 것이다.

모세의 가르침과 예수의 가르침이 하나도 다르거나 틀린 것이 없다. 그것을 하나님의 택함을 받았다고 스스로 자부하는 이스라엘 족속이 6천여 년 동안 깨닫지 못한 것이요 예수 그리스도를 믿는다는 22억의 인생들이 깨닫지 못하여 서로 사랑하지 아니하므로 서로 미워하여 싸우고 죽이며 또 2천여 년을 살아왔다.

신은 사랑이기에 자유하다. 완전한 자유는 완전한 사랑 안에서만 누릴 수 있다. 사랑의 법만이 지배하는 세상, 사회에 참된 자유와 평등과 평화가 깃들 수 있다.

신은 사람에게 오직 사랑일 때 가치가 있다. 사랑만이 유일하고 영원한 가치이기 때문이다.

인간의 바람은 신이 되는 것이다. 신의 영원성을 믿기 때문이다. 신이 된다는 것은 신과 하나가 되는 것이다. 내가 신을 만나 껴안든지 신이 나를 찾아와 함께하는 것이다.

성서의 하나님은 "나는 나다. 나는 사랑이다."라고 선포했다. 따라서 나사렛 예수는 "나는 길이요 진리요 생명이다."라고 외쳤다.

신과 사람의 본성, 본질이 같다는 것은 일치하는 것이 아니라 임마누엘, 예수, 함께, 같이하는 것이다. 조화는 하나로 일치하는 것이 아니라 함께 어울리는 것이기 때문이다.

인간의 마음속에 있는 순수한 사랑(참사랑)이 양심이다. 양심대로 살아야 참사랑이 이루어진다. 양심대로 사는 것은 마음의 생각과 말과 행동이 하나 되게 사는 것이다. 항상 선한 소원을 품고 말하며 최선을 다해 행함으로 선을 이루는 것이다.

신이라는
신기루

어리석은 인간들은 21세기 현대 과학시대에도 신화 속의 신과 여러 종교의 신을 믿으며 숭배하고 있다.

신은 앞에서 세계 여러 나라와 민족의 신화 속에 전해 내려오는 이야기를 통해 영원히 죽지 않는 존재요 또는 신도 아프고 죽는 존재다. 죽으면 부활하여 다시 살아나는 신이 있는가 하면 죽으면 그만인 신도 있다. 신도 어려운 문제를 해결하지 못하므로 좌절하여 속수무책인 신이며 불가능이 없는 전능의 신이기도 하다.

세상 만물을 홀로 지배하는 신도 있고 다른 신이나 인간과 협동하는 신도 있다. 애인도 있고 결혼도 하여 아들딸을 낳기도 하고 이혼도 하고 바람도 피우며 다른 신의 예쁜 아내를 빼앗는 신도 보았다.

본성이 사람과 같은 사랑의 신이 있는가 하면 화나는 대로 심판하고 죽이는 악한 신도 있다.

원시 인류에서 현대에 이르기까지 인류는 문화와 문명 발달의 차이에 따라 신과 종교가 차츰 달라졌다.

처음에 인간들은 생존에 위협이 되는 자연의 존재 앞에 두려움을 해결하기 위해 신탁을 빙자하여 전능의 신들을 만들어 내었다.

토테미즘과 높은 산과 큰 나무와 바위를 섬기고 하늘의 해와 달과 별들과 무서운 번개와 신이 보이지 않으니 제각각 우상을 만들어 절하며 섬기는 하등종교다. 따라서 초기의 신들은 인간의 원시적 욕망과 유사성을 가진 신의 모습이었다.

생각하는 인간의 최초의 학문인 철학이 등장하며 깨닫는 지식으로 인간 내면의 인식을 중히 여기는 인간과 통하는 면을 가진 신을 믿는 고등종교로 발전했으나 그런 신들 역시 우상적인 면을 포함하고 있다.

우리 인류는 이제까지 이 지구라는 하나밖에 없는 땅 위에서의 삶 가운데 너무도 많은 가짜 신에 종속되어 구박을 받아왔고 수많은 종교 사기꾼들에게 속아 물질적, 정신적, 육체적으로 농락을 당해 왔는데 과학의 발달로 가짜 정체가 드러나기 시작했다.

이제는 거짓이 탄로 난 지 오래된 UFO를 가지고 장난치고 있다. 미래의 어느 날 우주의 신들이 인간의 제물과 섬김을 받기 위해서

UFO를 타고 지구의 남극이나 북극, 아니면 우주정거장에 내려온다
는 것이다.

사람이 생각하는 신은 다양하다. 모두가 같은 생각은 신은 형체가
없다는 것이다. 신은 죽지 않는 영원불멸의 존재로 모르는 것이나 불
가능이 없는 전지전능의 신이다.

그러나 신은 생각을 하는 감각기능을 가진 고등동물은 아니다. 신
을 믿고 간절히 바라면 소원이 이루어지고 운명을 바꿀 수 있다? 신
의 뜻을 따라 순종하며 살면 사후에 신이 있는 영원한 나라에 갈 수
있다?

언젠가 세상 끝 날에 신이 강림하면 그를 믿는 자들은 멸망하지 않
고 모두 구원을 받는다는 꿈꾸는 허수아비 같은 생각들이다.

우리가 사는 지구와 함께 우주의 수많은 별이 자기 선 곳을 지키며
반짝이고 사시계절의 변화가 조화롭게 변함없이 순환하는 것도 신의
섭리에 의한 것이라고 믿는다.

인간의 생명도 삶과 죽음이 반복하여 순환하므로 조상과 우리와
자손들이 존재한다.

섭리는 시작과 끝이 애초부터 정해져 있다는 관점에서 바라보는
가치관이다. 인간뿐 아니라 만물의 시작은 같고 사는 동안에 과정이

각각 다르지만 생의 결국 마지막은 소멸이라는 죽음이다. 한번 이 세상에 생명을 갖고 태어난 존재는 반드시 죽는다는 법칙이 똑같이 평등하게 정해져 있다는 것이다.

지적생명체인 인간도 살라는 명을 받고 이 땅 위에 던져진 존재이며 마치 죽기 위해 사는 것처럼 아등바등 살아간다.

신의 섭리, 운명을 거슬러 영생을 원하며 불로초와 불사조를 찾다가 실망하고 결국은 신이라고 하는 영원히 죽지 않는 존재, 아니 죽어도 다시 사는 부활의 존재를 꿈꾸며 믿는다. 혹시 죽은 후에라도 사후의 세계가 있다면 꼽사리 끼려고 기대하는 의존심이다.

신화는 한 나라와 민족과 종족의 예부터 전승되어 온 신들의 이야기, 조상들의 전설로 세상과 인간의 창조 이야기와 나라의 건국 이야기, 위대한 인물들에 대한 영웅호걸들의 이야기로 후에 그럴듯하게 각색된 이야기도 있고 터무니없게 꾸며진 이야기도 있다.

신화는 신들의 이야기와 신과 인간의 얽혀진 이야기들이고 전설은 인간들의 한 단편적인 삶의 이야기들이다.

설화는 전해오는 신화와 전설이 아니라 신화나 전설 이야기가 말하고자 하는 의미와 정신을 강조하여 개념, 이념, 주의, 사상, 진리를 설파하고 독자의 이해를 돕기 위해 쉽게 설명하는 교육, 철학적 이야기이다.

그리스신화에서 올림포스 산 꼭대기 신의 제왕 제우스 밑에 여러 주신들이 많은 것은 당시 그리스 도시국가들의 부족들이 각각 섬기던 신들을 뜻하고 신의 제왕 제우스는 희랍민족의 형제 부족국가인 도시국가들이 하나의 제왕 아래 통일을 이루어야 한다는 바람이었을 것이다.

신화와 전설은 자연의 위력 앞에 무력함을 느끼던 인류의 조상들이 변화무쌍한 자연의 이치나 현상을 설명하는데 오늘날같이 과학이 발달하여 증명할 수 없었던 때인지라 신이라는 미지의 위력, 초능력을 가진 전능한 존재, 두려워하고 섬겨야 할 존재로 의지하고 숭배한 것이다.

북유럽과 그리스의 초원을 따라 떠도는 유목민들과 인도와 중동의 비옥한 땅에 터를 잡은 농경민들의 신화와 전설이 다른 것도 그들이 거주하는 지역의 자연환경과 기후조건과 밀접한 관계가 있다.

척박한 사막지대 광야에서 시작된 셈족 계열은 강력한 가부장적 족장문화로 단합하여 낯선 땅에서 살아남기 위해 유일신을 택하였다. 자기 조상을 신이 창조한, 신이 택한 유일한 종족이라는 선민임을 내세웠다.

신화와 전설은 오랫동안 구전으로 전해 내려오며 변형되기도 하고 첨부되기도 하고 왜곡되기도 하다가 문자문화가 시작되며 문자로 기록되고 나중에 책으로 만들어졌다.

중요한 것이 그리스신화의 신의 계보, 이집트의 신들의 계보와 왕들의 계곡, 게르만신화의 에다, 중국의 삼황오제, 한국 삼국유사의 단군, 켈트족의 마기노기폰과 에린 침략의 서 등이다.

신화는 허무맹랑한 옛이야기가 아니라 역사신화로 문자가 없던 고대인들의 자기 조상들의 역사 이야기를 구전으로 전해주었던 귀중한 역사적 자료이며 과장되거나 변형되며 전해지고 문자로 기록되며 새롭게 첨부되고 정립된 것들이 많다. 그리고 대부분 종교의 발생은 신화에서 시작되거나 깊은 관련이 있다.

역사에서 배우지 못하는 민족과 나라와 개인은 희망이 없다고 말하면서 지난 인류의 역사와 자기 나라와 민족의 역사와 자신의 과거의 실패에서 깨달음을 얻고 돌이키고 바르게 새 길을 가는 나라와 민족과 사람은 거의 없는 것 같다.

가장 확실한 증거가 유대교와 이스라엘 민족의 역사와 종교와 신앙인데 오늘날 그리스도교 교회는 그들의 실패를 거울로 삼아 바른 하나님 신앙과 사랑을 실천하지 아니하고 그들의 멸망의 실패를 본받아 나락을 향해 굴러가고 있다.

2300년 만에 독립을 쟁취한 이스라엘은 그동안 온갖 악조건 속에서 나라의 틀을 안정시키며 전쟁과 다툼으로 많은 비난을 받기도 했다. 이웃 형제국인 아랍 나라들과 평화공존을 위해 애쓰고 있으나 2021년 5월 10-20일까지 11일간의 전투가 벌어졌다. 시작은 코로나 19가 겹친 경제위기와 각종 개인 비리로 정권에서 밀려날 위기에 처한 네타냐후 이스라엘 총리가 팔레스타인 강제이주를 다시 시작하자 반발하는 시위가 격렬하게 일어난 것이다.

강경진압으로 200여 명의 부상자와 2명이 사망하고 모스크로 피신한 시위자들을 모스크 안까지 들어가 진압하자 극 노한 하마스가 로켓포를 발사하여 이스라엘 주민 3명이 사망하자 이를 빌미로 미사일과 전투기 폭격으로 하마스의 본부와 방송국과 아지트를 공격하여 하마스 사령관을 비롯한 간부들과 팔레스타인 232명 사망, 1,900여 명 이상의 부상과 이스라엘인 12명 사망과 수백 명의 부상자가 발생하였다.

그나마 나라와 민족의 모범은 독일과 게르만 민족밖에 없는 것 같다. 세계 제2차 대전 당시 히틀러의 나찌당이 저지른 죄악을 패망 후의 종교와 정치지도자들이 앞장서 회개하고 말로만이 아닌 사랑의 실천으로 최선을 다해 용서를 구하며 피해국과 피해자 가족들을 돕기 위해 애썼다.

보이기 위한 일시적인 행동이 아니라 정권이 바뀔 때마다 지도자들이 피해국을 방문할 때마다 진심으로 사죄하고 있다.

반대로 가장 비열한 민족과 나라는 일본인 것 같다. 가장 많은 사람을 죽이고 귀중한 것들을 빼앗아 간 한국과 한국 국민에 대해 사죄는커녕 일시적으로 양식 있는 지도자가 표명한 사죄와 선언문까지 무시하고 부인하고 있다.

전범 회사들이 강제노동의 대가를 배상하려는 것까지 전범의 후예들인 망나니 정치인들이 막고 있으며 똥딴지같은 독도를 제 영토라고 우기고 있다.

미국을 등에 업고 유난히 한국에 대해서만 못된 짓을 계속 일삼고 있다. 미래에 그 죄의 대가가 어떻게 처참하게 나타날지 두려운 기색도 없이 새로운 군국주의의 망령을 되살리려 하고 있다.

우리는 모든 발명품들을 사용한다. 훌륭한 과학기술과 발명품들은 생활의 편리와 경제적 수익과 질병의 치료와 자동차와 기차, 비행기 등을 이용하여 옛날에는 꿈도 꿀 수조차 없었던 세계 곳곳을 여행할 수 있는 하루 생활권에 들어오는 지구촌이 되었다.

필요는 발명의 어머니라고 한다. 신은 인간이 필요에 의해 만들어낸 최고의 발명품이다.

그러나 모든 발명품이 인간에게 좋고 유익한 것은 아니다. 화약은 광산개발이나 건설에는 아주 획기적인 발명품이지만 전쟁무기로 사용되며 대량살상무기의 원료가 되었다. 따라서 전쟁의 양상이 달라지고 수많은 인명살상과 수십, 수백 년에 걸쳐 이룩한 건물과 재산을 단번에 파괴하고 날려버린다. 전기와 기계의 발명은 인간 삶의 방식을 뿌리로부터 바꿔놓았다.

신화 속의 신이 종교화되면서 신은 섬김과 추앙의 대상에서 종교 조직의 권위와 권력을 유지하는 도구가 되고 말았다. 신은 종교귀족들의 허수아비 우상이 되어 어리석은 우민 대중을 속이고 신의 이름으로 착취하는 정당성이 되어 불쌍한 인간 영혼들을 멸망의 구렁텅이로 몰아가고 있다.

문명의 이기는 어떻게 사용하는가? 누가 사용하는가에 따라 그 효능과 불이익과 유익성이 다르고 선악의 선택적 사용에 따르는 결과는 엄청난 차이로 나타난다.

신화와 신도 마찬가지다. 신이 무엇인지, 신의 뜻이 무엇인지, 신의 무엇을 믿는 것인지, 신이 인간에게 요구하는 것이 무엇이고 인간이 신에게 바라는 것은 무엇인지, 종교화된 신의 가르침, 교리가 아닌 진리는 무엇인지를 밝히 알고 믿고 따라야 하는데 대부분의 종교는 주술화되어 있다.

참된 이치, 진리는 깨닫지 못하고 껍데기만 핥으며 알지 못하는 신을, 가짜를 가짜로 믿으며 속이며 스스로 속고 있다.

핵무기가 무섭다고 하지만 진리를 알지 못하는 경직된 믿음으로 마음과 생각을 바꾸려 하지 않는 어리석은 우중은 핵무기보다 더 무서운 존재다. 거듭나기를 거부하고 새롭게 되기를 원하지 않으며 손에 쥐고 있는 것이 무엇인지도 모르며 그것을 놓지 않으려고 발버둥치며 세계 곳곳에서 말썽을 일으키며 전쟁을 부추기고 있다.

신에 대한 잘못된 정보와 지식과 이해와 맹목적인 신앙은 실로 핵무기보다 더 해롭고 위협적이다.

자신의 몸을 하나뿐인 목숨을 단 한 번뿐인 인생을 선량한 다른 사람들을 죽이는 자살폭탄으로 사용하다니, 이것이 신의 뜻이요 신을 사랑하고 신에게 충성하는 일이라니 기가 막힐 노릇이 아닌가? 이런 망령이 어디에서 오는 것일까?

아직도 신화에 속고 조상들의 족보에 목매다는 동물만도 못한 어리석음의 소치가 아닌가?

형체도 없고 존재하지도 않는 인간의 신념, 신에 대한 고정된 생각과 지식과 확신은 '뜬구름'이요 '신기루'일 뿐이다. 이제 사람은 거짓 신념을 버릴 때가 되었다. 뜬구름을 흘려보내고 하늘의 보좌에 앉은 신과 영생이라는 신기루의 꿈에서 깨어나 정신을 차릴 때가 되었다.

자연적인 신기루는 사막에서 멀리 있는 오아시스의 나무와 물이 모래바람과 수증기의 변화로 사경을 헤매는 사람들의 눈에 오아시스로 보이는 거꾸로 된 허상 현상이요 신과 영원에 대한 인간의 신기루는 인간의 끝없는 욕망의 착각이다.

부활이라는
신기루

부활이라는 신기루에 대해 확실하게 짚고 넘어가야 할 것이다.

메소포타미아 문명, 곧 수메르 문명의 영혼불멸설에서 시작된 영혼의 존재와 육체는 죽어 흙이 되어도 영혼은 죽거나 사라지지 아니하고 존재하거나 죽었다가 다시 살아난다는 부활사상이 유럽과 중동과 인도, 북아프리카에까지 확산되었던 것 같다.

부활은 유한한 인간이 영원히 살지 못하고 죽기 때문에 영원히 죽지 않고 사는 신이라는 존재와 그 신을 영원한 존재라고 믿는 신앙이 종교가 된 것이다. 부활은 사람이 죽은 후에 육체는 없어져도 영혼이 존재하기 때문에 언제인가 다시 살아날 수 있다는 꿈이요 희망사항이다.

영생을 원하는 인생의 허무함을 이기지 못하여 다시 사는, 다시 살수 있다는 영생에의 허무한 꿈을 꾸게 된 것이 부활이다.

같은 영생의 꿈이지만 각 나라와 족속에 따라 부활에 대한 해석은 조금씩 다르다.

불교에서의 죽음은 사멸이 아니라 사는 동안의 업보에 따라 다른 형태의 몸(육신)으로 환생하는 윤회의 또 다른 고통의 시작이다.

그리스에서는 육체는 죽음으로 소멸되고 육체로부터 자유 함을 얻은 영혼만이 계속 존재한다고 생각하였다.

플라톤은 죽음은 영혼이 육체로부터 벗어나 불사의 세계로 옮겨가는 과정이라고 말하나, 다른 철학자들은 사후의 세계는 없으니 살아 있는 동안 현재의 삶에 충실해야 한다고 말했다.

그리스도교의 부활사상도 유대교와 다르고 구약과 신약에서의 부활 해석이 다르다. 사두개인들은 부활을 믿지 않았고 부활을 믿는 바리새파 유대인들은 육신의 가치를 인정하고 육신이 죽은 후에 다시 일으켜질 것이라 생각하며 부활의 몸도 생시와 같은 모습일 것이라 생각했다.

구약시대 유대인들은 육체의 부활을 믿지 아니했다. 신약에서도 나사렛 예수의 부활에 대한 해석은 단호했다. 하나님은 죽은 자의 하나님이 아니라 산 자의 하나님이라는 것이다.

이 말의 해석도 분분하나 하나님은 사람이 살아 있는 동안에만 함께하시고 그 사람 안에서 활동하시고 사랑이 일하는 곳, 사랑의 실천이 행해지는 곳에 사랑의 능력으로 역사하신다는 말이다.

부활은 죽음으로부터인가? 아니면 새로운 생명의 잉태로부터 깨어남인가? 썩은 둥치에서 새싹이 돋아남인가?
사람이 돌이켜 회개하고 변화되어 거듭나서 새사람이 되는 것인가?

부활은 모르던 사랑을 알게 되는 것이요 없던 사랑이 생겨나 충만하게 채워지는 것이요 꺼져가던 사랑의 불꽃이 되살아나 활활 타오르는 것이요 잘못된 사랑으로 타락하여 망가졌던 두꺼비집을 다시 새로 짓는 것이다. 하나님이 없어, 사랑이 없어 냉랭하고 죽은 가슴이 사랑으로 다시 뜨거워지는 것이다.

그리스도교가 부활의 종교인 것은 이토록 사랑으로 다시 일구고 싹틔워 열매를 맺는 희망이 있기 때문이지 역사적 예수의 무덤이 비어 있는 데 있지 아니하다.

죽음은 생명이 없는 상태이니 하나님을 떠난 삶, 사랑이 없는 인생은 짐승과 다를 바 없다. 동물의 죽음과 같이 저도 죽어 다 한곳으로 돌아가니 살아 있는 동안에 자기 일을 즐거워하는 것, 서로 사랑하므로 기꺼워하는 일보다 나은 것이 없다. 하였다.

죽은 것은 다시 살지 못하고 흙이 된 것은 다시 일어나지 못할 것이니 기억조차 멸절하였기 때문이다.

모든 육체는 풀이요 그 모든 아름다움은 들의 꽃 같으니 풀은 마르고 꽃은 시들지만 오직 사랑만이 영원한 것이다.

뿌리가 살아 있는 고목나무에서 새싹이 나도 육체의 부활은 없다. 늙고 찌그러진 육체에서는 자손이 나오지 않는다.

젊고 싱싱한 육체의 뜨거운 사랑에서 새 생명이 잉태되고 태어나는 것이다. 영혼의 부활은? 불멸의 에너지처럼 새 생명의 원천이 되는 사랑의 에너지일 뿐이다.

우리가 아는 것은 사랑이 없으면 죽은 자요 사랑하지 않으면 죽을 수밖에 없는 존재가 사람이라는 것이다.

부활의 능력은

첫째, 진리가 거짓보다 강하다.
둘째, 생명은 죽음보다 강하다.
셋째, 선이 악보다 강하다.
넷째, 사랑이 미움보다 강하다.
다섯째, 사랑이 죽음보다 강하다는 것을 알고 믿는 것이다.

부활은 꿈꾸던 사랑이 피어나 향기를 풍기는 것이다.
부활은 결국 사람의 영생에의 바람이다. 유한 자의 몸을 가진 인생이 죽지 않고 영원히 살 수 없으니까, 죽은 후의 다시 사는 방편이 필요한 것이다. 그러나 영생은 영원히 사는 것이 아니라 거룩한 삶, 서로 사랑하며 착하고 아름답게 사는 것이다.

불멸의 영혼을 위해 더럽고 썩어질 육체로, 육체가 천대를 받을 필요도 없고 영생불사를 위해 육체가 거추장스러운 존재로 추락할 이유도 없다. 영혼은 신에게 속한 것이요 신은 사랑이요 사랑은 영원한 생명이기 때문에 염려할 필요가 없는 것이다.

육체의 부활을 말하는 것은 거짓된 것이요 사기다. 피라미드 속의 미라와 진시황제의 부활과 영생의 꿈은 허황된 망상임이 증명된 지 오래다. 흙으로 구워 만든 인형이나 돌로 깎아 만든 군인들은 멀쩡하게 형태가 남아 있지만 사람은 시체를 싼 껍질과 석관만 남아 있을 뿐이다.

우리는 죽음을 두려워하지 말아야 한다. 미련을 두지도 말아야 한다. 살아 있는 동안에 후회 없이 사랑해야 한다. 그래서 두고 가는 사람, 남은 사람들의 가슴에 따뜻한 정을 남겨주어야 한다.

이별은 슬프지만 웃으면서 고마워, 사랑한다. 행복하게 잘 살아 하며 웃으며 보내고 헤어져야 한다.
그래야 우리의 영혼은 사랑하는 자녀와 친구와 후손들에게 불멸의 사랑으로 기억되고 추억될 것이다.

◆ 부활 이야기의 진실

저자는 나사렛 예수의 부활 이야기가 공관복음에 똑같이 세 번씩 기록된 것을 보고 이 말은 예수께서 한 말이 아니라 제자들이 복음서를 기록한 후에 편집과정에서 당시 예수 복음전도의 희망과 불꽃이 된 부활신앙을 위해 추가로 기록해 넣은 것이라는 확신을 가지고 있었다.

그러나 성경을 수차례 읽으면서도 이를 증명할 만한 근거인 성경 자체의 기록을 찾지 못했었다.

지성이면 감천이라고 요한복음 20장 9절 말씀을 읽으며 확연히 깨닫게 되었으니 놀랄 일이 아닐 수 없다.

그리고 보니 공관복음에 기록된 예수 자신이 세 번씩이나 연거푸 강조한 부활에 대한 기록이 요한복음에는 단 한 번도 없다는 것을 알게 되었다.

성경을 해설하는 과정에서 요한복음을 다시 읽기를 수차례, 드디어 ( ) 속에 넣어둔 9절의 보배로운 사실을 읽으며 손뼉을 치지 아니할 수 없었다.

예수의 가장 사랑하시는 제자인 요한이 듣지 못하고 알지 못하는 예수의 부활 이야기, 수제자인 베드로가 들어보지 못하고 알지도 못하는 부활 이야기는 한마디로 가짜다. 당시 새롭게 발흥한 신앙의 구심점을 만들기 위해 필요에 의한 각색이었음이 분명하다.

요한은 마지막까지 살아남은 예수의 수제자로 당시 초대교회의 최고의 권위자요 요한복음을 기록한 사람인데 예수가 말한 부활 이야기가 요한복음에는 한 번도 언급된 적이 없다.

요한복음은 공관복음이 기록되어 이미 성경으로 읽히고 편집과정이 마무리되고 있을 때 맨 나중에 기록되었기 때문에 부활 이야기가 첨부되지 못했을 것이라 생각된다.

성서편집과정에서 많은 원문들이 수정되고 삭제되기도 하며 새롭게 첨부되었다. 영혼불멸사상 같은 것은 삭제하다가 일부가 남아 있기도 하다. 절수는 있으나 말씀은 없는 것도 있고 다른 사본에는 이렇게 기록되었다는 말들이 그것이다.

요한복음에도 있는 부활 후 제자들에게 나타난 예수의 현현 이야기도 앞뒤가 잘 맞지 않고 논리가 많이 부족하다.

부활 이야기를 듣지도 알지도 못한 요한도 부활한 예수의 현현 이야기는 복음전도의 필요상 부득이하게 기록해 넣은 것이거나 아니면 그것도 나중에 편집해 넣은 것이라고 생각한다.

( )속에 넣어 둔 요한복음 20장9절의 말처럼 예수님이 가장 사랑하시던 제자 요한과 나이도 제일 많고 수제자인 베드로와 야고보는 선생 예수가 가는 곳, 있는 곳, 잠자리까지 함께하고, 마지막 겟세마네 동산에까지 항상 함께했는데, 요한이 자신이 직접 쓴 복음서에 기록하지 아니하였다.

그 두 제자가 그(예수)가 (죽은 자 가운데서 다시 살아나야 하리라는 성경 말씀을 아직 알지 못하더라)고 기록했으니 공관복음서에 기록된 예수 자신이 말했다고 한 부활 이야기는 나중에 편집과정에서 첨부한 것이 정확하게 맞는 말이다.

물론 다른 성경에는 9절에 "그들은 그때까지도 예수께서 죽었다가 반드시 살아나실 것이라는 성서의 말씀을 **깨닫지 못하고** 있었던 것이다."라고 맞춤 번역으로 기록되어 있기도 하다.

심오한 철학적 사상을 갖고 요한복음을 기록한 요한이 예수의 말씀이나 성서의 말씀을 깨닫지 못한다는 것은, 말이 안 된다. 무엇보다 가장 사랑하는 제자 요한이 자신의 복음서에 기록하지 아니한 것을 마태 외에는 직접 제자가 아닌 마가와 누가의 편집기록보다 더 믿을 수 있는 것이 타당하다. 왜냐하면, 여기서 말하는 성서의 말씀이라는 것은 나사렛 예수가 인용해 말씀한 구약성서가 아니다.

마태, 마가, 누가복음을 말하는 것으로 수제자인 요한과 베드로가 예수 자신이 말한 죽은 후, 3일만에 부활한다는 이야기를 전혀 듣지도, 알지도 못하는 것이지, 스승 예수에게 들었던 구약성서의 말씀을 깨닫지 못하는 것이 아니다.

실수라면 후대의 편집자들이 양심상 이 말을 삭제하지 못하고 ( )속에 남겨 둔 것이 실수일 것이다. 만약 삭제했더라면 부활에 관한 가짜 이야기는 영원히 풀지 못할 숙제로 남았을 수도 있을 것이다.

요한이 자신이 쓴 복음서에 예수가 말한 부활 이야기를 기록하지 아니한 사실을 발견하지 못했을 때 말이다.

스승 예수가 말하지도 아니했고 수제자들이 듣지도 못하고 알지도 못한 예수의 부활 이야기 여러분은 보고 듣고 알아서 지금 믿고 있는가?

누가복음 16장 19절 이하의 부자와 거지 나사로가 죽어 천국과 지옥에 부활한 사건으로 묘사되었는데, 사람의 삶은 살아 있는 동안의 각자 행한 행위대로 결정된다는 것을 말하는 것이다(구약성서처럼).

문자대로는 죽은 후의 영혼의 문제를 말하는 것이나 만약 사후의 세계가 있더라도 현재의 삶 속에서 보고 듣고 깨달아서 선한 사랑을 행해야지 죽은 후에는 후회해도 소용이 없다는 것이요 살아서 죽을죄를 지어 사형이나 무기징역을 당한 후에 후회한들 이미 때가 늦었다는 말이다.

사도 바울이 히브리서 11장 11-13절에서 무리하게 강조하였으나 아브라함은 100세에 이미 죽은 것 같은 몸이 아니었다.
이삭을 낳은 후, 사라가 죽자 새로 부인(후처)을 얻어 이삭이 40세 되어 리브가와 결혼하기 전까지 수많은 자식을 낳고 또 손자들까지 낳았다(창 25장 1-8절).

끝 날에 대한 예언으로 땅의 티끌 가운데에서 자는 자 중 많은 사람이 깨어나 (부활이 아닌 진리를 깨달아) 영생을 받는 자도 있겠고 수치를 당하여 영원히 부끄러움을 당하는 자도 있을 것이다.

이토록 확실한 증거가 드러난 것처럼 우리가 생각하고 믿는 부활은 신화와 같은 신기루이지 실제 이야기(fect)가 아님을 명심해야 한다.

허상의 허망한 부활의 꿈, 신기루에서 벗어나 살았다는 이름이 있는 오늘, 이 순간에 내 옆에 있는 아내와 남편 자녀와 친구와 친척, 이웃과 더불어 진솔한 사랑을 나누며 눈물겹도록 행복한 삶을 살아야 할 것이다.

신이라는 존재가 우상이요 허상이라는 것이 드러났다. 부활도 영생도 가짜라는 것이 들통났다. 이제는 신이라는 신기루에서 벗어나 자유를 누릴 때가 되었다.

인생들이여 한평생 이 세상을 여행(순례)하다 가는 나그네 동지들이여! 하룻밤 편히 쉴 곳을 찾은 것만으로도 행운이 아닌가? 우연히 만난 인연의 끈, 사랑의 끈을 놓지 말고 서로 참되게 사랑하며 살면 행복하지 않겠는가?

영생이라는
신기루

여러 종교들은 왜 우상을 만들까? 세상에서 가장 큰 신의 형상을 만든 것은 불교다.

부처가 이렇게 생겼다고 가르쳐 준 일도 없는데 처음에는 나무로 깎아 만들다가 쇠를 녹여 만들고 나중에는 돌을 다듬어 만들었다. 심지어 높은 산의 바위벽에 부처를 새기기까지 하였다.

신들의 고향이라 불리는 인도의 옛 신전에는 온갖 난잡한 성교 장면들이 새겨져 있다. 어머니의 자궁이야말로 신들이 태어난 고향이다.
사람도 마찬가지다. 이 세상에 왕후장상과 영웅호걸도 어머니의, 여자의 자궁을 빌리지 아니하고 태어날 수 있는 존재는 없다.

성교가 부끄러운 것이거나 죄악된 것이 아니다. 정상적인 부부의 사랑을 통해서 새로운 생명이 탄생하기 때문이다. 그러므로 성교, 육체적인 사랑은 기쁘고 즐겁고 행복하고 만족해야 한다.

강제로 하는 성폭력은 성교가 아니고 죄악이고 일방적인 피로물질의 방사는 아름다운 성애가 아니고 신성하지 못한 것이다. 상대방의 만족한 쾌감을 위해서 최선을 다하는 것이 아름답고 성스러운 성적 교감을 나누는 성교다.

인도를 비롯한 동남아의 불교와 힌두교도들은 대부분 각자 자신들의 수호신을 가지고 다니거나 가족 신, 즉 조상신을 집에 모시고 섬긴다. 따라서 가정 숫자만큼이나 신이 많다.

천주교의 마리아상이나 십자가와 성화조차도 우상이다. 유대교의 신 이스라엘의 야훼 하나님은 나는 나다. 스스로 존재하는 존재로 형상이 없다.

그러므로 너희는 하늘 위에 있는 것이나 땅에 있는 것이나 물속에 있는 것이나 무엇이든지 형상을 만들지 말고 거기에 절하지 말라고 특별히 명령까지 했음에도 불구하고 그들은 금송아지를 만들고 절하며 환호했다. 멸망 당하고 저주를 받으면서도 우상을 버리지 못했다.

눈에 보이지 않고 손에 잡히지 않는 신은 그들을 불안하게 만들었다. 내 손에 잡은 것이 아니면 믿을 수가 없고 내 손에 붙잡고 있는 것이 무엇인지도 모르면서 그것을 믿고 있다.

개신교도 마찬가지다. 십자가는 구원의 능력도 표시도 아닌데 구원을 상징하는 우상이 되어버렸고 우스꽝스러운 십자가의 신학이란 이론까지 정립하고 있다.

피는 생명을 상징하는 것으로 피 흘림은 죽음을 의미하는 것인데 십자가에서 흘린 피가 죄를 씻고 사하여 준단다. 그래서 그 피가 보배로운 피요 죄를 사하는 위대한 능력, 보혈의 능력이란다.

부활이 없으면, 부활을 믿지 않으면 그리스도교의 믿음은 헛것이란다. 가짜 부활을 믿는 것이 옳은가? 아니면 부활은 없는 것이요 꾸며낸 이야기라고, 죽은 것은 다시 살아날 수 없다는 말이 옳은가? 가짜 부활을 믿는 거짓된 믿음이 헛된 것이 아닌가?

우상이든 어떤 신의 형상이든 신이란 형체가 없는 것이기 때문에 신은 존재하지 않는다. 정신적 또는 이론적으로 정리된 이념이나 사상이 신이 될 수 없다. 토테미즘이나 정령 술은 미신이고 신화의 무지개를 타고 내려온 것이나 미사여구로 꾸며진 것은 과학적으로 증명된 신이 될 수 있는 것이 아니다.

끝이 없는 거짓과 사기에 속아서 희망의 줄에 매달리는 것은 이미 멸망의 끝이 정해져 있는 신기루의 유혹에 정신이 나가 죽을 줄 알면서도 따라가는 것과 마찬가지다.

어리석은 인생

그대 어리석은 자여 발길을 멈추어라
사기꾼들의 감언이설에 귀를 막아라!
멸망의 신기루를 좇는 발길을 돌리어라
굳게 믿는 너의 주먹을 펴서 살펴보라

그대 어리석은 인생이여 꿈에서 깨어나라
신은 보이고 만져지는 우상이 아니어라
사랑은 보이지 않고 만질 수 없는 것이니
사랑하는 아내와 이웃의 사랑을 믿어라

영생의 꿈은 허망한 바람이어라
우상화된 허상의 신기루일 뿐이어라
자연의 조화는 불멸의 에너지 순환이요
영혼과 정신은 불멸의 사랑이어라

신이 되는 꿈을 꾸지 말고 신이 되어라
하늘나라를 꿈꾸지 말고 하늘나라를 만들어라
대접받기를 원하는 대로 친절을 베풀고
사랑받기 원하느냐 사랑하는 사람이 되어라

휴거라는
신기루

휴거란 무엇인가? - 그리스도교의 종말론의 한 부분으로 그리스도가 공중 재림하여 세상에 다시 올 때 하늘에서 구름을 타고 오는데 구원에 합당한 신앙을 지킨 성도들은 공중에 함께 들려 올라가 그리스도를 영접한다는 주장이다.

신약성서 데살로니카 전서 4장 15-17절에서 사도 바울이 쓴 편지로 나사렛 예수가 그의 성도들을 모이게 하려고 되돌아온다고 예수 자신이 말했다는 것이다.

그리스도 안에서 죽은 자들이 먼저 일어나고 그 후에 우리 살아남은 자도 저희와 함께 구름 속으로 들어 올려 공중에서 주를 영접하게 하시리니 그리하여 우리가 항상 주와 함께 있으리라(16-17절) 는 구절에 기초하고 있다.

휴거는 구약성서의 에녹과 엘리야의 승천에서 최초로 기원한다. 신약성서에서는 전도자 빌립(행 8장 39-40절)을 성령이 이끌어 갔다 하였고, 바울(고후 12장 1-4절)이 14년 전에 셋째 하늘에 이끌려 올라갔었으나 그가 스스로 육체 안에 있었는지 육체 밖에 있었는지(생시인지 꿈이었는지) 알지 못한다 하였다.

휴거는 마태복음 24장의 예수가 가르쳤다는 종말론과 최후의 심판 이야기다. 마지막 때의 환난과 재림 시 휴거는 나사렛 예수의 부활과 승천(행 1장 9-11절)이 있었던 다음의 이야기다. 승천 장면을 자세히 묘사하며 하늘로 올라가는 것을 본 그대로 다시 온다는 것이다(재림).

예수의 재림(second coming)은 고대 그리스어 파루시아로 출현, 도착, 방문 등의 뜻이지만 현재 그리스에서는 같은 의미로 사용되지 않고 있으나 영어로 Parusia는 일부 그리스도교 교인들에게는 특별한 소망이다.

부활 이야기의 진실에서 말한 것처럼 부활이 꾸며낸 사기극일 때 승천과 재림과 휴거소동은 더욱 사기극적인 요소가 다분하다.

재림의 때와 시기는 누구도 알 수 없으나 그리스도의 재림 때에 휴거가 함께 일어난다는 것이다.

세상의 종말에 7년간 대환난이 오는데 환난 전에 휴거된다는 설과 환난 중간에 휴거 사건이 발생한다는 주장과 환난 후에 그리스도가 재림하며 휴거가 이루어진다는 주장들이 있다.

역사 이래 지구와 인류의 종말과 멸망에 대해서는 끊임없이 예언이 이어져 왔다.

첫 번째가 마야의 달력에 2012년 12월 21-23일까지 지구가 멸망한다고 하였으나 월력의 잘못된 해석일 뿐 종말설과 관계가 없으며 실제로 아무 일도 일어나지 않았다.

그러자 7년 후, 2019년 12월 21일에 종말이 온다고 해석했지만 역시 우리는 무사하다.

두 번째가 1550년경 프랑스의 천문학자이며 의사요 점성가인 노스트라다무스의 1999년에 괴이한 일이 일어날 것이라고 말했으나 종말론은 아니다. 그리고 전쟁이나 지진, 이상기후와 천재이변은 항상 우리 곁에서 다반사로 일어나고 있다.

지구와 인류가 종말을 맞을 확률은 무엇인가? -

1 수없이 많이 떠도는 유성과 혜성과의 충돌
2 지구의 중심축이 바뀌며 판 운동이 멈춰 지구표면의 자기장이 사라지며 태양풍의 강타로 모든 생물의 멸종
3 핵전쟁이나 세계 모든 화산의 일제 폭발로 불바다
4 빙하기가 닥치며 모든 생물 멸종(인간 생존 가능?)
5 외계인의 침공으로 멸망(거의 불가능)
6 태양이 끊임없는 폭발로 100배로 팽창될 경우 태양계의 모든 행

성이 사라진다(거의 불가능).

7 인구증가로 인한 멸망(?) 등등이다.

사도행전 2장 2-4절에 오순절 마가의 다락방에서 일어난 성령강림 사건이 나사렛 예수가 십자가에서 억울하게 죽어 떠나간 하나님의 사랑의 능력인 성령이 다시 그들에게 오신 줄을 알지 못하였다.

제자들이 자신들의 생전에 세상의 종말이 오고 최후의 심판과 예수의 재림과 휴거가 일어날 것으로 믿고 기다렸으나 이루어지지 아니하자 믿음이 흔들리며 여러 가지 적그리스도 소동이 당시에도 발생했다.

오죽하면 베드로가 종말에 대해 성도들을 위로하고 있다. 주께는 하루가 천 년 같고 천 년이 하루 같다. 주의 약속은 어떤 이들이 더디다고 생각하는 것같이 더딘 것이 아니라 오직 주께서는 너희를 대하여 오래 참으사 아무도 멸망하지 아니하고 다 회개하기에 이르기를 원하신다(벧후 3장 4-10절).

그 후, 2천 년간 그리스도교 역사에서 셀 수 없이 많은 시한부 종말론을 주장하는 사기꾼들의 휴거소동이 끊임없이 이어지고 있다.

요한 계시록 19장 9절의 어린 양의 혼인 잔치에 초대를 받은 자들은 복이 있다. 하여 공중에 재림한 그리스도 곧 어린양과 휴거된 성도들을 영접하는 것을 혼인 잔치에 비유하고 있다.

이러한 허망한 예언과 비유를 가지고 2천 년의 그리스도교 역사

속에 수많은 종말론이 기승을 부리며 종말론을 내세운 사교가 성행하였고 엉터리 예언가와 사기꾼들이 세상을 어지럽혔다.

휴거소동과 직접 관련이 없겠으나 1978년 11월 18일 남아메리카 가이아나 존스타운이라는 마을에서 짐 존스가 창시한 사이비 종교 인민사원에서 918명이 강제 집단자살 혹은 집단학살을 당하고 25명 정도가 살아남았다고 한다.

이 사건을 조사하러 갔던 미국 상원의원 일행까지 피살하였으나 동행했던 취재기자가 살아남아 세상에 폭로되었다.

이 사건 후, 9년 뒤인 1987년 8월 29일 한국의 용인시 남사면 오대양 공예품 공장에서 32명의 사교 추종자들이 교주와 함께 집단자살 또는 살해당하였다.

1992년 10월 28일 24시에 예수가 재림하여 휴거가 일어난다고 말한 이장림 목사의 다미선교회라는 집단이 주장한 시한부 종말론으로 가짜 휴거소동이 벌어져 국내 250여 개 교회가 가담하여 10만여 명에 달하고 미국까지 수출되었다.

세계 여러 나라 40여 개 지부에서 1,000여 명의 추종자들이 모여 자신들을 공중으로 들어 올려달라고 울부짖으며 기도하며 세계적 관심을 끌었으나 허무하게 가짜소동으로 끝나고 말았다.

필리핀에서는 제시간에 휴거가 일어나지 않자 교통체증으로 주님이 늦게 도착하신다는 말까지 떠돌았다.

그러나 당사자인 이장림 목사는 사기죄로 감방에 갇혀 당일 밤 11시에 성경을 읽고 11시 30분경에 깊이 숙면에 빠졌다고 한다.

1997년 3월 26일에는 사교 집단인 천국의 문 복지원 소속 광신도 39명이 집단자살 혹은 31명이 집단타살되었다.

또 다른 사교 집단에서는 종말이 가까이 오면 대환난이 닥치는데 대환난이 오기 전에 자살하므로 고통을 면하고 천국에 가자는 유혹으로 수십 명씩 집단 자살하는 소동까지 벌어졌다. 참으로 한심하고 어리석기 짝이 없는 불쌍한 인생들이 아닌가?

꾸며낸 신의 이야기 신화와 종교의 신 우상과 부활과 영생의 꿈과 휴거라는 허망한 신기루의 망상에서 벗어나 사람을 사랑하고 서로 그 사랑을 믿는 사랑의 능력을 회복하기를 바란다.

◆ 크리스마스와 산타 이야기

니콜라우스는 소아시아의 리키아 지방 지금의 터키 남부 지역 파타라에서 AD 270-286년 사이에 출생하여 326-365년까지 살았던 사람으로 지금은 산타클로스로 더 잘 알려진 인물이다.

그의 할아버지는 큰 배를 가지고 무역을 하여 많은 돈을 번 갑부였는데 부모가 일찍 죽자 홀로 남은 니콜라우스가 할아버지의 막대한 유산을 물려받았다.

부모가 죽기 전에 부탁한 신부 한 사람과 주위 어른들이 "선한 마음으로 가난한 사람들에게 베풀면 하늘에서 그 보답을 받게 된다."고 그에게 가르침을 주었다.

그는 그 돈으로 가난한 사람을 돕는 자선사업에 사용하였다.

나중에 그리스도교를 믿으며 신부가 되었고 얼마 지나지 않아서 리키아 지방의 도시인 뮈라의 주교가 되었다.

당시 뮈라의 주교가 죽고 후계자가 될 만한 적당한 신부가 없자 인근 지방의 주교들이 모여 회의하며 열심히 기도할 때에 하늘에서 '내일 아침 제일 먼저 교회에 들어오는 사람을 주교로 삼아라!'는 소리가 들렸다고 한다.

그날 때마침 니콜라우스가 뮈라에 찾아왔고 다음 날 아침 일찍 일어나 교회에 와 참배를 하였다. 이로 인해 주교들이 그를 뮈라 구역의 주교로 임명하게 되었다.

니콜라우스가 신부가 되기 전, 자선을 베풀며 돌아다닐 때, 한밤중에 산책을 하는데 늦은 밤에 등불이 켜진 창가를 지나다가 늙은 부부의 한숨과 탄식을 듣게 되었다. 그들에게는 과년한 세 딸이 있는데 너무 가난하여 시집을 보낼 수가 없었다.

당시 유럽에서는 여자가 지참금이 없으면 시집을 갈 수 없어서 혼기가 지난 딸들이 사창가에 팔려가거나 부잣집에 종으로 팔려가기도 했다. 이 말을 엿들은 니콜라우스는 이튿날 몰래 사다리를 타고 굴뚝 속에 선물을 넣으려다가 들켜 도둑으로 몰려 혼비백산하여 도망을 쳤다.

다음 날 밤에 시집가기에 충분한 황금 덩어리가 든 주머니를 창가에 놓아두었다. 이튿날 창문턱에서 황금 덩이 주머니를 발견한 식구들은 기뻐하며 큰딸이 무사히 시집을 가게 되었다.

그날이 12월 6일이었다. 다음 해에 둘째 딸도 행여나 하는 마음으로 창가에 앉아 하나님께 올해에는 언니처럼 자기도 시집갈 수 있게 선물을 보내주시라고 간절히 기도하고 있었다. 니콜라우스는 둘째 딸을 위해서도 황금 덩이 주머니를 선물하였고, 셋째 딸에게도 똑같은 선물을 해주었다.

둘째 딸까지는 그대로 받아들였지만 셋째 번에는 사위들과 동네 젊은이들이 미리 숨어 있다가 잡고 보니 니콜라우스였다. 바로 오늘날의 산타클로스다.

니콜라우스는 성품이 착하고 겸손하여 오른손이 하는 일을 왼손이 모르게 하라는 나사렛 예수의 말씀을 늘 마음에 품고 사람들이 모르게 선행을 베풀었다.

니콜라우스는 주교가 된 후에도 예전부터 하던 사회에서 소외된 가난한 이들을 돕는 사회선교를 더 크게 확장하여 그의 교구는 항상 자금이 부족하여 성직자들이 굶는 때가 많았다고 한다.

303년 로마 황제 디오클레티오누스의 그리스도교 박해 때에 투옥되어 심한 고문과 고통을 당했으나 나중에 콘스탄티누스 1세에 의해 석방되었다. 그는 그리스도인들의 삶의 쇄신과 선교 활동에 온 힘을 쏟아부었고 제1차 니케아 공의회에 참석하여 예수 그리스도의 신성을 부인하는 아리우스파 성직자를 때렸다가 옥에 갇혔다.

옥중에 있던 그에게 밤중에 예수 그리스도와 성모 마리아가 나타나 예수는 그에게 성서를 주고, 마리아는 그에게 오모포리온 즉 성직자의 예복과 양어깨에 걸치는 숄을 둘러 주었다고 한다.

다음 날 아침에 경비병들이 보니 니콜라우스가 감옥 안에서 오모포리온을 두른 채 성서를 읽고 있었다. 사람들이 이 소식을 듣고 기적이 일어났다고 하며 너도나도 니콜라우스에게 달려와 무릎을 꿇고 용서를 빌었다고 한다.

1087년 그의 유해를 바리로 이전하여 교회를 세웠는데 그 교회에서 여러 가지 기적이 일어났다고 전해진다.

산타는 St, 영어 Saint, 독일어 Heiliger, 성, 성인, 거룩한 사람, 거룩함을 뜻하는 말로 라틴어로 '상투스', 불어로 '쌍트'이고 니콜라우스는 네덜란드어로 '산테클라스'인데, 이것이 미국으로 건너가 영어

발음으로 오늘날의 '산타클로스'가 된 것이다.

지금도 독일과 네덜란드 등에서는 12월 6일을 성 니콜라우스 날(St. Nicolaus Tag)이라고 하여 축제를 열며 어린이들을 위한 모금을 하고 아이들에게 선물을 주는 행사를 하고 있다.

당시 니콜라우스는 말을 타고 다니며 아이들에게 선물을 나누어 주었다고 전해진다. 그러나 오늘날에는 산타 할아버지가 눈썰매를 타고 선물을 나누어 준다는 핀란드의 한 방송에 의해, 사슴 썰매를 타고 달리는 산타 할아버지가 되었고, 핀란드를 비롯한 여러 나라에 산타 마을이 생겨나고 관광지로까지 발전되었다.

권선징악의 좋은 교육의 의미로는 좋으나 상업화되어 버린 오늘의 현상은 바람직하지 못하다. 핀란드의 산타 마을은 코로나로 인해 올해에는 수입이 29억 달러 줄어든다고 예상하고 있다고 한다.

여기서 잠깐, 나사렛 예수의 탄생에 관해서는 많은 이론이 있지만 오늘날의 12월 25일은 소아시아의 카파도키아에서 유래한다.

닛사의 그레고리의 설교에서 AD 380년경에 12월 25일을 성탄절로 기념하고 있다고 기록되어 있고, AD 386년에 안디옥교회가 12월 25일을 통일적으로 나사렛 예수의 탄생일로 정하기를 설교를 통해 촉구하면서 차츰 흩어진 여러 교회에서 12월 25일을 예수의 탄생일로 지키기 시작하였다.

로마에서도 AD 354년 이전에 이미 성탄 축하 행사를 하였고 이후로 동방교회와 서방교회 모두 12월 25일을 성탄절로 지켜왔다.

니콜라우스의 선행을 기념하며 어린이들을 위한 선물과 자선 자금을 모금하던 성 니콜라우스의 날이 세월이 흐르며 순진한 아이들의 마음을 훔치고, 약삭빠른 사람들의 상술에 이용당하며 12월 24일의 성탄전야 행사와 25일의 성탄절과 연말연시의 선물을 주고받으며, 심지어 뇌물을 주고받는 데까지 타락하고 말았다.

오늘날 유럽의 어린이들은 산타가 굴뚝으로 선물을 가져다주는 것이 아니고 부모와 친척들이 사주는 것임을 다 알고 있다. 산타 할아버지의 옷이 빨간색인 것은 코카콜라의 상표인 빨간색을 의미하고 흰 수염은 콜라의 하얀 거품을 상징한다.

또 하나 미국의 가난한 동화작가 Robert May가 1939년에 창작한 《빨간 코를 가진 루돌프 사슴》이란 동화로 산타클로스가 선물을 가득 싣고 썰매를 타고 달릴 때 어두운 세상 골목길을 밝혀줄 빛나는 코를 가진 사슴을 찾아 썰매를 끌게 했다는 성탄절 만화(크리스마스 애니메이션) 극이다. 내용은 다 아는 것으로 생략하고 루돌프의 빛나는 코는 어둠을 밝히는 등불 희망을 뜻하는 것이다.

독일의 종교개혁자 루터에 의해 시작된 성탄 트리도 전나무에 쌓인 눈이 환하게 반짝이며 빛나는 것을 보고 나사렛 예수가 이 땅 위에 희망의 빛으로 오신 것을 깨닫고 은혜를 받았다.

이듬해 성탄절에 전나무를 캐어다가 화분에 심어 집안에 두고 여러 개의 작은 촛불을 밝힌 데서부터 빠르게 유행이 되었다.

루돌프 사슴의 빛나는 코와 성탄 트리의 환한 촛불은 예수가 어두운 세상을 밝힐 빛이요 희망이라는 메시지이다.

크리스마스와 산타를 이용하여 코카콜라가 가장 큰 이익을 보았을 것이다. 루돌프 동화의 저작권을 산 대형백화점이 큰돈을 벌었고 성탄 트리 장식품들로 돈 벌기에 바쁘다.

지금은 세계 곳곳에서 구세군의 자선냄비를 비롯한 선한 사업을 위한 모금 활동이 전개되고 있다. 여기에도 부정행위나 잘못 사용하는 일이 없어야 할 것이다.

이 글은 어린이들의 유일한 선망의 대상인 산타 할아버지의 꿈을 깨트리려는 것이 아니다.

모두가 어려운 시기에 부모들이 먼저 가난하고 어려운 이웃들을 돕는 선한 영향력을 실천하여 아이들이 본받아 산타의 선물을 기다리고 받기보다 니콜라우스 할아버지의 본을 받아 더 어려운 이웃과 불행에 우는 어린이들을 돕는 선한 이웃이 될 수 있기를 바라는 마음에서다.

신은
사랑이다

사람의 본질 중 하나가 자유라고 할 수 있다. 생명의 본질이 자유이기 때문이다. 자유의 본질은 선택이다. 옳은 것과 그른 것, 먹음직스러운 것과 미운 것, 사랑하고 미워하는 것과 선한 것과 악한 것, 이것이냐 저것이냐의 택일에서 좌와 우를 자기 스스로 마음대로 선택하는 것이다.

의와 불의를 택하는 것처럼 신도 종교도, 믿음도 스스로 택하는 것이다. 강제에 의한 택일은 자유의지가 아니다.

신에 대한 정의나 해석도 하나가 아니다. 너무 많다. 그것도 각자 선택하는 것이다. 양자택일 중 선한 것, 옳은 것을 택하여 골라잡는 것이다.

위대한 선각자와 종교의 창시자와 인류의 큰 스승들은 하나같이 신은 사랑이라고 밝히 말해주고 있다.

불교의 석가모니는 인생은 무상하니 서로 불쌍히 여기며 자비(사랑)를 베풀라고 말했다.

유학의 공자와 맹자는 인간은 사람과 사람 사이에 사랑이 있어야 하니 사랑하는 사람, 인자(인격자)가 되라고 말했다.

철학의 소크라테스는 지혜에 대한 사랑을 말했지만 진리는 참사랑을 깨닫고 행하는 것이므로 서로 참되게 사랑하라고 말했다.

짜라투스트라는 신의 명령은 사람을 사랑하라는 것이니 내가 사람을 사랑하기 위하여 산에서 내려왔다고 말했다.

나사렛 예수와 그의 제자들의 가르침이 하나님은 사랑이다. 신은 사랑이요 하나님이 너희를 사랑하시고 사랑하라 명하셨으니 너희가 서로 사랑함이 마땅하다.
나사렛 예수는 내가 너희를 사랑한 것같이 너희도 서로 사랑하라고 말했다.

대부분 신화와 역사의 서술이 세상의 처음이 혼돈이라고 표현한다. 맞는 말이다. 사랑은 혼돈이다. 혼돈은 사랑을 잉태하고 있다. 혼돈은 살아 있는 것이요 사랑하고 있는 것이다. 사랑하지 않을 때는, 사랑이 무엇인지 모를 때는 멀쩡했는데 사랑을 알고부터 제정신이 아니다. 사랑하기 시작하니 모든 정신(마음)이 사랑하는 사람에게 쏠려있다.

그런데 사랑이 무엇인지 제대로 아는 사람이 없다. 그지없이 똑똑하던 친구가 바보가 되고 천치가 되어 물어도 설명을 못 한다. 사랑은 그런 것이다.

모양 곧 형체가 없기 때문이다. 그러니 딱히 '사랑은 이런 것이다.' 라고 설명이 불가능하고 느끼는 자신의 감정, 설레는 마음을 표현할 수 있을 뿐이다.

그래서 신은 사랑이요 사랑이 신이다. 신을 믿는 것은 사랑을 믿는 것이다. 신을 믿음으로 일어나는 기적은 사랑을 믿음으로 일어나는 사랑의 기적일 뿐이다.

살아 있는 것만이 사랑할 수 있다. 사랑은 살아 있는 자만이 할 수 있는 특권이다. 죽은 자는 신을 믿을 수 없다. 아니 믿을 필요도 없다. 사랑할 필요도 없고 사랑할 수도 없다. 인생이란? 사는 것은 신을 믿는 것이요 사랑을 믿고 사랑하는 것이다.

문제는 어리석은 인생들이 사랑도 알지 못하고 믿음도 알지 못하면서 종교 사기꾼들이 가르쳐주는 것은 하늘이 두 쪽이 나도 믿는다.

부패한 정권의 비호 아래 설치던 한국의 신천지는 코로나 19로 인해 행복한 신천지가 아니라 죽음의 바이러스 지옥임이 들통났고, 미치광이 전광훈의 사랑의 교회는 사랑이 없는 돈사의 바이러스 소굴임이 드러났다.

복채를 내지 않으면 벌을 받을 줄로 알고 복채를 많이 내야 복을 많이 받을 줄로 알고 있다.

바이러스의 공격에 꼼짝 못 하면서 두 손을 맞잡고 흔들며 서로 얼싸안고 반기며 등을 두드리며 위로와 격려해 주는 평범한 일상이 얼마나 큰 축복이요 행복인 줄을 이제야 좀 깨달아야 하는데 아직도 정신을 못 차리고 있다.

부모나 가족이 죽어도 마지막 인사는커녕 볼 수도 없고 화장된 한 줌의 재만 받을 수 있을 뿐이다. 그 재마저 흙이요 먼지인 땅에 흙으로 돌려보내지 않고 옹기(사기)그릇에 담아 납골당에 가두어 둔다. 그것이 효도인 줄로 안다.

◆ 인간의 실존은 사랑이다

눈물 없는 한숨은 사랑이 아니다. 사랑이 없으면 고뇌도 없다. 사랑하지 않는 데 무슨 고민이 있고 고뇌가 따르겠는가?

'나는 생각(고뇌)한다. 그러므로 나는 존재한다.'는 철학적 명제는 종교적 명제임과 동시에 사람의 실존을 이르는 말이다.

사랑 이외의 모든 생각은 망상에 지나지 않으므로 사랑이 없는 참되게 사랑하지 않는 사랑에는 고뇌도 없다.

존재는 생각함으로 살아 있는 것이요, 행동하는 것이다. 사랑하는 것만이 참된 행동이요, 살리는 것이요, 살아가게 하는 것이다.

사람을 만물의 척도라 한다. 사랑은 사람의 척도다. 사랑을 간직하고 사랑하면 인간이 되지만, 사랑이 없으면 사랑하지 않으면, 인간 이하 짐승만도 못하게 되는 것이 사람이다.

개는 훌륭하단다. 말이 통하지 않는 개도 교육하고 훈련 시키면 소 귀에 경 읽는 개만도 못한 사람보다 더 낫다는 말이다.

신적인 것은 신적인 것에 의해서만 인식되고, 영적인 것은 영적인 것에 의해서만 알게 된다. 사람에게 신적인 것은 오직 사랑뿐이요, 영적인 것도 역시 사랑뿐 이다.

사랑이 결여되어 있기에 혼돈에 빠지고 고뇌하고 죄악에 물들며 신음하고 고통당하며 괴로워한다.

그리스도교뿐 아니라 불교를 비롯한 모든 종교인의 고통에서 벗어나는 길은 오직 참되게 서로 사랑하는 일뿐이다.

사랑은 충만할 때에만 자연스럽게 흘러넘친다. 신앙은 사랑하는 것이다. 행함이 없는 믿음은 사랑하지 않는 것이요, 사랑하지 않는 것은 죽은 것이다.

나는 내 착한 행실로 나의 믿음을, 사랑을 보여주어야 한다.
많은 사람이 너의 착한 행실을 보고 너희가 사랑(하나님)의 자녀요, 사랑하는 사람인 것을 알게 될 것이기 때문이다.

생각은 혼자서도 할 수 있지만 사랑은 대상이 필요하다. 물론 나는 나 자신을 사랑하고 스스로 생각하는 존재이지만 사랑을 주고받는 사랑을 할 수는 없다.

사랑은 혼자 하는 것이 아니라, 너와 나, 둘이 하는 것이요, 우리가 함께하는 것이다.
사랑은 인애(仁愛), 둘이 평등하게 하는 것이요, 둘이 사랑으로 하나 될 때, 사람, 인간이 되는 것이다.

성선설은 사람의 본래 타고난 천성이 착하기 때문에 사랑하기만 하면 거룩해지고 순수한 이성, 양심의 선한 열매를 맺을 수 있다는 것이다.
성악설은 사람이 본래 타고난 천성이 악하기 때문에 끊임없는 교육과 노력으로 악한 소원을 물리치고 최선의 사랑을 행하여 선한 열매를 맺어야 한다는 것이다.

시작은 다르지만, 목표는 같다. 사랑으로 선한 열매를 맺음으로 온전한 사람이 되는 것이다. 사람은 항상 자신을 낮추어 겸손하고 예의를 지켜야 한다. 생각과 마음과 뜻이 하나 되어야 한다.

사랑은 말만으로 아니 되고 마음과 생각만으로 아니 되고 무조건 몸으로 실천한다고 되는 것이 아니다. 말과 생각과 마음과 몸이 똑같이 애쓰며 동시에 실천하는 행동으로 드러나야 한다.

모든 선은 사랑으로부터 나온다. 사랑으로부터 나오는 선은 아름다움으로 사람의 마음을 사로잡는다. 실천의 의욕을 충동질하여 설레게 한다.

사랑이 늘 충만하지 못하면 어려서의 욕심이 살아나고, 그 욕이 틈을 헤집고 들어와 마음과 생각을 이간질하고, 잠재된 악마적 해악이 무의식적으로 감정을 충동질한다.

그러므로 사람은 성령 충만, 사랑의 충만을 위해서만 기도해야 한다.

실존의 사랑

살아 있는 것은 사랑한다.
살아 있다는 것은 사랑하고 있다는 것이다.

존재하는 것은 사랑함으로 살아 있는 것이다.
사람은 사랑하기 위해 존재한다.

인간이 되기 위해서는 사랑해야 한다.
사랑 없이는 인격을 이룰 수 없기 때문이다.
살아 있는 인간의 실존 자체가 사랑이다.

사랑이 없으면 죽은 것이다.
생명은 사랑함으로 살아 있는 것이다.

죽은 것은 사랑할 수 없는 존재다.

살았다는 이름은 있으나 실상은 죽은 것이다.
인간은 살기 위해서 사랑해야 한다.
사랑하지 않고서는 하나님의 자녀가 될 수 없다.
사랑만이 길이요 진리요 생명이기 때문이다.

◆ 니체의 사랑

니체는 《짜라투스트라는 이렇게 말하였도다》라는 책에서 짜라투스트라의 입을 빌려 무엇을 말하고자 하는 것일까?
짜라투스트라는 무어라고 말하였는가?

나는 인간을 사랑한다.
인생을 사랑한다.
인간, 인간세상의 삶을 사랑하고
살아 있음을 즐긴다.
인간은 자신을 알아야 한다.

하나의 신념을 갖고
그 신념에 살고 죽어야 한다.
사람을 위해서, 다른 이를 위해서
친구를 위하여 사랑하는 이를 위하여

옳음, 정의를 위하여 사랑을 위하여

모든 것을 아까워하지 않고
자기 목숨마저 내놓는 자를 사랑한다.
인간의 행복은 이웃을 사랑하고
서로 몸을 비벼대는 것이다.
그리하면 따뜻해지기 때문이다.
의심하지 말라 병든다.
사람에게 걸려 넘어지는
어리석은 자가 되지 마라!

니체는 인간이 욕심과 자기 죄 가운데서 죄를 먹고 마시며 살면서, 스스로 거기에 대한 대가와 책임을 지려 하지 않고, 2천 년 전 나사렛 예수가, 죄 없는 하나님의 아들이 자신을 위해, 자신들의 죄를 위해 대신 형벌을 받고 십자가를 져 준 것처럼, 여전히 오늘도 다시 져 주기를 바라는 오늘날의 파렴치한 그리스도교 교인들의 신앙과 종교 행태를 비웃고 있는 것이다.

인간을 사랑하는 사람의 사랑을 받아들이지 않고, 받아들일 줄을 모르고 자신들이 지은 죄를 위해 누군가 오늘도 십자가에 못 박히고 달리기를 소원하는 인간들의 어리석음을 비판하고 있는 것이다.

니체의 권력에의 의지는 생존의 원리로 바로 이 사랑을 설명하려는 것이다.

사랑은 관념이 아니다.

그렇다고 물질은 더욱 아니다.

존재하는 모든 것은 사랑에서 연유한다.

생명 있는 존재 살아 있는 것은 이 사랑을 인하여

사랑으로 사랑하기 위해 행동한다.

권력에의 의지는 정신(관념)과 육체(물질)가

하나 되어 살아 움직이는 힘, 에너지다.

사랑의 능력, 하나님, 사랑이다.

살아남기 위하여, 살아가기 위하여 꼭 필요한

니체는 인간의 역사와 인간 정신세계의 구조 현상을 하나의 에너지가 끊임없이 변화하며 반복하는 메소포타미아의 에너지 불멸설을 영원회귀라는 말로 표현했다.

그 에너지는 줄어들거나 작게 축소되지도 아니하고 더 많아지거나 커져서 팽창하지도 않으며 변화무쌍하게 회오리치며 돌아가는 현상처럼 하나님, 사랑도 정신적인 에너지의 순환으로 보았다.

니체의 아모르 화티(amor fati) – 네 운명을 사랑하라는 말을 운명애, 운명의 사랑이니, 운명에 대한 사랑이라고 풀이하지만 잘못된 것이다.

사람이 살면서 발생하는 질병의 고통과 죽음과 이별의 상실과 슬픔이나 좋고 나쁜 희로애락의 거부할 수 없는 **운명에 져서 넘어지거나 욕하고 원망하지 말고 자연의 순리로 받아들이고 운명을 넘어 운명까지도 이기고 사랑하라는 말이다. 운명이 주어가 아니고 사랑이 주어다.**

amor 는 로마신화의 사랑의 신의 이름이고 아모르 신이 쏘는 큐피드 화살(사랑의 화살, 운명의 화살)을 의미하는 **사랑**이다.

Fati 는 운명, 치명적, 난처한, 불운한 등의 뜻을 가진 fatal로 운명, 숙명론자를 뜻하는 fatalist의 준말, 애칭으로 이미 화살을 맞은 자로 운명적으로 사랑에 빠진 자를 의미 한다.

간혹 fati를 amor party로 잘못 사용하여 즐기는 축제나 회식으로 춤추며 환호하는 사람들도 있는 것 같다. 그럴 때는 fati가 아닌 amor party 곧 사랑의 축제로 사용하고 즐겨라!

그리스도교 신학자들은 잘못된 신인식과 성경해석으로 인간중심주의인 인간의 역사를 신중심주의의 철학과 신본주의로 해석하여 신앙과 생활을 강요해 왔다.

18세기 계몽주의 사상가들의 발흥으로 세계관이 인간중심주의로 바뀐 서양문화와 자연 중심주의인 동양철학과 문화를 생태중심주의라고 하여 두 문명과 문화의 대충돌로 인식하고 비교해 왔으나 실은 동양사상과 철학은 공자와 맹자의 유학과 장자와 노자의 생활철학이 지극한 인간중심주의를 이야기하는 것으로 계몽시대 이후, 서양의 인간중심주의와 같은 인본주의다.

니체가 초인을 내세운 것은 이 두 문화의 충돌 돌파구를 찾으려는 것이 아니라, 인간과 만물의 생존의 원리인 살아남고자 하는 본능에서 인간의 생존을 위한 권력에의 의지에 자연 생태의 보호와 보존을 통한 공존으로 보다 나은 인간 미래의 생존여건을 만드는 데 있는 것이다. 권력에의 의지는 곧, 사랑의 능력이다.

니체의 초인은 나사렛 예수다. 곧 예수요 그리스도다.

하나님이 함께하시는 사랑으로 서로 사랑하며 피차 사랑의 짐을 나눠서 지는 일이다.

초인은 죄인의 죄는 미워하되 회개하는 사람을 용서하고 품을 수 있는 나사렛 예수처럼 사랑이 넘쳐나는 사람이다. 사랑하는 사람 바로 성령 충만한 그리스도인이다.

◆ 몸과 마음이 조화된 사랑

사람의 육신이 병들고 늙고 죽는 것은, 사람의 의식으로 죽고자 하는 의지로 되는 것이 아니라, 흙에서 와서 흙으로 돌아가는 본질적인 문제다.

사랑도 의식적인 의지의 노력으로 되는 것이 아니라, 그 마음에, 생각에 사랑이 부어지고 채워져서 넘쳐 나오는 적극적인 선이요 아름다운 본질이다.

사랑 이외에 기적을 일으킬 수 있는 것은 아무것도 없다. 창조가 기적이라면 사랑이 행동하니 즉 사랑이 사랑을 시작하자마자 생명이 발현하는 창조의 기적이 일어난 것이다.

사람은 오직 이 사랑 안에서 생명의 부족함을 채우고 육체적 쾌락(부부의)과 기쁨을 누리며 살아가는 것이다.

사랑하는 사람을 보기만 해도 설레고, 서로 손을 잡기만 해도 감정이 북받쳐 오르고 생각만 해도 감동과 흥분의 도가니에 빠져, 사랑의 대상에 대한 찬사가 절로 나오며 기쁨이 충만한 행복감에 사로잡히게 된다.

사랑은 믿음이 좋은 사람이 사랑의 대상을 좋은 믿음으로 믿는 것이요, 신앙하는 것이요, 기도하는 것이며 받아들이고 더불어 사랑하는 것이다.

사람이 더러운 육신을 가지고 있어서 사랑할 수 없는 것이 아니라 참된 사랑이 없기 때문에 더러워진 육신을 씻지 않는 것이다.

장님은 세상 만물의 다양한 형태의 아름다움을 사랑하며 찬탄할 수가 없다. 장님은 아닐지라도 색맹이면, 빛나고 우아한 색채를 사랑하거나 만발한 기화요초의 현란한 아름다움에 황홀해 할 수 없는 것이다. 사랑이 없는, 사랑하지 않는 사람은 장님과 같이 사랑을 알 수 없고 아름다움을 알 수 없으며 사랑할 수 없다.

살아 있는 모든 것은 선하다. 그것들은 사랑에 의해 만들어졌고 사랑에 의해 살아 있기 때문이다.

사랑은 유일한 선이다. 선한 것은 하나님 한 분뿐이다. 사람이 하나님을 사랑하는 것은 사람을 사랑하는 일이다. 사람을 사랑하지 않는 것은 하나님을 사랑하지 않는 것이다.

참된 신앙은 행위를 수반하여 사랑의 열매를 맺어야 한다.
있는 그대로의 인간의 심정, 정의감과 이성은 사랑하지 않는 신앙을 옳다고 인정하지 않으며 용납하지 않는다.

생명이 사랑으로 태어나니 생명은 곧 사랑이요, 사랑이 곧 생명이다. 자식에 대한 모성애나 부성애는 동물에게 서도 많이 볼 수 있지만, 거룩한 사랑은 사람에 대한 사람의 사랑뿐 이다.

하나님이 거룩한 것은 하나님이 사랑이기 때문이듯 사람이 인간이 되고자 할 때 이 하나님처럼 거룩하게 사랑해야 한다.

결혼한 부부나 남녀의 이성적인 사랑도, 친구 간의 우정과 가족과 이웃에 대한 사랑도 거룩한 하나님의 사랑으로 할 때 진실한 사랑으로 성실하게 사랑의 관계를 유지할 수 있다.

사랑은 실체가 없이 떠도는 비행접시여서는 안 된다. 쇠붙이나 목석처럼 생명이 없는 것에의 집착이어서도 안 되며, 망상의 나래 속에 먼지처럼 떠다니는 도깨비불이나 염라대왕이나 구천 층, 천국에서 심판하는 우상이어서도 아니 된다.

사랑은 피와 살을 가진 살아 숨 쉬는 온기가 있는 생명의 나눔이어
야 하고 몸과 마음의 비벼댐이어야 한다.

대안의
노트

    신화의 신을 우상화하여 우민 대중을 기만하고 사기 치는 종교조 직과 사기꾼들을 일망타진하고 참된 진리를 깨달아 실천하여 인간의 염원인 자유와 평등이 넘쳐나는 평화로운 인간세상을 만들 방법은 없 는 것인가?

    세상 모든 신화를 폐기처분하고 종교를 없애면 될 것인가? 아니 다. 우중은 몇천 년 동안 이어온 신화와 맹신의 미로에서 빠져나오려 고 하지 않고 종교의 조직과 맹신은 더욱 그 힘이 강력하다.

    무엇보다 제대로 알지 못하는 우중의 맹신은 가히 불가항력적이다.

    과거 왕권과 군국주의 독재자들과 심지어 공산당 독재자들조차 우 중의 미신을 뿌리 뽑지 못하고 비위를 맞춰야 했다.

    그러면 어쩌란 말이냐? 어떻게 해야 우상화된 신화와 신의 신기루 를 쫓아가는 미신을 깨우치고 진리에로 인도할 수 있단 말인가?

그래서 종교개혁이 필요하다.

개혁은 무조건 뜯어고치고 바꾸고 새로운 것을 만드는 것이 아니다. 처음부터 다시 시작하는 것이다. 창시자의 가르침으로 돌아가는 것이다.

첫째, 처음 사랑의 회복이다. 형체와 본질을 알 수 없게, 그동안 덧입혀진 넝마들을 하나둘 벗어 던지는 것이다.

둘째, 종교조직 지도자들의 회개와 각성이다. 이들이 먼저 각성하여 종교의 신학을 창시자의 가르침으로 다시 쓰고 정립하여 가르치며 설교해야 한다.

셋째, 말과 교리가 아닌 언행일치와 신행일치로 생활 속에서 무실역행으로 최선을 다해 의의 열매를 맺어야 한다.

넷째, 눈에 보이는 우상들(문화재, 관광 상품)을 없애야 한다. 인력으로 일시에 철거하는 것이 아니라 그리스의 신전들처럼 세월에 맡겨 무너지고 파손되는 대로 버려두어야 한다. 기록과 그림, 사진으로 남기면 된다. 그것이 진정한 역사를 기억하는 것이다.

파손된 것과 없어진 것을 새롭게 복원하는 것은 옛 역사와 문화재가 아니다. 가치가 없다. 언제까지나 옛것에 묻혀 살아갈 수는 없는 것이다. 헛된 자원의 낭비일 뿐이다. 옛것의 좋은 점을 응용하여 현재 우리 시대의 삶을 새롭게 정립하고 더 아름답게 건설하는 것이다.

이집트의 옛 피라미드와 현대의 마천루가 비교되는가? 피라미드 속엔 썩다가 남아 다 부스러져 가는 미라가 들어 있을 뿐이지만, 하늘을 찌를 듯한, 고층빌딩엔 휘황찬란한 불빛 아래 살아 있는 인간들의 삶의 향연이 벌어지고 있다.

그러나 어리석은 인생들은 이토록 발달된 과학의 시대에 살면서도 인간 자신을 잘 알지 못한다.

◆ 과학적 인간

인간은 18세기 말부터 증기기관과 전기를 발명하며 종교와 신화의 늪에서 벗어나기 시작하였다.

인체는 지극히 과학적인 구조로 되어 있다. 처음의 자연과학자들인 철학자들은 변화무쌍한 기후와 사시사철의 변동과 하늘의 달과 별, 태양의 뜨고 지는 원리를 알기 위해 천문을 연구하고 끝없이 펼쳐진 광대한 하늘을 우주라고 부르기 시작했다.

우주를 연구하고 천리를 알아갈수록 무한한 우주는 신비 그 자체임을 깨닫게 되었다.

철학자 중 일부 자연과학자들은 인간의 질병을 치료하기 위해 약초의 효능과 음식, 운동법을 연구하다가 인체의 구조를 연구하기 시작했다.

히포크라테스를 비롯한 의학자들이다. 의학자들은 인체의 구조를 알아갈수록 인체구조의 신비로움에 빠져들어 갔고 특히 뇌의 구조와 뇌 신경의 명령에 따라 움직이는 각 신체 부분의 작용과 변화에 경탄하며 인체는 축소된 우주와 같다고 생각하게 되었다. 그래서 인체를 소우주라고 부르게 되었다.

과학의 발달은 해가 갈수록 빨라지며 세계 제2차 대전을 끝낸 원자탄과 핵의 발견으로 인간의 삶은 급속도로 빠르게 변화되기 시작하여 배에 의존하던 세계여행이 비행기로 바뀌고 우주를 향한 꿈을 이루기 위해 우주과학은 로켓을 만들고 인공위성을 만들어 달을 향해 쏘아 올렸다.

이 와중에 우주의 외계 타 행성에서 우주인이 타고 왔다는 비행접시라는 신화가 탄생하였다. 정확하게는 미확인 비행물체(UFO)로 보통 UFO라 말하고 우리말로 비행접시다.

비행접시는 우주에서 날아오는 우주인이 탄 우주선이 아니다. 아라비안나이트의 하늘을 나는 양탄자다.
새처럼 하늘 공중을 마음대로 날아다니는 꿈을 꾸는 인간에게 하늘을 나는 양탄자는 그야말로 희소식이다.
유럽 신화에 나오는 마녀들이 타고 과거와 미래, 영계와 현재를 넘나들며 날아다니는 빗자루는 또 어떠한가?

라이트 형제가 108번의 실패를 거듭한 후 비행에 성공하여 비행기를 발명한 사람이 되었지만, 비행접시는 그보다 훨씬 이전부터 모든 사람들이 만들고 싶은 호기심의 중심이었다. 이러한 노력들이 활주로 없이 수직으로 날아오르고 내려앉을 수 있는 헬리콥터까지 만들었으나 날개가 커다란 프로펠러와 제트엔진의 시끄러운 굉음 없이 소리 없이 나는 비행접시의 꿈은 많은 비용과 수차례의 연구로 만들어졌지만 경제성과 실용성의 문제로 실패하고 중단되었다.

비행접시의 음모론과 우주인의 괴물 쇼까지 등장하였으니 1947년 7월 미국 뉴멕시코주의 로즈웰 마을에 UFO가 추락했다는 보고로 미군 당국이 조사하였다.

기후관측 기구가 추락한 것으로 밝혀졌으나 당시 캐나다의 비행접시 연구에 관심을 가졌던 미 공군 당국과 방송과 의료진의 합작으로 우주인의 모형을 만들어 우주인 사기극을 벌였다.

1955년에는 우주인의 시체를 발견하였다고 발표한 후, 우주과학의 필요성과 위대성을 알리기 위해 시신을 해부하는 장면까지 TV 방송을 통해 방영하는 우주 괴물 쇼까지 등장하였지만 성공하지 못하였다.

세계 각국의 천체과학자들은 지구와 환경이 비슷한 천체와 우주 생명체의 흔적을 찾기 위해 거대한 우주 전파망원경을 지상에 만들어 24시간 365일 정밀관찰하고 있다.

1962년에 지어져 여러 차례의 사고로 1988년 11월에 무너져 내린 지름 90m의 미국 웨스트버지니아의 그린뱅크 천문대의 당시 최대 전파망원경이 26년간의 세월을 버티다 받침대 철골 구조물이 부서지며 종잇장처럼 구겨지며 무너졌다. 1999년에 새로 건설되었다.

1963년 두 번째 세계 최대 거대 망원경은 카리브해 푸에르토리코에 위치한 아레시보 천문대의 망원경으로 지름 300m로 축구장이 통째로 들어가고도 남는다.

푸에르토리코는 해마다 강한 토네이도가 찾아오고 지진이 빈번한 지역으로 여러 차례 사고가 일어나 재기불능 상태가 되어 2020년 11월 20일 기능을 멈추었다.

중국은 지름 500m의 축구장 30개 넓이에 둘레 1.6km의 세계 최대 전파망원경을 만들어 위성과 우주선을 쏘아 올리며 우주개발 선점에 돌입하였다.

지상의 망원경뿐만 아니라 수천 개의 각종 위성이 지구 주위를 떠돌며 계속 사진을 찍어 보내고 우주정거장의 허블망원경이 신비로운 우주의 신세계를 사진에 담아 보내어 모든 인류가 찬탄하고 있다.

그러나 이러한 노력에도 불구하고 지구와 같은 환경의 행성은 발견하지 못했고 존재하지 않으며 외계인도 그 흔적을 발견하지 못하였고 역시 존재하지 않는다.

사실적으로 최초의 비행접시는 나찌 독일에서 하우네부(Hau nebu)라는 이름의 비행접시를 만들었다는 소문이 있으나 모형이나 설계도는 발견되지 않았다.

1950년대에 캐나다의 항공전문업체인 아브로 캐나다(Avro Canada)가
개발한 비행접시는 실물과 설계도와 제작과정의 자료들이 보존되어
있다.

1940년부터 개발을 시작하였으나 중간에 포기하였다가 1947년에
호기심이 발동한 미 공군의 투자로 1959년 첫 비행이 성공하였다.

그러나 프로펠러에서 제트엔진으로 진화한 항공기술이 발달하며
비용과 시간이 오래 걸리는 비행접시가 날아오르기는 어려웠다.

60여 년이 지난 후에 루마니아 국립 항공연구소가 ADIFO 라는 비
행접시를 만들어 공개했다. ADIFO는 드론과 항공기의 장점만을 이용
하여 4개의 팬으로 비행하는 쿼드콥터(quadcopter) 시스템과 2개의 제
트엔진을 사용해 수직 이착륙과 좌우 수평 전후진이 모두 가능하다.

아직은 사람이 탈 수 없는 소형의 무인 항공기로 드론이나 무인 자
동차처럼 리모콘 컨트롤로 무선조종 상태지만 좌우 비틀기와 뒤집기
등 곡예비행까지 가능하여 앞으로 전투기는 물론 긴 활주로가 필요
없는 항공모함의 전투기와 꽉 막힌 고속도로를 날아오르는 개인 항공
기로 발전할 수 있다.

정신적으로 인간의 인식은 12-16세기, 문예 부흥 이후, 18세기에

등장한 계몽주의 사상가와 인본(문)주의 철학자들에 의해 사회계약론과 세계인권선언에 의해 신본주의 신의 신화가 깨지기 시작했다.

과학적으로는 위에서 밝힌 대로 외계 우주인이 타고 온 비행접시의 신화가 깨지고 진짜 비행접시의 꿈을 꾸게 되었다.

현재의 과학은 새로운 신소재의 발견으로 탄소나노튜브로 우주정거장에 이르는 나노튜브 사다리를 만들려고 하는 가능성과 계획까지 세우고 있다.

독일은 1980년대 초에 경사가 심한 사거리에 겨울철 눈이 와서 길 표면이 얼어붙으면 제동장치가 듣지 않아 사고가 빈번한 곳에 아스팔트 밑에 열선을 깔아서 눈이 내리며 바로 녹고 도로가 얼지 않도록 공사를 하여 사고를 예방하였다. 또 도르트문트 대학 내에 마그네트 반을 설치하여 시범 운영하여 성공하였다.

우리나라도 도시의 경사도가 심한 곳이나 고속도로의 터널 입구와 빙판 사고가 자주 발생하는 교각 도로에 열선을 깔아 어는 것을 방지하면, 겨울철 빙판 사고를 예방할 수 있을 것이다.

한국에서도 차세대 친환경 자동차인 전기자동차의 충전을 통신망처럼 기지국을 설치하여 무선으로 충전하는 기술이 발명되었다. 국가에서 더 적극적으로 협조하여 빠른 시일 안에 원천기술을 확보하고 자동차를 비롯한 모든 운송수단과 도로를 재정비하여 교통에 실용하고 세계적으로 기술을 선도해 나가야 할 것이다.

의학적으로 인간은 수많은 질병을 겪으며 이겨 내었고 불치의 대명사로 불리는 암까지 정복단계에 와있다.

예로부터 마음은 심장에 있고 정신은 머리에 있다고 믿으며 심장이 몸의 중심이라고 생각했으나 17세기에 와서 연구를 통해 심장은 혈액순환을 담당하는 장기로 다른 인체의 여러 장기 중 하나일 뿐이라 생각했다.

1967년 12월 3일 남아공의 케이프타운에서 세계 최초의 심장 생체이식 수술 성공으로 확정되어 신비(화)의 베일이 벗겨졌다.

마음과 생각의 뇌 신경 작용이 가슴 부위에 위치한, 심장을 빨리 뛰게 하는 현상과 호흡이 가빠지는 폐의 증상으로 나타나는 것인데 많은 사람이 아직도 가슴 속 심장에 마음이 있다고 생각하며 사랑(마음)의 형태를 심장의 모양인 하트로 표시하고 있다.

현재에도 신을 빙자한 공포와 두려움에 떠는 신화의 무식한 신앙이 무성하고 종교귀족들의 불법이 성행하고 있다.

한 나라의 대통령이 비행접시를 목격했다는 미군 당국의 사진까지 보여주며 허무맹랑한 UFO의 존재를 주장하고 있다. 정치와 선거에 아무 상관이 없는데도 말이다.

종교의 목적과 존재 이유는 사람의 생각을 올바르게 하여 인간의 삶이 바로 되므로 세상이 바르게 되게 하는 것이다. 이로써 사람을 구원하고 세상을 전쟁의 살육으로부터 구원하여 평화롭게 하는 것이다.

그런데 종교가 자신의 본분을 잊고 종교지도자들이 타락하여 추종 자들을 황금과 우상의 종이 되게 하고 비열한 이기주의자들로 만들어 사악한 이기주의 집단이 되어버린 것이다.

첫째, 공자와 맹자의 유학은 이론으로 네가 옳으냐 내가 옳으냐? 하는 선악의 다툼과 파벌을 그만두어야 하고 형식과 제사에서 벗어나야 한다.

진실된 사랑으로 내 존재의 생명의 뿌리인 부모를 공양하고 효 하는 것과 조상의 유전과 자신의 생명을 잇는 후손들을 돌보아야 한다.

사랑을 실천함으로 사람다운 사람이 되어 올바른 인간관계를 맺는 인격을 닦아 인격자가 되어 옳고 바르게 다스리는 정치인이 되어야 한다.

억울한 사람과 소외되는 사람이 없도록 자유롭고 평등하며 평화로운 백성의 삶이 되도록 최선을 다해야 한다. 권세와 권력을 휘두르는 것이 아니라 청렴결백하여 만인의 본이 되어 정의의 칼을 높이 들어야 한다.

교육이념인 홍익인간 사람을 바르게 교육하여 모든 사람이 사람을 이롭게 하는 홍익인간으로 만들어 정치이념인 홍익인간 모든 사람을 사랑하고 이롭게 하는 정치를 해야 한다.

둘째, 불교도 마찬가지다. 석가모니 부처의 가르침으로 돌아가야 한다.

진리를 깨달은 사람이 부처이지만 깨달음만으로 완전한 부처가 될 수 없다. 부처는 깨달은 진리를 스스로 실천하므로 부처가 완성되는 것이다.

일도 하지 아니하고 산속에 파묻혀 일생을 바쳐도 자아를 깨닫기는커녕 발견하지도 못하는 어리석은 소경인 자신도 모르는 주제에 남의 전생과 후생을 논하며 염불보다는 잿밥에 눈이 어두운 중놈이 되어서는 안 된다.

민생의 힘겨운 노동의 고통도 모른 채 무슨 선택받은 특수계급처럼 탁발 공양이나 하며 얻어먹을 것이 아니라 자신이 먹을 것은 스스로 손으로 노력하여 농사짓고 벌어서 먹어야 한다.

임진왜란 때 살생의 금기를 깨고 나라와 중생을 구하기 위해 창칼을 들고 일어섰던 승군들처럼 나라와 백성들이 재난을 당하거나 큰 피해를 입었을 때는 손발을 걷어붙이고 나와 복구와 재건에 힘을 보태야 할 것이다.

석가모니 부처가 깨달은 것은 신도 아니요, 신의 계시도 아니다. 더구나 우상은 더욱 아니다. 고행으로 진리를 깨닫거나 구원을 얻는 것도 아니요, 자기 몸, 육신을 학대함으로 선한 사람이 되는 것도 아니다.

이 땅 위에 존재하는 지극히 하찮은 미물(해충)일지라도 함부로 죽이지 말고 불쌍히 여기는 자비한 마음으로 살아야 한다는 것이다.

무엇보다 사람은 피차 부족함을 채워주며 서로 극진히 사랑하므로 좋은 인연을 맺어야 한다.

해탈하려면 모든 인연의 고리를 끊어야 한다는 것은 잘못된 이해로, 일만 악에 연결된 이기적인 마음의 꼬리(욕심)를 잘라버리라는 것이다. 따라서 업보(허물, 죄과)를 쌓을 것이 아니라 선한 열매 곧 의로운 사랑의 열매를 많이 맺어 어리석은 중생을 깨우치며 함께 나누는 삶을 살아야 한다.

산속에 들어가 일도 하지 않고 거저 얻어먹는 행려 걸신이 되지 말고 스스로 경작하고 일하여 먹으며 자연치료 요법이나 건강무예 등 한 가지 이상의 재능을 연구하고 수련하여 중생을 돌보는 봉사의 삶을 살아야 할 것이다.

우상화 한 돌이나 쇠붙이 부처가 복을 주지도 않거니와 인간의 생사와 화복과 소원을 들어주지 않는 것과 들어줄 수 없다는 것은 어린아이도 다 알고 있는 사실이다.

셋째, 이슬람도 마찬가지다. 하나님의 성령을 만나 진리를 깨달은 모하메드는 제일 먼저 자신의 가진 것을 풀어 진리를 알기 위해 고생하며 굶주린 가난한 이들을 위해 손수 죽과 음식을 만들어 그들을 먹이며 사랑으로 돌보았다.

자신을 죽이려는 원수들에 대항하여 어쩔 수 없이 전쟁을 했지만 그것이 칼리프의 무자비한 전통은 아니다.

황금만능주의에 빠져 극도로 타락했던 이슬람 제국이 망한 것은 지도자들이 모하메드의 가르침을 따르지 아니하고 황금과 세상 권력의 노예가 되어 성적으로 타락한 데 있다.

사랑하는 아내와 자식들과 부모와 친구들을 저버리고 악한 지도자들의 야욕의 노예가 되어 사람을 죽이는 자살폭탄이 되는 것은 어리석음을 넘어 만약 지옥이 있다면 지옥에도 못 갈 범죄다.

이슬람은 모하메드의 알라(신, 하나님)에게 받은 계시로 '내가 너를 내 백성, 아랍 족속의 선지자로 보낸다. 내 백성을 깨우치고 사랑하라!' 한 명령을 성령 충만을 통해 사랑으로 행한 모하메드의 삶을 본받아 가진 것을 풀어 가난한 자를 돌보며 이웃과 더불어 사는 평화로운 삶을 추구해야 한다.

신의 사랑을 경험한 사람은 신을 사랑하고 신이 사랑하라 하신 사람을 사랑하며 서로 도우며 평화롭게 사는 것이다.

신에게 몸과 영혼, 일생을 바친 나실인, 이슬람인은 가족과 이웃과 모든 사람을 정성을 다해 사랑하며 사는 것이 신에게 충성과 사랑과 목숨과 인생을 바치는 삶이다.

남과 이웃과 형제를 죽이기 위해 가족을 돌보지 않고 버리고 자살 폭탄이 되어 귀중한 목숨을 버리는 일은 매우 어리석은 짓이다. 신을 위하는 일도 가족과 나라를 사랑하는 것도 아니다. 군국주의 살인조직 집단의 거짓 선전에 속아 사랑하는 가족과 신을 배반하고 하나밖에 없는 목숨, 단 한 번뿐인 인생을 헛되이 버리는 것이다.

넷째, 세계 인구의 1/6을 차지하고 있는 인도의 힌두교와 브라만 신앙은 카스트라는 신분제도가 21세기의 오늘까지도 존속하여 여성을 비하하고 천민계급을 소보다 더 천하게 여기고 차별하고 있다.

위대한 정치와 민중의 정신적 지도자였던 마하트마 간디와 라마 크리쉬나, 종교의 벽을 허물고 모든 신은 다 같은 하나임을 밝히고 인간은 똑같이 자유하고 평등한 존재라고 가르친 스밤미 비베 카난다 같은 성자들의 후예들이라는 말이 부끄러울 정도로 아프리카의 그 어떤 미개한 종족보다 더 비열한 행동이 다반사로 일어나고 있다.

여성이 밤 9시에 혼자 버스를 타도 안 되는 세상이다. 가해자를 체포하고 피해자를 보호해야 할 경찰이 피해자와 가족들을 핍박하는 것이 정상인 나라, 정치지도자라는 사람이 여성이 밤에 혼자 돌아다니는 것은 날 좀 성폭행해 달라는 것과 같은 행위라고 말하는 이 파렴치를 어찌할 것인가?

영국의 400년 식민지배로 영어가 통용어처럼 되어 젊은 세대가 컴퓨터 프로그램과 인터넷을 빨리 익혀 IT 강국의 반열에 서 있으면서도 계급의식과 여성비하로 인권을 유린하고 사람을 차별하는 미개에서 하루빨리 벗어나야 한다.

여성뿐 아니라 어린아이라도 늦은 밤이 아니면 언제라도 자유롭게 거리를 활보하고 버스와 기차를 타고 다닐 수 있는 자유로운 세상이 되어야 하지 않겠는가?

다섯째, 세계 인구의 약 1/3의 추종자를 가진 그리스도교는 가톨릭과 개신교, 너절한 교파를 불문하고 새로운 신학의 정립으로 설교의 방향부터 바꿔야 한다. 이미 2,500년 전에 하나님께 버림받은 거짓된 제사와 형식적인 예배가 아닌 나사렛 예수가 가르쳐 준 신령과 진정으로 드리는 예배와 축제가 되어야 한다.

세상 끝의 집, 봉쇄 수도원 천주교 수도사들의 삶은 행복할까? 옳은 삶의 방향인가? 나사렛 예수의 가난한 삶의 의미를 깨닫고 실천하는 삶일까?

청빈, 고독, 금욕, 절제, 침묵, 명상과 기도는 세상 속에서 이루어야 할 덕목이지 봉쇄된 산속에서는 하지 않으려 해도 저절로 되는 또는 할 수밖에 없는 생활이다. 불교 수도승들의 면벽 십 년과 다를 것이 하나도 없다.

스스로 농사지어 자급자족한다고 하지만 한계가 있고 가족과 외부의 기부금에 의존해 진리를 깨닫기 위해, 자신을 알기 위해 일생을 바친다?

언제 진리를 깨닫고 변화되어 세상에 나와 세상과 사람을 위한 삶을 살고 진리를 실천하며 사랑을 베푸는 삶을 살 수 있을 것인가?

세상과 다른 사람들의 건강과 행복과 구원을 위해 기도하는 공동체? 그러나 세상은 기도나 염불에 의해 변화되지 아니하고 구원받지 못한다.

기도는 선한 소원이다. 선한 소원은 찬물 한 그릇, 빵 한 조각을 나누어 먹는 사랑의 실천으로 변화되고 구원을 이룬다.

나사렛 예수는 죄인을 위해 십자가에 달리지 않았고 많은 사람을 특별히 가난한 사람들을 사랑한 죄로 억울하게 십자가에 달렸고 종교와 정부 권력자들의 시기로 카인의 후손들에게 피 흘림을 당했다.

진리를 깨달아 알고 사랑을 받은 자는, 그래서 변화된 사람은 예수의 명령처럼 세상으로 내려가 진리인 사랑을 가르치며 행하며 자신의 능력으로 얻은 재물로 가난한 이들을 불쌍히 여기며 도울 수 있는 사람이 되어야 한다.
짜라투스트라의 의(超)인처럼 사람을 사랑하기 위해 산에서 사람 사는 세상 속으로 내려와야 한다.

개혁이라고 해서 현재까지의 예배의 형식과 설교를 버리는 것이 아니라 설교의 방향과 예배의 형식을 바꾸는 것이다.

설교는 교리나 지나간 이스라엘의 저주받은 실패의 역사를 되돌아보는 것이 아니라 하나님, 사랑이 무엇인지, 하나님이 어떻게 인간을 사랑하는지, 사람은 어떻게 하나님의 사랑에 응답해야 하는지, 서로 사랑하라 하신 나사렛 예수의 사랑을 어떻게 실천할 것인가를 외쳐야 한다. 예배는 형식의 구애됨이 없이 진실된 사랑을 나누는 친교와 축제여야 한다.

어리석은 민중들을 바르게 가르치고 푸른 초장과 쉴만한 물가로 인도해야 할 목자 된 목사들이 도둑이요 강도, 사기꾼인 돈사 된 데서 회개하고 돌이켜 하나님의 자녀들을 섬기는 종의 자리로 돌아가야 한다.

목사는 세상을 어지럽게 만드는 사기꾼이나 거짓 선지자나 돈사가 아니라 착하고 충성된 종이 되어야 자신도 구원하고 민중을 사랑의 동산으로 인도할 수 있기 때문이다.

구원은 하나님이 함께하시는 임마누엘, 곧 예수에 있다. 하나님이 사랑이니 우리 안에 하나님으로 사랑으로 충만하게 채워져서 그 사랑이 넘쳐날 때에 너와 나 우리에게 구원이 이루어지는 것이다.

서로 사랑하라! 그리하면 내가 세상 끝날까지 너희와 함께하겠다.

하나님을 믿는 것은 하나님의 사랑이 내 안에 항상 머물러 함께 있음을 믿는 것이다. 우리의 믿음은 내가 너를 사랑하고 네가 나를 사랑하는 그 사랑을 믿는 것이다.

그리스도교(천주교와 개신교)는 신학부터 새로 정립해야 한다. 신학은 하나님을 아는 지식이다.

신학은 신학대학의 교수나 설교하는 목사들만 아는 지식이 아니라 어린아이까지 다 아는, 다 알아야 하는 지식이라고 구약성서는 말하고 있다.

하나님은 사랑이니 하나님의 형상대로 만든 사람의 본질, 본성도 사랑이라는 것이다. 사랑이 형체가 없는 것 같이 하나님은 형체가 없으니 아무 형상도 만들지 말고 우상을 섬기지 말라는 것이다.

위로 하나님(부모)을 사랑(순종)하고 네 이웃을 네 몸과 같이 사랑하라는 말이다.

신약에 와서 나사렛 예수가 가르쳐 준 것도 하나님은 사랑이니 너희가 서로 사랑하라는 것이다.

구약의 언약(옛 약속)과 같이 예수라는 이름의 뜻과 같이 신약(새 약속)의 언약도 똑같이 임마누엘이다. 예수 곧 '하나님이 우리(나)와 함께하신다.'는 약속이다. 그리스도는 구원이니 '하나님이 우리(나)와 함께하시는 것이 구원이다.'라는 말이다.

복음은 예수요 예수 그리스도다. 복음은 십자가나 십자가에 대신 죽는 대속이 아니다. 거기서 흘린 피가 만인의 죄를 씻기고 용서하는 능력 있는 보혈, 보배로운 피가 아니다.

성탄 메시지가 복음이다. 너희를 위하여 하나님의 아들(사랑의 덩어리)이 탄생했다. 하나님(사랑)이 너희와 함께하시기 위해 이 땅 위에 내려왔다는 기쁜 소식이다.

너희 마음에 하나님으로 가득 찼을 때, 사랑의 불꽃이 타올라 넘실대며 넘쳐날 때 너희 마음이 곧 하늘나라요 천국이다.
하나님이 함께하는 사람, 사랑하는 사람, 흠도 티도 없이 청결한 의인이 되는 것이다. 그리스도인, 하나님의 아들딸, 사랑의 자녀가 된다는 말이다.

헛되고 헛된 십자가 타령이나 실체가 없는 보혈을 자랑할 것이 아니요, 십자가를 목에 걸고 형제를 미워하고 욕하며 다른 종교의 우상의 목을 칠 것이 아니다.

십자가는 각자 져야 할 사랑의 짐이다. 나사렛 예수가 명한 대로 각자 자신의 믿음의 분량대로 사랑의 능력만큼만 이웃의, 사랑의 짐을 나누어지고 예수와 함께 서로 사랑하며 사는 것이다.

헛된 영혼불멸과 부활의 꿈, 신기루에서 벗어나 정신을 차리고 하나뿐인 귀중한 목숨, 단 한 번뿐인 인생을 귀하고 아름답게 살아야 한다.

내가 너희를 사랑한 것 같이 너희도 서로 사랑하라 그리하면 내가 세상 끝날까지 너희와 함께하겠다. 이보다 더 아름답고 사람에게 위로가 되는 말이 또 있겠는가?

초기 그리스도교의 위대한 전도자이며 사도요 신학자 중의 한 사람인 사도 바울의 말처럼 우리는 신화와 조상의 족보에 연연하고 전통과 정통을 따지고 보수를 고집하고 있을 때가 아니다. 신화는 신화로 옛이야기요, 현재 우리들의 삶은 새로운 역사와 신화를 창조하는 삶이 되어야 한다.

형체도 없고 존재하지도 않는 신이라는 신기루를 쫓아 신화에 침몰되어 오리무중을 헤맬 것이 아니라 지혜를 사랑하는 철학자의 모습으로 돌아가 사랑을 실천하는 인간이 되어야 하겠다. 그것도 동물이나 자연도 중요하지만, 무엇보다 사람 사랑이 우선이요 중요함을 깨달아야 할 것이다.

십자가와 마리아의 우상과 보혈과 부활, 그리고 영생의 신기루에서 하루빨리 벗어나야 한다.

정의

(공의, 사회정의)

정의란
무엇인가?

정의는 바르고 옳은 것이다. 바른 것과 옳은 것은 하나다. 법적인 해석의 정의는 저울의 추가 조금의 요동도 없이 평행을 이룬 상태다. 어느 한쪽으로 기울거나 치우치지 아니하고 삐뚤어지지 않고 중심에서 반듯한 것이다.

정의는 진리에 맞는 올바른 것으로 모든 경우에 인간으로서 마땅히(당연히) 받아야 할 대우와 보상, 처벌을 말한다. 서양의 정의(justice)는 동양의 의와 약간 다른 개념처럼 생각하지만 같은 말이다. 영어의 justice은 사법적 판결의 의미가 강하나, 동양의 의리와 도의를 뜻하는 도덕적 함축어로 right eousness에 가까운 성경의 하나님의 공의(right eousness)를 뜻한다.

의는 세상의 의와 하나님의 의가 하나로 같은 것이요 법의 판결에서, 정의는 법에 정해진 대로 판결하는 것으로 잘못된 악법에 의한 판결은 실제적으로 정의롭지 못한 것이다.

공의는 하나님 앞에, 사랑 안에서 모든 사람이 평등하고 스스로 행한 행위에 대한 보상과 처벌도 평등함을 말하고 세상의 정의도 마찬가지로 중도가 아닌 중용으로 좌나 우로 치우치지 아니하고 옳은 것의 한 가운데 곧 옳은 것만이 옳은 것이 정의다.

가진 자들(권력과 돈, 지식)과 가난한 자들의 정의가 다른 것은, 있는 자들, 가진 자들만의 독선이기 때문이다. 독선은 항상 이기주의로, 자신만의 이익을 지키고 누리려는 불의로 정의는 상대적이 되어서는 아니 된다.

유교에서 정의는 인의(仁義)를 말한다. 인(仁)은 사람 사랑이다.
사람을 사랑하고 사람과 사람의 관계에서 마땅히 지켜야 할 도리가 의(義)다. 자신이 속한 집단, 가정으로부터 민족과 국가를 사랑하고(忠), 부모는 자식을 사랑하고(慈), 자식이 부모를 공경하고 사랑하는 것(孝)은 사람이 세상에 태어날 때부터 마음바탕(성정)에 자연적으로 타고난 것이다.

그런데 사람들의 깨끗한 마음 밭에 찌꺼기와 쓰레기, 악하고 추한 욕심이 커지고, 각각 악한 소원을 행하다 보니 때가 묻고 더러워져서 의롭게 살지 못하게 된 것이다.

공자와 맹자는 인의예지(仁義禮智)와 충효(忠孝)를 강조하였고 순자는 인위적인 교육의 필요성을 강조하였다.

노자와 장자는 인위적인 것을 부정하며 사는 것은 죽어가는 과정이라며 무위의 삶을 주장하였다.

그것은 당시 사회가 이미 선천적으로 갖고 태어난 착한 성정이 변하고 무너져 가족과 친족이 서로 사랑하지 아니하고 타락하여 혼란하고 악한 세상이 되어 있었다는 것을 말해주는 것이다.

그리스도교 성서의 증언인 하나님의 형상으로 창조된 최초의 인간이 범죄하고 타락하여 아담과 이브의 부부와 자식인 형제에게서 하나님의 형상인 사랑이 깨져 없어졌다는 것과 같다.

근대까지 유교는 공자와 맹자가 근본적으로 가르친 진리인 인의(仁義)에서 떠나 차별을 강요한 삼강오륜을 정치적 모토로 삼아 왕권과 귀족들 곧 강자들의 정의를 정치체계화하였다.

임금(윗사람)에게 충성(존경)하는 것과 부모에게 효도하는 것은 물이 위에서 아래로 흐르듯 자연스러운 이치 곧 순리다. 윗물이 맑아야 아랫물이 맑은 것과 같은 이치다.

인의예지는 위로 사랑과 아랫(내리)사랑이 같은 하나의 사랑이기 때문에 사랑을 위하여 목숨을 바칠 가치가 있는 것이지 강압적인 권력의 강요나 협박이나 세뇌된 노예근성에서가 아니다.

불교의 정의는 부처를 깨달은 자, 선각자로 진리를 깨달음을 뜻하는데, 부처님이라 칭하여 종교의 숭배자가 되어버렸다. 석가모니 부처가 깨달은 것은 인간이 인연을 맺을 때 서로 진심으로 불쌍히 여기고 참되게 사랑하는 것이 인간의 삶의 도리라는 것이다.

마치 그리스도교의 예수가 하나님이 함께하시는 것인데 예수님이라 칭하므로 구세주, 구원자가 되는 우상숭배 하는 것과 같은 모순이다. 자비는 자신의 목숨같이 미물까지도 불쌍히 여기고 사랑하는 것이다.

정의는 하나님이요, 사랑이다. 하나님이 있을 때 곧 사랑이 있을 때 하나님이 우리(나)와 함께할 때만이 사람은 정의롭게 되고 하나님을 두려워하는 자만이 정의로운 사람이 될 수 있기 때문이다. 하나님은 사랑인데 사랑을 왜 두려워해야 하는가? 사랑은 두렵고 떨리는 마음으로 존경하는 것이기 때문이다.

남녀의 사랑도 마찬가지로 서로를 존경하고 사모하는 두렵고 설레는 마음으로 하는 것이 진실된 사랑이다.

사람의 삶의 모든 부분 정치와 경제, 인권과 도덕, 법과 사회제도, 개인과 공동체의 삶에도 사랑 안에서 균등한 자유와 평등이 고르게 나누어 질 때에 정의가 강같이 흐르는 세상이 되고 부정과 부패가 없는 편안하고 행복한 삶이 될 것이다.

이 시대에 밝은 대낮에 왜 디오게네스의 등불이 필요한가?

이 세상이 정의로운 세상이 아니기 때문이다. 정의가 찾아보기 힘들기 때문이다. 사랑받지 못해, 사랑하지 못해 몸과 마음이 아프고 배신에 멍들고 상처투성이로 목이 타 들어가는 사람들로 가득 차 있기 때문이다.

진실된 사랑을 찾을 수 없고, 사랑이 메말라 있기 때문이다. 사랑이 식어지고 없으면 불법이 성하고, 불의가 판치는 세상이 되기 때문에 정의가 설 곳이 없고 정의로운 세상이 되지 못하기 때문이다.

그리스도인은 의에 주리고 목마른 자다. 사랑이 충만하여 기쁨과 감사가 넘쳐나 주체할 수 없는 사랑을 실천하기 위해 몸부림치는 사람들이다.

불의를 보고 울분을 참지 못하는 것은 사랑 때문이다. 사랑 없음을 한탄하는 것이다. 정치와 경제, 교회 지도자들의 부정과 부패, 가장 정의롭고 가장 사랑이 많은 척, 자신들이 최고의 도덕군자 연하는 패악한 무리들로 가득 차 있고 사회 구석구석에 불의가 만연해 있다.

사랑으로 하지 아니하는 것이 불의요, 죄악이다. 하나님께서는 기쁘게 의를, 사랑을 행하는 자와 의의 길에서 사랑을, 하나님을 기억하는 자들을 기뻐하시고 축복하신다.

하나님께서 사람에게 요구하시는 정의는 옛 이스라엘 사람들이나 현재 그리스도인들이나 세상 모든 사람들에게 똑같다.

구약 이스라엘에게 하신 말씀은 정의는 사람을 사랑하는 것이다. 성전 마당을 밟는 것(교회 출석, 주일성수)이 아니라 이사야 선지자를 통하여 말한 것처럼 어려운 이웃 사람들에게 일용할 양식을 나누고 지친 나그네를 대접하는 구체적인 사랑의 실천이 정의를 실천하는 것이요, 공의를 세우는 일이라는 말이다.

교회(성전)에 구원이 있는 것이 아니라 진정으로 하나님이 원하시는 것은 어려운 이웃을 돌아보는 사람들 사이에서 사랑을 실천하는 곳에 하나님이 함께하시는 것이 구원이다.

교회 예배(성전제사)에 구원이 있는 것이 아니라 오직 정의를 물같이 흐르게 하고 공의가 마르지 않는 강같이 흐르게 하는 데 있다. 구원은 오직 정의를 행하며 인자를 사랑하며 겸손하게 하나님과 함께 행하는 것이다.

나사렛 예수는 모든 소유와 얻은 것의 십일조보다 정의와 긍휼과 믿음이, 고통당하는 네 이웃을 돌보는 사랑의 실천이 더 중요하고 하나님께서 원하시는 것이라고 말했다.

경천애인은 - 모세는 너는 마음을 다하고 뜻을 다하고 힘을 다하여 네 하나님 야훼를 사랑하라! 하신 하나님 사랑이 경천이다. 또 네 이웃 사랑하기를 네 몸과 같이하라! 하신 사람 사랑이 애인이다.

나사렛 예수도 두 성경 구절을 인용하여 하나님 사랑과 사람(이웃) 사랑이 모든 선지자와 율법의 대강령이라 말했다. 당시 모든 율법학자들도 이 말에 동의했다.

사도 베드로는 "예수의 이름으로 도무지 말하지도 말고 가르치지도 말라는 종교지도자들의 회유와 협박에 대답하여 하나님 앞에서 너희의 말을 듣는 것이 하나님의 말씀을 듣는 것보다 옳은가 판단하라!"고 하며, "우리는 보고 들은 것을 말하지 아니할 수 없다"고 담대하게 말했다.

정의는 하나님의 말씀인 경천애인을 순종하는 것이요. 하나님 보시기에 옳은 것, 좋은 것, 아름다운 것, 기뻐하시는 것을 행하는 것이다. 공의는 하나님 앞에서 누구든지 무엇에나 평등하고 공평한 것이다.

◆ 철학자들의 정의

로마의 정치가 울피아누스는 정의란 - 각자에게 그의 몫을 돌려주는 것이라고 말했다. 즉 능력에 따라 행한 대로 결과에 합당한 대우를 해야 한다는 것이다.

잘한 자에게는 상을, 잘못한 자에게는 벌을 주어야 하고, 일한 만큼 대가를 지불해야 한다는 논리다.

미국의 사회철학자 롤스의 정의론은 - 강자든 최약자든 누구에게나 똑같이 나누어져야 한다는 것으로 사회적 최약자에게 먼저 도움을 주어 최약자의 형편이 좋아질수록 사회는 점차적으로 정의로운 사회로 되어 간다는 것이다.

아리스토텔레스의 정의론은 - 인간의 선의 기준을 미리 정해놓은 법이나 관습, 전통과 무엇을 하려는 행동의 목적과 본질에 의해 옳고 그름을 판단한다는 것이다. 즉 모든 사람은 법 앞에 평등하게 법대로 판단해야 한다는 것이다.

공리주의 철학자 벤담과 밀의 정의론은 - 최대 다수의 최대 행복이 개인과 타인, 공동체의 행복에 대한 정의이며 동시에 민주주의 정체의 목표요, 목적이라고 말한다.

현대세계의 사회적 불평등한 제도와 불공평한 부의 분배를 재분배하여 사회정의 곧 공의를 이루어야 한다.

독일의 철학자 칸트의 정의론은 - 순수 이성과 실천 이성을 비판하며 고민했다. 순수 이성은 양심, 곧 생각하는 양심이다.

선한 의지, 하나님의 말씀에 기울어진 것이요, 사랑에 빠진 것이다. 실천 이성은 양심은 하나님의 뜻을 행하므로 얻는 사랑의 열매 자유다.
실천 이성은 행동하는 양심이다. 양심의 실천 문제에 고민하는 것이다. 순수 이성, 선한 의지, 양심이 옳고 바른 것만의 문제가 아니라, 실천하는 것, 실행이 문제다. 선을 행하려는 의지가 내 속에 있으나 몸이 말을 듣지 않는 문제다.

즉 양심, 하나님의 뜻(말씀), 사랑과 정의의 기준 등 모든 좋은 계획과 법이 실천하지 않으면 쓸데가 없다는 말이다.

자연철학에는 세 가지 큰 전환점이 있는데 하나는 코페르니쿠스의 천동설을 뒤집은 지동설이요(자연철학, 과학),

둘은 신은 외계에 존재하는 절대적 존재(대상)가 아니라 인간의 선험적 인식이 스스로 만들어 낸 대상인 진리 또는 지식이라는 신 중심에서 인간중심으로의 신개념이요(자연철학, 신학)

셋은 모든 생물은 환경과 시간과 세대를 지나며 끊임없이 진화한다는 다윈의 진화론이다(자연철학, 창조와 진화).

◆ 칸트의 철학적 고민은

1 나는 무엇을 알 수 있는가? 인간은 무엇인가?
2 나는 무엇을 해야 하는가? 인간은 무엇으로 어떻게 살아야 하나?
3 나는 무엇을 바라야 할 것인가? 인간의 희망은 무엇인가?
이다.

칸트의 철학은 인간 탐구다. 인간의 겉과 속을 꿰뚫어 알기 위한 인간 심리학이다. 이제까지 신 중심의 형이상학을 뒤집어 인간중심의 형이상학으로 펼쳤다.

정의와 정직 – 법적으로 정직한 것과 실제로 정직한 것은 차이가 있다. 부정직함이 세상 법적으로는 하자가 없고, 법의 처벌을 받지 않는다 하더라도 양심에는 거리낌이 되고, 양심의 법에 저촉되는 것이다.

실제로 정직한 것은 세상 법적으로 하자가 있을지라도 양심에 거리낌이 없는 행동이다. 이것이 정의다.

모든 종교는 양심대로 살 것을 가르치고 명령한다.

정언명령 – 양심의 소리에 따르고 귀 기울이는 나의 한쪽 귀가 있으나 내 속에 또 다른 내가 있어서 악한 생각과 의지가 일어나고 있다. 우리의 선택은 예수의 옳다, 옳다. 아니다, 아니다이다.

내게 이익이 되든지 해가 되든지 상관없이 내가 지금 이 일을 해야 하고, 행하는 것은 이것이 옳기 때문이다.
정언명령을 따르는 것이 법적으로는 물론 양심의 법으로도 정직한 것이다.

가언명령 – 악한 소원을 따르려는 욕심의 소리에 귀 기울이는 다른 한쪽의 얇은 귀가 있어서 원하는 선을 행하지 아니하고 원치 않는 악하고 욕된 일을 행하는 육신의 연약함을 한탄하는 것이다.

이 일이 내게 이득이 된다. 내가 앞으로 목표하고 있는 것을 이루려면 이 일을 하지 않으면 안 된다. 부득이하게, 하고 싶지 않더라도 나는 한다.

가언명령을 따르는 것은 법적으로는 정직할지 몰라도 양심에 거리끼는 것이다.

옳은 선택으로 한 행동과 부득이해서 한 행동의 결과는 같다. 똑같이 옳은 일을 했다. 그러나 그 동기와 과정은 같지 않다.

만일 가언명령에 따라 인간으로서 해서는 안 되는 일을 큰 이익이 되므로 눈 딱 감고 하거나 그 일이 내게 이익이 되지 않고 손해가 되므로 하지 않는다. 또 하고 싶지 않지만 체면치레로 부득이해서 한다면 양심에 가책이 될 것이다. 양심의 가책이 죄다.

양심은 사랑하는 마음이다. 사랑으로 하지 않은 것이다. 사랑으로 하지 않는 것은 아무리 보이는 결과가 좋아도 옳은 것이 아니다.

이것은 신약성경 로마서 7장 7-25절에서 사도 바울이 하나님의 법과 죄의 법, 마음과 육신에 대하여 말하며 선을 행하기 원하는 나에게 악이 함께 있음을 깨닫고 속사람은 하나님의 법을 즐거워하되 겉사람의 욕심이 서로 싸워, 정욕으로 사로잡는 것을 보고, 인간 내면의 이중성, 선한 소원과 악한 소원 사이의 갈등으로 옳은 사람으로 옳게 살지 못하는 곤고한 사망의 몸, 연약한 육신을 한탄한 신앙고백의 내용을 철학적 용어로 해석한 것이다.

이러한 인간 내면의 이중성을 가장 잘 표현한 문학작품이 로버트 루이스 스티븐슨의 이중인간 《지킬박사와 하이드》의 기이한 사례다. 이것은 과학기술의 급격한 발달로 인해, 이제까지 천주교 신앙에 뿌리를 둔 신과 자연과 인간에 대한 이해와 앎이 혼돈을 일으키며 개인뿐 아니라 사회 전체가 흔들리며 갈등하는 모습을 드러낸 것이다.

서양의 철학적 용어인 이성은 우리말로 양심이다. 순수 이성은 생각하는 양심이다. 선한 마음이다. 양심은 좋은 마음, 선하고 바른 마음 곧 사랑하는 마음이다.

실천 이성은 행동하는 양심이다. 사랑이 사랑하지 않으면 사랑이 아니듯이, 가치가 없듯이 행동하지 않는 양심은 양심이 아니다.
양심이 없는 비양심이다. 야고보 선생이 강조했듯이 행함이 없는 믿음은 믿음이 아닌 것처럼 말이다.

이성적이라는 말은 양심적이라는 말이요, 비이성적인 것은 비양심적인 것이다. 삐뚤어지고 악한 것을 즐겨 하고 생각하는 나쁜 마음이요 비열한 행동이다.

이어서 사망의 법에서 우리를 구원할 수 있는 것은 생명의, 성령의 법 곧 예수 오직 하나님이 함께하시는 사랑뿐임을 역설하고 있다.

　나사렛 예수는 하나님이 너희와 함께하신다는 복음을 전파하며 사람과 만물을 멸망과 고통의 신음에서 구원할 수 있는 것은 오직 하나님, 사랑뿐이라고 외치고 있다.

　양심은 사람이 가진 하나님의 형상 곧 사랑이다. 사랑하는 마음이다. 형상은 곧 본질이다. 하나님의 본질, 형상이 사랑이기 때문에 하나님의 형상을 닮은 사람의 본질이 사랑이다. 인생은 하나님 안에서, 하나님의 성품에서 욕심에 양심을 빼앗기지 않고 더럽히지 않고 사랑하며 살 때에 사랑하는 인자, 하나님의 아들딸이 되는 것이다.

사회정의

(공의)

공의는 하나님의 성품이다. 구약성서에서 선지자들은 "야훼는 모든 것이 공평하고 진실 무망하시며 공의로우시고 정직하시다."고 증언한다.

하나님은 공의를 굽게 하지 않으신다. 팔이 안으로 굽지 아니한다. 사랑하는 자의 잘못은 강한 채찍으로 벌하고 인자하심이 충만하여 온유한 자를 공의로 지도하며 공의로 세상을 심판하고 정직으로 의로운 일을 행하며 압박당하는 모든 자를 위하여 판단한다.

백성들을 의로 인도하시며 과부 된 자와 고아와 빈궁한 자와 곤란한 자에게 공의를 베푸신다. 인자함과 진실함, 의와 공의가 하나님 사랑의 기초다.

하나님은 공평하사 그 해를 악인과 선인에게 비춰게 하시며 비를 불의한 자와 의로운 자에게 내리시며, 나는 자비를 원하고 제사를 원치 않는다고 말씀하신다.

사도 바울은 내가 가진 의는 율법에서 난 의가 아니요 그리스도를 믿음으로 하나님께로부터 난 의라고 말하고

요한도 **"불의를 행한 자는 계속 악을 행하여 더럽고, 의를 행하는 자는 계속 의를 행하므로 거룩해지라."**고 말한다.

나 외에 다른 신이 없나니 나는 공의를 행하여 구원을 베푸는 하나님이라 나 외에 다른 이가 없다.

사람의 마음을 감찰하시며 공의로 판단하신다. 지혜롭게 행사하여 공평과 정의를 행하므로 구원을 얻고 평안히 거하며 '야훼는 우리의 의라.' 부를 것이다.

곧 예수 - 하나님이 우리와 함께하심이 우리의 사랑, 우리의 구원, 예수 그리스도라는 뜻이다.

◆ 지도자, 정치가, 재판자의 공의

지도자는 진리와 온유와 공의로 위엄이 있어야 한다.

치리하는 자는 공평과 공의를 행하여 공평한 저울과 법과 원칙을 사용하여 죄를 판단하고 가난한 자를 긍휼히 여겨야 그 치리가 평안하고 오래갈 것이다.

법을 따르는 겸손한 자들은 하나님을 찾으며 공의와 겸손을 찾는다. 법이 해이해져 공의가 시행되지 못하면 그 판단이 굽어진다. 공의를 행하는 곳에 악이 있으면 안 된다. 백성들이 공의가 행해지는지 보고 있다.

가난한 자의 송사라도 공평하게 하라. 재판할 때 가난한 자나 부자나 차별하지 말고 불의를 행치 말고 공의로 하라 외모를 보지 말며 뇌물을 받지 말고 하나님을 경외하여 사람을 공의로 판단하라. 공평한 저울과 공평한 추와 잣대를 사용하라.

최근 헌법재판소에서 사실적시 명예훼손 합헌 결정이 내려졌다. 형법 제 307조 1항에 대한 유권적 해석이다.

여기서 문제가 되는 것은 첫째 법조항 문구가 잘못된 것이다. 사실은 진실이다. 거짓이 아니고 진실을 밝히는 것은 죄가 될 수 없다. 사실적시가 아니라 허위적시나 거짓적시로 바꿔야 한다.

둘째는 명예다. 명예란 무엇인가? 사전적 정의나 장황한 미사여구가 필요하지 않다.
명예란 도덕적으로 가치를 인정받고 존경받을 이름이다. 국가와 민족, 자신이 속한 공동체 사회에서 예술과 운동, 정치와 학술, 교육과 전쟁 등 한 분야에서 국위를 선양하고 많은 사람에게 모범이 되고 감동을 주는 언행일치로 대중에게 인격자로 인정을 받는 인지도가 명예다.

명예훼손은 국가나 공적으로 인정을 받는 이름에 훼방을 받고 손상되는 것을 말한다. 개인이나 공인, 기업과 국가 등이 도덕적으로 비양심적이고 불법을 저지른 사실을 고발하고 공익을 위해 제보하는 것은 명예훼손이 아니다. 명예가 있어야 명예훼손이 있을 수 있는 것 아닌가?

불법을 저지른 것은 범죄요 비양심이요 악이다. 거기에 붙는 이름은 명예가 아니라 더러운 오명이요 악명이다. 범죄자의 악명과 오명을 명예라고 판사가 판결을 하는 세상이다.

법의 심판을 받고 형벌을 받을 자는 범죄자의 불명예를 고발한 사람이 아니라 불법을 저지른 오명의 범죄자들이다.

한 나라의 헌법을 좌우하는 헌법재판소의 재판관들이 치매가 걸리지 않고서야 어찌 이런 황당한 일이 일어날 수 있는가?

극단적인 예를 들자면 트럼프는 대갈통이 큰 사람인지는 모르나 명예로운 자는 아니다. 폴란드의 바웬사 대통령 같은 사람이 명예로운 사람이요 명예가 있는 사람이다.

'미 투(나도 당했다)'도 그렇다. 미 투는 사건이 발생했거나 현재 진행 중일 때 해야 한다. 이미 과거에 끝난 사건은 제보나 고발이 아니라 명예훼손에 해당될 수 있다. 학교폭력 등 과거 사회적으로 불의한 행동이 옳다는 것이 아니다.

만약 가해자로 지목된 사람이 별 볼 일 없는 사람이라면 고발도 안 했을 것이다. 과거 피해자는 현재 별 볼 일 없는 사람인데 가해자는 명예를 가진 유명인이 되었기 때문에 시기심에서 하는 제보나 고발은 비겁한 행사다.

개인정보 보호 또한 그렇다. 살인자나 성폭행자나 사기꾼과 공금 횡령 자와 범죄자의 신상정보는 공익을 위해 공개되어야 옳다.

◆ CCTV는 의료적 정의다

수술실의 CCTV 문제가 국회에서 통과되지 못하고 있다. 대부분의 국민이 원하고 특히 의료사고로 사랑하는 사람을 잃은 환자 가족들이 억울함을 호소하고 있는데도 말이다.

의사협회의 주장은 수술실에 CCTV를 설치하면 의사들의 비적극적인 치료가 우려되기 때문이란다. 이게 무슨 황당한 궤변인가? 저자의 생각으로는 CCTV가 설치되면 그들의 주장과는 반대로 의사들의 치료가 더 적극적이 될 것이라고 본다.

본래 의사의 직분이 사람의 생명을 다루는 일이기 때문에 진단과 치료, 특히 수술에는 더욱 세심한 기술과 정성을 기울여야 한다. 물론 인간이기 때문에 실수가 있을 수 있다.

숙달된 전문의가 아니면 수술을 하지 말아야 하고 숙련과정에 있는 의사의 수술에는 전문의나 교수가 함께 참여하여 지도하고 만약의 사태에 대비해야 할 것이다.

대부분의 의사들은 환자의 고통을 덜어주고 완치를 위해 정성과 최선을 다하므로 환자들의 믿음을 얻고 있다.

연쇄살인범의 CCTV 영상으로 범죄가 입증되어 체포되자 1개월 만에 CCTV 설치가 116%나 늘어났다고 한다. 결과로 범죄 또한 월등히 줄어들었다.

수술실에 CCTV가 설치되면 실력 없는 엉터리 의사와 불법 대리수술이 드러나고 줄어들 것이다. 환자와 가족들의 억울한 사고도 미연에 방지될 것이요 의사들의 억울한 누명도 밝혀질 것이 분명하다.

국회의원들은 무엇이 두려운가? 몇 표 되지도 않는 가식적 의사들의 표가 의식되는가? 국민들의 원성과 공의를 두려워하라!

이중 인간은 이중인격자다. 겉으로는 우아하고 격식 있고 선을 행하여 사회적으로 존경을 받는 명예로운 자가 뒷구멍으로 호박씨 깐다는 말처럼, 성폭행을 행한 자는 자신의 명예를 스스로 시궁창에 처박는 어리석은 인격파탄자다. 존경받을 명예도 훼손될 명예도 이미 없다.

대부분의 사람은 이중 인간이다. 다만 안에서 불끈대는 짐승의 욕망을 제어하여 절제하므로 사람다운 인격을 쌓아 자신의 명예를 이루고 지키는 것이다.

검찰개혁이 진전을 보이자 온갖 불법을 자행하던 검찰조직이 기득권 사수를 위해 몸부림치다 뜻대로 되지 않자 직을 걸겠다고 하더니, 스스로 상명하복으로 헌법정신과 법치를 파괴한 자가 헌법정신과 법치가 파괴되는 것을 두고 볼 수 없어 검찰조직에서 할 수 있는 일은 다 했다며 검찰총장직을 그만두었다.

　대통령을 비롯한 모든 공무원은 사람(국민)에게 충성하는 사람들이다. 그는 사람에게 충성하지 않겠다고 스스로 취임식에서 말했다. 검찰조직의 기득권(권력)을 위해서만 충성을 하겠다는 시건방진 소리다. 그는 후회 없이 그 말대로 실천했다.

　국민이 뽑은 국가원수와 직속 상관인 법무부 장관을 상명하복으로 무시하고 자신에게 충성하는 조직의 수사권을 남용했다.

　그러한 자를 대통령으로 뽑겠다는 사람이 많단다. 여론조사에서 30% 이상의 지지로 1위란다. 여론 조사기관은 믿을 수 없는 존재다. 얼마든지 여론을 한 방향으로 호도할 수 있기 때문이다. 어리석은 대중일수록 그 거짓 여론에 휩쓸려 따라간다.

　자신의 아내와 장모의 분명한 불법행위는 수사를 우물쭈물하고 타인의 작은 허물에는 먼지 털기 하는 자를 한 나라의 대통령으로 삼겠다고? 정신 나간 짓이다. 그러한 자는 대통령이 될 수도 없거니와 절대로 되어서는 아니 된다.

한국의 20-30대 젊은이들은 민주 의식이 확립되지 못한 어리석은 대중에 머물러 있는 것이 아니다. 보궐선거에서 야당 후보자를 선택한 것은 인격 파탄에 빠진 비인격적인 구태 정치인과 정신 못 차리는 여당을 심판한 것이지 야당 후보자가 더 훌륭해서도 아니요 정체성의 혼란에서 일어난 일도 절대 아니다.

정치인은 인기를 먹고 사는 연예인이 아니다. 연예인도 그 인기가 영원하지 않고 일시적이다. 정치인은 나라와 민족의 앞날을 위해 목숨을 바쳐 신명을 따르는 지도자여야 한다.

자신의 명예와 이익이나 권력을 휘두르고 일당의 정권 유지를 위해 세월을 허송해선 안 된다.

또 하나 기가 막힌 오판사고가 발생했다.

모든 전쟁에서 재물을 약탈하고 남자들은 죽임을 당하고 여성들은 강간을 당하였으나 오랜 전쟁터에 위안부를 강제로 끌고 가 성폭력을 휘두른 것은 세계 전쟁 역사상 유례가 없는 일본 군대만의 야만적 행위다.

한국 법원에서 위안부 배상소송에서 승소를 했음에도 불구하고 배상을 하지 않고 있다.

그런데 일본 강점기에 일본 회사의 강제동원으로 끌려가 노동의 대가를 받지 못한 것에 대한 국가가 아닌 회사 상대로 낸 개인의 배상청구를 2019년 최고 판결기관인 대법원이 일본 회사가 배상하라고 판결한 것에 대해 2021년 하급 1심 공판에서 세계 전쟁 역사에서 그런 배상이 인정되지 않으므로 본 법원에 청구할 수 없다고 소송을 각하하였다.

정신 나간 자가 개인의 정치적 동기로 내린 판결이란다.
판사는 개인의 정치적 동기로 판결해서는 안 된다. 판결은 정의에 따라 법대로 해야 한다.

첫째, 독립정신과 대한민국 헌법에 위배되는 판결이다.

둘째, 인류 역사에 전례가 없는 일본의 만행으로 국제법상 전례가 없다. 현재 세계의 부강한 나라들은 대부분 과거 전쟁과 무력으로 식민지를 갖고 지배했던 국가들이다.

그들은 회개도 배상도 창피함도 필요 없는 강자의 당연한 권리로 알고 있다. 금은보화는 물론 귀중한 원자재 강탈과 나중에는 노예상업으로까지 최악에 이른 카인의 후예들이다.

셋째, 한일협정에 포함된 배상이 아니다. 일본 정부에 대한 개인보상요구가 아니라 회사에서 일한 떼어먹은 봉급에 대한 당연한 청구다.

강제로 끌려가 억울하게 죽은 원혼들의 목숨값은 그만두고라도 겨우 살아남은 자들의 피값의 요구다.

이것이 잘못된 청구라는 판결은 일본에 가서 판사 노릇을 해도 결코, 환영받지 못할 거지 같고 어리석은 짓이다. 반드시 탄핵되어야 한다.

검찰과 사법뿐 아니라 국민이 위임한 법 제정과 헌법수호를 제대로 못 하는 국회까지 모두 개혁해야 한다.

기업주나 주인들은 노동자와 일꾼에게 의와 공평으로 대해야 한다. 모세는 하나님의 길이 의롭고 참되니 공의의 심판이 참되고 의로움을 나타낸다고 노래한다. 아랫사람을 존중하는 일은 사람을 사랑하는 의인이라야 그 길을 행할 수 있다.

정치가나 사업가는 스스로 청렴결백한 삶으로 백성들의 본이 되며 자신의 능력을 발휘하여 최선을 다해 봉사해야 한다.
악인과 의인이 되는 것은 악한 행위와 선한 행위를 스스로 선택한 결과다.

정치적 면에서 정의의 내용을 펼쳐보면

1 **분배적 정의** – 하늘을 돈을 내고 보지 아니하듯 일용할 양식(밥)과 최소한의 필요는 모든 사람에게 고르게 나누어져야 한다.
2 **응보적 정의** – 권선징악과 인과응보의 법적 상벌주의로 사회질서를 위한 악을 제거하기 위해 범법자의 빠르고 강력한 형의 집행과 피해자를 보호하는 법과 제도를 만들어 시행해야 한다.

3 **참여 정의** – 모든 사람이 모든 일에 소외되지 아니하고 함께 결정하고 일하고 더불어 도우며 살아야 한다.

4 **관계의 정의** – 인간관계의 회복을 위해 피해자의 고통을 가해자가 듣고 아픔을 느끼고 공감하여 반성하고 회개하여 사죄할 수 있도록 하므로 피해자의 상처가 아물고 가해자를 용서할 수 있는 인간관계의 회복으로 사회의 질서와 안녕을 유지할 수 있다.

의로운 행위를 빛같이 드러내고 공의를 정오의 빛같이 뜨겁게 하라. 의로운 사람은 지혜롭게 말하고 그 혀는 공의를 이르며 그 마음에 사랑이 있으니 그 삶에 거칠 것이 없다.

공의를 지키는 자와 항상 의를 행하는 자가 복이 있고 은혜를 베풀어 꾸이는 자는 잘 되나니 그 일을 행하라. 성실과 공의와 정직한 마음으로 백성들과 함께 옷 입고 의와 인자를 구하는 자는 생명과 의와 영광을 얻으리라.

하나님이 선한 것이 무엇인지 보여주셨으니 사람에게 구하는 것은 오직 공의를 행하며 인자를 사랑하며 겸손히 하나님과 함께 행하는 것이 아니냐?

너희는 살기 위하여 선을 구하고 악을 구하지 말라. 하나님이 너희의 말과 함께 너희와 함께하시리니 악을 미워하고 선을 사랑하여 공의를 세워라.

하나님을 아는 지혜(식)와 야훼는 인애와 공평과 정직을 땅에 행하시는 자임을 깨달아 너희 길과 행위를 바르게 하여 이웃들 사이에 공의를 행하라!

선한 길은 공의와 공평을 행하는 것이다. 공의를 세우는 것이 의인의 즐거움이요 하나님의 일을 하는 것이다. 의와 정직한 입술과 말이 사랑을 받고 의와 인자를 구하는 자는 생명과 의와 영광을 얻을 것이다.

나사렛 예수는 너희는, 너희 말은 옳다, 옳다. 아니라, 아니라 하라 하셨다. 정의는 옳은 것이다. 옳은 것을 옳다고 말하는 것이요, 아닌 것을 아니라 말하는 것이다.

바르고 옳은 것이요, 옳은 것의 가운데다. 좌와 우의 가운데가 아니라 좌나 우, 옳은 것의 한가운데 선, 최선이요 가장 옳은 것, 틀림없이 옳은 것, 조금도 옆으로 기울어지지도 치우치지 않은 것을 말한다.

상하, 좌우의 가운데, 곧 바른 것의 한가운데, 옳은 것의 한가운데다. 위에서 보아도 아래에서 보아도 옳고, 좌측에서 보아도 우측에서 보아도, 뒤집어 보아도 옳은 것이 정의다.

자연은 순리에 따른다. 불평불만이나 항거 같은 것은 없다. 자신에게 주어진 자리에서 주어지는 여건에 따라 변하고 순응하면 되고 순응할 수밖에 없는 것이 자연이다. 거기에는 정의란 없다. 정의가 필요하지 않다. 주어진 환경 자체에 순응하는 것이 정의다.

동물은 순리에 따르지만, 무조건은 아니다. 변화에 적응하며 나름 대로 살길을 찾는다. 동물의 세계에는 힘의 논리가 지배한다. 곧 약육강식이다. 어느 놈은 풀을 먹는데, 어떤 놈은 고기를 먹는다. 동물세계의 정의는 힘이다. 강자의 윤리다.

인간세계는 어떠한가? 인간도 동물이기 때문에 힘의 논리, 강자의 윤리가 지배한다. 그러나 인간은 생각하는 동물이기 때문에 개개의 인권을 중요시한다. 정의는 인권과 관계한다.

이기주의는 나쁜 개인주의이고, 공리주의는 공동체주의다.
개인의 이익과 행복이 우선이냐? 공동체의 공리가 우선이냐는 정의의 문제가 아니다. 미덕이나 도덕과 정의가 개인 혼자서는, 유아독존일 때에는 필요가 없는 것이다. 정의는 너와 나의 관계 우리의 공동체, 함께 사는 사회, 세상의 문제이기 때문이다.

천, 지, 인은 삼신, 삼위가 아니라, 하늘과 땅의 중심이 인간이라는 인간중심사상이다. 하늘은 영이요, 땅은 육이며 하늘은 신이요, 땅은 정이라, 하늘은 양이요, 땅은 음이라 할 때, 우리는 이원론으로 생각하고 몸(Leib)과 영(Seele)을 정신(Geist)과 육체(Fleisch)로 분리하여 생각하고 말하지만 잘못된 것이다.

정신은 정은 육이요, 신은 영이니 정신과 육체가 아니라, 정신은 사랑(마음)과 몸이 영육이 하나로 일체 되어야 사람이요, 인간이 된다는 말이다.

그래서 정신을 차리면 천지를 분간하는 사람이요, 천지 분간을 못하면 바보천치가 되고 사람 노릇을 못 하는 것이다. 영육이 모두 건강해야 올바른 사람이 된다.

◆ 밥은 정의의 대명사

인간의 생명을 유지하기 위해 꼭 필요한 의식주의 문제는 오늘날 넘쳐나는 인구증가와 더불어 도시 집중화의 문제 속에 개인의 문제에 그치지 아니하고 사회적 문제, 국가정치와 경제적 문제의 기본이 되고 있다.

의식주 중에도 밥(빵)의 문제는 인간의 생명과 직접적인 영향을 주기 때문에 가장 심각한 문제다.

나사렛 예수가 주기도문에서 가르쳤듯이 그리스도인에게 밥의 문제는 하늘이 하나이듯 밥도 하나여야 한다. 인권 중에 제일 첫 번째 문제가 일용할 양식의 문제다.

하늘을 내 것이라고 돈을 주고 사서 천적부에 올릴 수 없고, 돈을 내고 하늘을 바라보지 않고, 어느 때고 어디서고 눈을 뜨고 고개만 들면 바라볼 수 있는 하늘이듯이 밥도 가난하고 어리석고 능력이 없는 사람일지라도 똑같이 나누어야 할 일용할 양식이다.

우리 옛말에도 "사람이 태어나면서 제 먹을 것(몫)은 가지고 태어난다."고 했듯이 모든 생명 특히 인간의 생명은 존중되어야 하고 생명의 먹을거리의 나눔은 곧 생명의 나눔이기 때문에 원수라도 굶주리면

먹여야 하고 적이라도 피를 흘리면 싸매주어야 하는 것은 적십자정신에서가 아니라, 우리는 짐승이 아닌 인간이기 때문이다.

하나님께서 밝은 태양을 악한 사람과 선한 사람에게 똑같이 비춰주시고 하늘의 단비를 의로운 사람이나 의롭지 못한 자에게 한결같이 내리시듯 밥은, 밥벌이를 잘하는 능력 있는 자나, 창고에 가득 쌓아 놓은 부자나, 하루 벌어 하루 먹기 바쁜 고달픈 자나 하루 한 끼를 얻어먹기 어려워 허기진 사람들에게도 밥은 꼭 나누어 먹어야 하는 생명의 양식이요, 생명인 것이다.

밥의 정의는 어떠한 차이 속에서라도 차별이 없이 필요한 최소한의 일용할 양식이 고르게 나누어져야 한다. 밥은 하나님과 같아서 누가, 혼자나 일부가 독차지해서는 안 된다. 하나님이 없으면 인간과 인간 사이에 정의가 이루어지지 않고 하나님이 없으면 사회정의는 이루어질 수 없다. 아니 하나님이 없으면 인간 자체가 될 수 없다.

사랑이, 하나님이 없으면 한쪽에서는 불의가 성하여 쌓아 놓은 음식 썩는 냄새가 진동하고, 다른 한쪽에서는 굶어 죽어 시체 썩는 냄새로 진동할 것이다.

하나님의 공의 곧 사랑의 의는, 내가 배불리 먹고 있는 시간에 대문 밖에, 성문밖에 이 지구 땅 위에 같은 하늘 아래 굶는 사람이, 굶어 죽는 사람이 있어서는 안 된다는 것이다.

모든 사람이 배 터져 죽을 자유가 있다고 주장할 수 있을지 모르나, 최소한 굶어 죽지 않을 권리는 보장되어야만 한다.

아래에 김지하 시인의 밥의 노래를 적어본다.

밥이 하나님이다

밥은 하늘입니다.
하늘을 혼자 못 가지듯이
밥은 서로 나눠 먹는 것입니다.
밥은 하늘입니다.
하늘의 별을 함께 보듯
밥은 여럿이 같이 먹는 것입니다.

밥이 하늘입니다.
밥이 입으로 들어갈 때
하늘을 몸속에 모시는 것입니다(시천주, 성육신).
밥이 하늘입니다.
아 아 - 밥은 모두
서로 나누어 먹는 것입니다.

밥의 문제는 어떤 경제적 이론이나 사상에 관계되는 것이 아니요,

유물론의 경제적 가치문제가 아니라, 인간 삶의, 생존의 문제이기 때문에 사회적 문제다.

사회적 책임의 첫 번째 문제이며, 사회정의의 첫 번째로 실현해야 할 문제다. 그래서 밥의 문제는, 밥은 정의의 대명사라고 할 만하다.

홍익인간의 실천, 밥의 정의를 말하자면 이를 스스로는 물론 자손들에게 명하여 대대로 몇백 년 동안을 실천해 온 경주 최 부자 이야기는 세상 부자들이 본받아야 할 모범이다.

자신이 사는 곳에서 적어도 10km 이내에서는 굶어 죽는 사람이 없게 하라는 것이다. 만백성의 먹고사는 문제는 나라와 정치의 할 일이지만 자신의 능력이 미치는 한도 내에서는 부자의 책임이라는 말이다.

◆ 잘 먹고 잘 산 죄

부자는 자기 가진 것을 가지고 풍족하게 잘 먹고 잘산다. 그것은 죄가 되지 않는다.

남의 것을 뺏거나 도둑질하거나 속이고 사기 친 것이 아니니 많이 가진 것이 결코 죄가 될 수 없다. 스스로 열심히 일하고 애써 노력하여 곡식을 거두고 돈을 벌었으니 잘 먹고 편안하게 잘사는 것이 당연한 것이다.

열심히 일한 사람들에게 약속한 대로 충분한 품삯도 주었고 부리는 일꾼들과 그의 가족들도 굶지 않고 배부르게 먹고 따뜻하게 잘 수 있었을 것이다.

문제는 그의 집 대문 밖에 병들어 일할 수 없는 거지가 버려진 채로 있었다.

부자의 상에서 버려지는 찌꺼기라도 얻어먹고 허기진 배를 채워보려 하지만 심지어 개들이 그의 헌데 상처에서 피를 빨아먹고 있었다. 그것은 부자와 상관없는 일이 아닌가? 부자가 병들게 한 것도 아니요 버려둔 것도 아니다.

그가 굶주리며 고생하는 것도 제 부모의 죄이거나 자신이 지은 죄의 형벌일 수도 있으니까. 그러나 사랑은 그렇지 아니하다. 거지를 먹이고 상처를 치료하며 돌봐주어야 한다.

거지가 굶어 죽으면 모든 사람의 눈과 귀와 입이 부자를 향하게 된다. 그것이 잘 먹고 잘산 죄가 되는 것이다. 적어도 내 주위에 소외되고 굶주리는 사람은 없게 하는 것이 사랑의 실천이다.

네 이웃을 네 몸과 같이 사랑하라! 이것이 개인이 살아야 할 정의요 인간사회가 이루어야 할 사회정의다.

인간의 문제는 인간 자체의 문제다. 인간의 문제는 스스로 원하든 원치 아니하든 나면서부터 사회적이며 정치적인 삶 속에 내동댕이쳐졌기 때문이다.

인간, 인간적인 것의 문제는 사랑의 문제다. 인간과 인간의 관계 즉 사회적 관계의 문제이며 이 관계는 사랑의 유무에 의해 결정되기 때문이다.

정의의 문제, 사회정의의 실현은 사랑의 유무와 고른 분배의 나눔에 있다. 즉 사랑의 보편성이다. 특별한 관계의 사랑은 이해타산이 맞으면 서로 주고받기 마련이다. 그러나 보편적인 사랑은, 하나님은 어떤 경우에라도 조건을 따지지 않고 차별을 두지 않는다.

의란 사랑의 유무를 말하는 것이지, 눈에 보이는 선행과 공적의 유무를 판단하는 것이 아니기 때문이다.
의인은 사랑으로 충만하여 사랑하는 사람을 말하고, 의롭게 된다는 것은 사랑하는 삶 자체가 의로워지는 것이다.

반복해서 말하거니와 정의란 차별 없이 공평하게 누구도 제외되거나 소외됨이 없이 사랑이 바르게 실천되고 나누어지는 것을 말한다.

따라서 사회정의 구현이라는 것은 하나님의 의를 세우고 실천하여 하나님 나라를 완성하겠다는 것이다.

왜? 밥의 문제가 개인의 문제나 가진 자, 있는 자의 책임 문제뿐이 아니고 사회적 책임과 사회정의의 문제인가? 하는 것은 옛말에, "가난은 나라님(왕)도 구하지 못하고 어쩌지 못한다."고 했듯이, 한나라의 최고의 권력과 최고의 부를 가지고 있는 왕일지라도 자신의 부나 능력만으로 만백성의 굶주림을 해결할 수는 없기 때문이다.

공동체 구성원 전체가, 일체가 되어 일심으로 사랑을 나누는 방법 외에는 밥의 정의는 이루어지기 힘들다.

민심 즉 천심이라는 말은 왕이, 하늘이, 하나님이 될 수 없고 민중이 하늘이요, 민심이 하늘의 뜻이요, 하나님 나라를 이루는 초석이라는 말이다.

오천 명, 사천 명을 먹이는 보리떡과 물고기의 기적은 예수의 복음을 듣고 깨달아 감격하여, 각각의 이기심을 버린 나눔의 기적 외에 다른 것이 아니다. 구성원 전체의, 그리스도인 공동체의 일심동체 된 사랑의 감격이 이루어 낸 정의이기 때문이다.

실천 이성은 양심의 실천, 사랑의 실천이다. 성령 충만함을 받아 사랑의 능력, 사랑의 빛을 받아서 이웃을 사랑하고 원수까지라도 사랑해야 한다.

피차 사랑의 빚 외에는 아무 빚도 지지 말아야 한다. 사랑하는 자는 이웃에게 악을 행치 아니하나니 이웃을 사랑하는 자는 모든 율법을 행한 자요, 완성한 자가 되는 것이다.

악을 악으로 갚지 말고 모든 사람, 누구를 대하든지 원수까지라도 모든 일에 좋은 것, 선한 것을 택하고 악은 사소한 것, 하찮은 것이라도 그 모양조차 따르지 말고 항상 선을 좇아 행해야 한다.

이성, 양심의 명령을 정언명령이라고 한다. 정언이란 바른 소리, 옳은 소리로 곧 양심의 소리, 양심의 명령이다. 고로 이성의 명령, 정언명령은 곧 양심의 명령이다.

양심은 좋은 마음, 착한 마음, 선하고 옳은 마음 곧 정의, 중용의 마음이다. 사람은 이성의 명령, 사랑하라는 예수의 명, 양심의 소리에 따라 선을 추구하고 행하여야 한다.

가언명령은 거짓된 욕심의 불량한 마음, 악한 소원의 소리다.
우리는 여기서 속히 떠나야 한다. 나를 망치고 친구와 이웃, 다른 이를 함께 망치기 때문이다.

하나님께서 가인에게 말씀하셨다. "죄의 소원이 네게 있으나, 죄가 너를 원하나(유혹하나), 네 마음을 다스려라!
선을 행하지 아니하고 악을 행하면 죄가 네 문 앞에 엎드려 기다린다. 네가 선을 행하면, 어찌 낯을 들지 못하겠느냐?"

그리스도인은 세상일이나 교회 일, 모든 일에 누구의 눈치를 보아서는 안 된다. 호랑이 같은 아내나 독재자 같은 남편의 눈치를 볼 필요가 없다. 목사나 장로의 눈치를 볼 필요는 더욱 없다.

항상 예수의 정언명령에 따라 옳은 것은 옳다, 아닌 것, 그른 것은 아니다, 틀렸다고 말해야 한다.

사랑의 관계 유지는 일회적인 관심이나 친절, 일회적인 자선행사나 선행으로 이루어지지 않는다.

지속적이고 끊임없는 관심과 사랑의 돌봄으로 물질뿐 아니라, 영혼까지 나누는 나눔의 실천이 있어야 한다.

관심은 사랑할 때에만 지속적으로 갖게 되는 사람의 마음을 움직이는 의식, 무의식적인 행동이다. 정의구현의 문제는, 인간 개개인의 관계는 물론, 사회적 관계의 유지에 개개인의 인격과 이웃에 대한 사랑의 관심에 달렸다.

사회 구성원 전체의 하나 된 관심과 좋은 제도의 확립이 필요하고, 그리스도인의 지치지 않는 사랑의 실천이 절실히 요구된다.

◆ 개인 정의와 사회정의

첫째, 개인 정의는 도덕과 양심의 문제다. 인간 개인의 행동의 정당성의 문제로, 인간 개개인 누구에게나 동일한 양심의 저울이요 잣대여야 한다. 인간의 근본 바탕에서 들썩이는 선을 행하고자 하는 충동의 선한 의지, 양심의 소리요 이성의 명령이다.

둘째, 사회정의는 보편적인 상식의 문제다.
사람이 인간의 관계를 가지고 살아가는 데 일어나는 여러 가지 가치와 이익의 충돌을 예방하고 해결하는 문제로, 정치와 경제, 교육과 직업, 인권과 토지 등 사회적으로 법과 제도의 계약에 따른 공리와 분배의 정의다.

사회정의가 공의요 하나님의 공의가 곧 사회정의다. 사회정의의 기초요 기둥은 공평이다. 모든 법과 제도의 혜택에서 누구도 제외, 소외되는 사람이 없는 공정과 평등 말이다.

공의, 사회정의는 공동체와 공동체 안에서의 개인과 각 공동체의 행위를 규정하고 지키는 일로 법적인 판단의 기초다.

그리스도교의 경제적 가치관은 소유 공산주의요, 사회 자본주의이며, 전체 민주주의다. 이에 반대되는 가치는 개인 소유주의요, 개인 독점자본주의요 개인(일당) 전제주의다.

민주주의의 최대 다수의 최대 행복, 더 나아가 구성원 전체의 평등한 행복을 추구하는 것이 그리스도교가 목표로 하는 하늘나라 곧 하나님 나라다.

사회주의와 공산주의는 공동체 중심으로 나 혼자 잘 먹고 내 가족의 안일만 추구하지 아니하고 너와 나, 우리의 편안함과 평화를 꿈꾸는 것이다.

어떤 인종이나 피부색과 관계없이 내 민족, 내 나라만의 이익과 번영을 위하지 아니하고 인류와 지구 전체의 안녕을 위해 일하고 환경과 자원을 보존해야 한다.

독점자본주의는 황금만능주의로 개인이나 이기적 집단의 투기자본은 한 나라와 민족의 경제를 망칠 뿐 아니라, 전 세계 인류의 건전한 삶을 뿌리로부터 송두리째 흔들어 놓는다. 더러운 투기로 이룬, 부와 부자는 쉽게 타락하고 망하고야 만다.

민주주의는 전제주의에 반대되는 가치관이다. 소수의 독재가 옳지 않은 것같이 다수가 항상 옳은 것도 아니다. 100% 다 옳을 수는 없지만 보다 많은 사람의 행복을 위하는 것이 민주주의다.

그러나 소수의 약자가 소외되거나 불행을 당하는 것은 참된 민주주의가 아니다.

참된 민주사회는 소수의 약자를 포함한 절대다수를 위해 소수의 천재와 강자, 부자가 희생하고 봉사하는, 착하고 충성된 종이 되고 충실한 청지기가 되어 섬기는 사회를 말한다.

나사렛 예수가 자기 직분에 충실한 청지기가 되라고 명하였는데 그 청지기 직분의 가장 중요한 역할이 자녀들의 궁핍을 돌아보고 필요한 것들을, 때를 따라 채워주는 정의구현이다.

만약 이제까지 또는 한순간, 불의한 청지기였다면 이제라도 진정으로 회개하고 지혜롭게 행하여 가난하고 무거운 빚진 자들에게 그 빚을 탕감해 주어 새롭게 신뢰를 회복해야 할 것이다.

모든 사람은 자신의 삶을 지탱하고 꿈을 이루는 데 필요한 최소한의 재물과 토지와 집, 일정한 소득을 향유 할 권리를 갖는다.
의식주에서 밥은 기본이고, 입고 거주할 집의 문제는 가난하고 능력이 부족하여 이를 충족하지 못하는 개인들에게 공동체가 보장해 주는 의무와 책임을 다하는 사회가 되어야 한다.

개인 정의는 사랑이 있느냐? 없느냐에 있고, 가진 자는 자기의 창고와 주머니를 열어 가난한 자에게 나누어 주어야 한다.
의의 열매는 사랑을 행하느냐? 실천하지 않느냐에 달려 있다.

사회정의(공의)는 제도와 구성원 전체가 사랑을 실천하지 않으면, 불의로 굳어진 부패된 상처가 곪아 터지게 되고, 공의의 수술과 치료를 필요로 한다. 옳은 법과 선한 제도를 만들어 사랑을 실천함으로 사회에, 세상에 정의가 강같이 흘러 넘쳐나게 되는 것이다.

◆ 희년과 토지정의

희년은 기쁜 해, 희망의 해로 가난한 사람들에게는 새 삶을 기약할 수 있는 해다. 희년법은 조상들이 기업으로 받은 땅과 가옥에 대한 것이다.

출애굽 한 이스라엘은 12 지파와 여호수아와 갈렙 등 점령한 가나안 복지를 14구역으로 나누어 각 지파의 땅 경계석을 세우고 각 지파의 족속별로 기업이 되게 정했다.

7년마다 1년씩을 안식년으로 농사를 짓지 못하게 하여 땅이 제 기능을 회복될 수 있도록 휴경을 명했고, 7년씩 7번이 지난 다음 해 50년째를 희년이라 칭하여 희년법을 선포했다.

이스라엘의 희년법은 하나님의 명령으로 복을 주는 조건의 계약에서 비롯되었다. 안식년이 7번이면 49년이다. 오십 년이 되는 해는 땅과 사람을 위한 희년이다.

돈이 없어 자식을 노예로 팔았거나 스스로 노예로 팔린 사람도 제 50년, 희년을 거룩하게 하여 모든 사람에게 자유를 선포하고 서로 용서하고 화해하여 사람의 관계를 정상적인 관계로 회복시켰다.

그뿐만 아니라, 사람이 살아가는 데 필요한 토지와 가옥의 소유도 다시 판값에 년 수를 비례하여 무를 수(되살 수) 있거니와 돈이 없어 되찾지 못했을 경우에는 희년에 아무 대가 없이 본래의 주인에게 돌려주라는 것이요, 제자리로 돌려놓으라는 것이다.

토지는 영원히 팔지 못할지니 땅은 하나님의 것이기 때문이다. 땅은 돈을 주고 사서 영원히 소유할 수 있는 것이 아니다. 각 족속의 기업인 땅은 아들이 없거나, 있어도 병약하여 농사를 지을 수 없거나 흉년 등으로 부득이하게 팔지만, 소유권을 사고파는 것이 아니라 경작권만을 사고파는 것이다. 그래서 사고파는 값이 싸다.

구약시대, 이스라엘에는 각 족속에게 땅을 분배하여 준 대로, 그 족속의 유지와 후손들의 편안한 삶을 보장하기 위하여, 오십 년 동안에 잡히고, 팔리고, 빼앗긴 땅을 희년에 다시 그 족속의 후손에게 돌려주라는 명령이요, 제도였다. 그러나 이스라엘 남북왕국의 패망이후 지금에 와서는 없어진 지 오래다. 땅은 민족이나 국가의, 국가 구성원 전체의 소유다.

희년은 사람과 땅의 자유와 휴식과 공정한 기회를 위한 가장 선한 제도다.

오늘날 현실에 맞는 희년 제도를 만들어, 모든 사람에게 자유로운 하늘처럼 모든 사람에게 공평한 토지정의를 이루어야 하겠다.

◆ 토지 공개념 사상

땅이 하나님의 것이라는 말은, 땅은 개인이 소유할 수 있는 것이 아니라, 공동체의 소유라는 말이다. 지구는 인류공동체의 것이듯이 각 나라의 지경 안에 있는 땅은 국가의 소유인 것이다.

성경의 희년법이나 희년 사상은 땅은 강제로 빼앗거나 돈으로도 빼앗아서는 안 된다는 것이다. 혼자 독차지하면 안 되는 것이 땅이라는 말이다. 가난한 자와 부자로 나뉘어서는 안 된다는 소리요 있는 자는 가난한 자와 고아와 과부, 나그네에게 이웃 사랑을 실천하라는 것이다.

나사렛 예수는 산상설교에서 마음이 온유한 자가 땅을 차지할 것이라고 말한다. 온유한 자는 사랑이 풍성한 자요. 땅을 사랑하는 사람이다.

그리스도교는 영적인 종교라고 한다. 그러나 죽어서 보이지도 않고 있지도 않은 천국에 가는 종교가 아니다. 땅은 그리스도인이 하나님의 사랑만이 지배하는 하늘나라를 세울 터전이다.

이스라엘은 희년이 50년이지만 대부분의 그리스도교 국가들은 100년으로 국가 땅의 희년을 삼고 있다. 99년간 국가와 임대차 계약을 맺어 임대료를 지불하고 대지와 농토를 사용하고 있으며 매년, 대지 세와 농지세를 국가에 사용료로 납부하고 있는 것이다.
99년이 지나 100년 되는 해에는 다시 국가소유가 되므로 다시 임대차 계약을 하여 사용하든지 아니면 국가에 반환되는 것이다.
개인 간의 매매도 임대 기간의 남은 연한에 따라 결정되기 때문에 값이 싸고 차등이 있을 수 있지만, 투기목적으로는 결코 큰 이익을 얻을 수 없는 것이다.

국가사업이나 공공사업으로 땅이 필요한 경우에는 언제라도 그 땅의 남은 임대 기간을 계산하여 보상하기 때문에 거기에 부정이나 부패 그리고 불평불만이 있을 수 없다.

100여 년 전 미국의 경제학자 헨리 조지가 주장한 불로소득에 대한 세금환수법의 내용은 땅의 주인이 스스로 경작하여 생산한 소득을 말하거나 그 소득에 대한 세금을 말하는 것이 아니다.

불로소득, 즉 자신의 노력이 아닌 공동체와 국가의 발전과 개발계획으로 새로 길이 나고 기차역이나 지하철역이 생기면 그 주변의 땅값과 집값이 올라 엄청난 이득을 얻게 되는데, 이것은 공동체와 국가의 개발 노력으로 발생한 가치이기 때문에 이 개발차익은 모두 세금으로 징수해야 한다는 것이다.

일반적인 세금은 국가와 공동체의 운영을 위해 각 개인이 일한 대가의 수입 일부를 세금으로 거두는 것으로 의무적인 징벌적 요소와 강제성이 있지만, 공공의 노력에 의한 차익은 세금으로 전액 환수해도 법의 정신이나 경제학적으로 타당하다는 것이다.

한국도 빨리 희년법과 이러한 불로소득 100% 환수 법을 만들어 속히 시행해야 공무원이든, 부동산 투기꾼이든, 땅 부자든 불법 투기와 허망한 꿈에서 벗어날 수 있고 토지와 부동산의 값이 안정될 것이다.

◆ 한국 묘지문화부터 바꿔야

지구 주위에 수백 개의 인공위성이 날고 달과 화성에 탐사선을 보내고 광활한 우주에 수억 개의 은하와 태양계 중에 우리가 사는 지구와 같은 생물이 살 수 있는 행성을 찾기 위해 혈안이 되어 있는 이 시점에도 조상의 묘를 잘 써야 복을 받고 후손이 잘된다는 어리석은 미신에 사로잡혀 있는 사람들이 너무도 많은 것 같다.

중국 황제들이 꿈꾸던 영생의 불로초와 부활도 그 무덤이 파헤쳐지자, 유골조차 남아 있지 않은 것을 보고, 오히려 진흙이나 돌로 만든 모형들은 멀쩡하게 남아 있는 것을 확인하였다.

4000-5000년 전, 이집트의 왕들이 왕들의 계곡과 피라미드를 건설하여 미래의 화려한 부활을 꿈꾸던 꿈이 사그라지는 미라로 남아 있어 그 소망의 헛됨을 잘 알면서도 명당을 찾고 커다란 봉분에 값비싼 대리석의 묘비를 세우는 불쌍한 인생들이 아직도 많이 있다.

한국은 외국인의 토지 매입이 여의도의 몇 배에 달한다고 한다.
남의 나라 땅을 외국의 투기자본이 사서 영원히 소유할 수 없는 것이다.

년 한을 두고 사용료를 지불하며 빌려 쓰는 것은 자국민이든 외국인이든 똑같은 토지법에 따른 권리이어야 한다.

우리나라도 1945년 해방된 해를 기준으로 49년이나 99년, 희년법을 만들어 속히 시행함으로 천정부지로 치솟는 말도 안 되는 땅값을 바로 잡아야 할 것이다.

1945년을 기준으로 하면 1995년은 이미 지났고, 2044년을 제2차 희년으로 시행하면 될 것이다.

이런 법은 빨리 만들어서 빨리 시행해야 한다. 늦어도 2020년까지 제정하여 25년간의 여유를 갖고 2045년부터 모든 땅을 국가재산으로 환원하고 지금까지의 소유자라도 다시 임대하든지 포기하든지 선택하고 매년 사용세금을 청구해야 할 것이다.

만약 2030년에 통일이 된다면 15년의 시행 기간을 두고 2045년부터 시행하면 될 것이다.

토지정의를 말하고 땅의 공개념을 논하거나 묘지를 없애고 허례허식에 치우친 사당과 제사의 폐지를 논하려면, 유교 사상과 형식에 깊이 빠져있는 유림들의 조상숭배와 조상의 뼈가 묻힌 땅이요, 유산이라는 명목으로 심한 반대가 붙 일 듯하다.

우리는 먼저 장례문화를 효의 관점에서 바라봐야 한다. 돌아가신 부모에 대한 가장 큰 효도는 흙에서 온 육신은 될 수 있는 대로 빨리 흙으로 돌려보내(화장)는 것이다.

진정한 효도는 살아 생전에 육신으로나 정신적으로나 경제적으로나 자식들의 형편에서 최선을 다해 편안하게 모시고 할 수 있는 한 자주 찾아뵙고 함께 모시고 식사하며 옛이야기를 정답게 추억하며 웃음보따리를 풀어 즐겁게 해드리는 것이다.

살아 생전에는 거들떠보지도 아니하고 형제간에 재산 싸움이나 하며 불화하여 불효를 저지르던 자들이 돌아가신 후의 명당이랍시고 봉분을 커다랗게 꾸미고 비싼 대리석 비석을 세우는 것이 효가 아니다.

선산에 종가와 사당을 지어놓고 때를 따라 절을 하고 제사를 지낸다고 지옥에 갈 영혼이 극락이나 천국에 가고 못돼먹은 자손들이 출세하고 잘되는 것도 아니다.

널브러진 봉분과 납골당은 아름다운 산천을 흉하게 만들고 죄 많은 인생들의 등줄기를 섬뜩하게 만들 뿐이다.

보기 좋은 나무로 아름답게 숲을 조성하고 산을 잘 관리해서 화장한 유골의 재를 나무 주위에 뿌리거나 묻어서 흙은 흙으로 재는 재로 섞이게 하는 것이 가장 좋은 방법이다.

제사에 대해 말하지 않을 수 없으니 죽은 조상의 혼이 돌아와 음복한다고 해서 음식을 차려놓고 절을 하는데 몸이 없는 혼이 어디에 존재한다는 것인가? 불멸의 영은 영원한 사랑, 큰 에너지에 하나 되었으니 다시 나올 수 없다.

늙어서 기억력이 상실되거나 치매에 걸리면 자기 집도 제대로 찾아오지 못하는데, 어떻게 자기가 죽은 날을 기억하고 제삿밥을 얻어먹기 위해 외국말로 뒤죽박죽된 복잡한 도시의 생전에 한번 가보지도 못한 아들의 아파트를 찾아간다는 말인가?

조상들의 제사는 일 년에 한 번 한식날에 기념하고, 얼굴을 기억하는 조부모와 부모의 기일은 자녀들이 함께 모여 부모님을 추모하고 옛 추억을 더듬으며 생전에 부모님이 좋아하시던 음식과 자신들을 위해 정성으로 만들어 주시던 음식을 마련하여 정답게 나누어 먹으며 형제자매의 사랑을 더 돈독히 하는 것이 바람직한 제사 문화라고 생각한다.

　부모가 먼저 간 자식을 가슴에 묻듯이 진정한 효는 돌아가신 부모님을 가슴에 품고 그 은혜와 사랑을 항상 잊지 않고 기억하며 감사한 마음으로 사는 것이다.

　이제는 80% 이상이 화장한다고 하니 다행이지만 좁은 땅덩어리에 대머리 같은 봉분과 보기 흉한 납골당이 하루빨리 사라지고 아름다운 숲과 공원의 꽃밭으로 바뀌었으면 좋겠다.

　땅은 하나님께 속한 것이요, 하늘의 것, 곧 만백성의 것이다. 권력 있는 자나 돈 있는 자가 사서 독차지할 수 있거나, 해서는 안 되는 것이다.

　농토는 농사짓는 자의 손에 붙여야 하고, 대지는 만백성이 고르게 거주하는 삶의 터전이 되어야 한다.

◆ 사회(공공임대)주택의 문제

집도 마찬가지다. 자기 가족이 사는 집만 있으면 되지 한 사람이 여러 채의 아파트가 왜 필요한가? 물론 돈이 많은 사람이 아파트나 집을 많이 지어 가난한 사람들에게 싸게 임대하여 편안히 살 수 있도록 하는 것은 바람직하다.

선진국의 경우 큰 회사들은 사원 연립주택을 지어 일반 주택의 50-60%의 저렴한 가격으로 월세를 받아 주거 걱정 없이 일할 수 있도록 배려했다. 따라서 혼자 벌어서 네 식구가 사는 데 부족함이 없었다.

사람이 사람답게 사는 데 꼭 필요한 주거를 위한 집은 생존권의 문제다. 능력이 없는 개인을 위해 국가와 재벌기업과 사회단체의 역할이 중요하다.

홀란드나 독일 같은 나라는 처음에는 돈 많은 개인이 사회주택을 많이 지어 노동자들과 학생들에게 저렴하게 월세를 받아 가난한 이웃의 삶을 편안하게 해주는 선한 일을 하는 사람들이 많았다.

중부 독일 루르 공업지대의 중심 도시 에센(Essen)에는 크룹(Krupp) 가의 마가레트 공주가 자신에게 주어진 영지 마가레테 회에(Margarete Hoehe)에 당시 주거가 불안정한 노동자들을 위한 사회주택을 건설하고 비영리로 운영하도록 사단법인을 만들어 당시에는 관리비만 내고 살게 하였다.

저자가 에센에 사는 동안 1976-2000년대에도 일반 주택의 1/2 가격의 월세를 받았었다. 과거에 홀란드와 독일은 60-70%가 사회주택으로 정부와 회사와 자선가의 재단 공공임대주택이었다.

현재 홀란드(Holand, 네덜란드) 사회주택 비율은 2015년에 34.1%라고 한다. 독일의 경우 1980년대 후반에 많은 회사들이 해외로 공장을 이전하여 공장 문을 닫으며 회사의 임대주택을 현재 거주인과 회사 사원들에게 당시 일반 주택 시세의 40-50% 가격에 분양하였다.

1920년 홀란드의 건축가 미첼 데 클레어크는 암스테르담 시에서 건설하는 노동자들을 위한 사회주택을 설계하면서 가난한 노동자들도 넓고 튼튼하고 편리하며 좋은 집에서 살 권리가 있다고 생각하며 당시 일반 주택보다 더 고급스러운 설계로 모든 가구에 욕실과 벽난로를 설치하여 사회 임대주택을 예술적인 문화주택으로 건축하였다.

이에 암스테르담시 담당 공무원과 시의회에서 불평도 많았지만 현재까지도 겉모양에서 내부 장식까지 고급스러운 사회주택의 표본이 되고 있다.

국민의 세금으로 국민 임대주택을 짓는 건설교통부 산하 주택공사(LH)와 서울시 주택공사(SH)는 나라에서 운영하는 비영리 공기업인데 왜 적자가 쌓이는가?

국가 소유의 토지를 민간에게 팔거나 임대할 경우 얻어진 수입에 대해 성과급이라는 명목으로 임원진들이 나랏돈으로 흥청망청 나눠 먹는 부정을 일삼고 있기 때문은 아닌가?

국가에서 짓는 사회주택은 국가 유공자와 기초생활 수급자, 수입이 없는 노약자와 수입이 적은 노동자와 가난한 신혼부부와 젊은이들의 주거안정을 위한 사업이기 때문에 더 세심하게 하자가 없도록 설계에서부터 허가와 기초공사에서 준공에 이르기까지 허가기관인 지자체의 공무원과 LH 공사의 공무원이 철저하게 관리 감독해야 한다.

건설회사도 작은 부분까지 신경 써서 마무리까지 하자가 없도록 양심적으로 건축 해야 한다.

그런데 현실은 대부분의 LH공사에서 지은 임대 아파트들이 입주 전부터 하자가 심해 입주가 늦어지고 입주 후에도 형편없는 방수공사와 마무리 날림공사로 비가 새고 곰팡이가 나서 살기가 어려운 형편인 경우가 허다하다.

무엇 때문인가? 왜 턱도 없는 싸구려 자재에 날림공사를 할 수밖에 없는가? 건축을 수주한 건설회사가 직접 공사하는 것이 아니고 하청에 또 하청을 줄 때마다 공사가격이 줄어들고 담당 공무원들의 등쌀에 뒷구멍으로 봉투가 나가니 실제 말단하청업자들은 공사를 해봐야 별 이득이 없는 것이다.

울며 겨자 먹는 식으로 공사를 하니, 하자가 나는 것이 당연하지 않겠는가?

대부분 대기업에 속한 건설회사는 하청 업체의 공사가 끝나도 아파트 분양이 완료될 때까지 공사대금을 주지 않아 빚과 이자에 손가

락을 빨게 되니 공사에 하자로 화풀이하는 것은 아닌지, 물어볼 만하지 않은가?

저층 연립주택이 아닌 고층아파트는 100년, 200년, 적어도 중간 정도의 지진에도 끄떡없도록 튼튼하게 지어야 함에도 불구하고 하자가 많은 부실공사가 계속되는 것은 LH 공사와 건설업자의 핑계처럼 싼 건축비 때문이 아니라 LH공사 담당 직원과 지자체 담당 공무원과 건설회사의 부당한 뒷거래의 부정 때문이 아닌가?

값이 싸다고 기초공사와 뼈대인 골조공사를 허술하게 날림으로 해서는 안 되고 내부 설비나 외벽공사도 비싼 자재가 아닌 싸고 좋은 실용적인 자재를 사용하여 더 정성껏 시공해야 할 것이다.

집은 불법 투기의 목적이 되어서도 안 되고 불법 투기를 하도록 국가정책이나 법이 용인해서도 안 된다. 재건축이나 지역 재개발은 현재 입주자와 현지 지역 거주민을 위한 개발이 되고 투기자본 회사의 이익이나 추진위원회 같은 사기꾼들의 파티가 되지 않도록 해야 한다.

허가로부터 시공에서 완공에 이르기까지 국가기관과 자치단체의 직접적인 관리 감독이 철저하게 이루어져 부실공사를 막아 처음부터 불법이 틈타지 못하게 해야 한다.

특히 공공택지 개발이나 아파트 건설은 집 없는 사람들만이 청약할 수 있고 선택받을 수 있도록 법을 만들어야 하고 개인 주택은 모르거니와 아파트는 완공된 입주 시 가격을 기준으로 공시가격을 정하고 낡아지기 시작하는 10년 주기로, 아주 튼튼하게 지은 경우는 30년 주기로 공시가격과 매매가가 내려가는 방향으로 주택법이 만들어져야 할 것이다.

무엇보다 공공임대주택의 전세와 청약매매가는 주변 실거래가의 60% 선에서 책정되어야 한다. 그래야 전국적인 터무니없는 전세가와 매매가를 잡을 수 있다.

현재 고가의 주택이나 아파트들은 매매가의 90%를 공시가로 책정하여 종합부동산세를 징수해야 할 것이다.
그리고 매매 시에는 공시가격의 10%를 넘는 이익에 대해서는 80% 이상의 세금을 징수함으로 터무니없는 불로소득과 그 허망한 꿈을 버리게 해야 한다. 학군제나 가격담합 등의 치맛바람을 제거하여 가격의 상승요인을 없애야 한다.

2020년에 완공되는 아파트부터 분양가의 50% 이상 매매가가 오를 수 없도록 법률을 제정하고 전세가는 실제 매매가의 60%를 초과하지 못하도록 법을 개정하고 전세가와 월세도 10년에 5% 이상 올릴 수 없도록 개정하여 2020년 완공된 아파트로 소급하여 시행해야 한다.

아파트와 집의 임대법도 개정하여 교통과 소음 건물의 노후와 시설 등을 따져 적정한 전세가와 월세의 경우 3개월 월세의 보증금에 적정한 월세를 책정하도록 규정하여 가진 자의 터무니없는 행패를 사전에 차단해야 한다.

또 임대 기간도 5년에서 10년으로 정하고 중간에 매각되어도 임대 기간이 보장되도록 해야 하고, 짧은 기간의 임대는 당사자 간의 협의에 따라 하면 될 것이다.

은행의 주택담보 대출도 한 사람당 한 채로 한정하여 자기 자본은 한 푼도 없는 자가 은행 빚으로 흥청망청 인생을 향락하며 은행 빚을 갚지 않아 세입자들의 전 재산인 전세보증금을 날리는 비극이 발생하지 않도록 법을 개정해야 한다.

현재 문제가 발생한 아파트와 빌라들에 대해서는 국가가 강제권을 발동하여 사기꾼들의 재산을 압류하고 세입자들에게 등기권을 부여하는 방향으로 구제해야 할 것이다.

한국에서는 코로나 19 사태로 문을 닫거나 장사가 안되는 가게들의 월세를 몇 개월씩 반값으로 깎아주며 어려운 사람들의 고통을 덜어주고 분담하는 선한 이웃들의 선행이 이어지고 정부에서는 그들의 세금을 인하해 주어 격려하고 칭찬해주고 있다.

더 바란다면 방역정책으로 2-3주간이나 1-2개월 문을 닫아야 한다면 그 기간 동안 월세를 100% 받지 말아야 되지 않겠는가?

캐나다는 긴급 상업용 임대정책으로 임대인이 임대료를 25% 내리면 정부에서 세금감면 혜택 등으로 50%를 지원하고 임차인이 25%를 부담하는 방법을 택하고 있다.

호주와 독일은 임대료 체납 시에 임대차 계약 해지를 할 수 없게 금지하고 어쩔 수 없이 폐업하게 될 경우 임대료를 50% 감면하게 법으로 규제하고 있다.

특히 독일 베를린시 같은 경우는 철의 장벽이 무너지고 동독 쪽에 비어 있던 집들 때문에 집값과 임대료가 저렴하다가 통독 후 25년이 지나는 동안 많은 인구가 몰리며 월세가 서서히 오르다가 가진 자와 기회주의자들이 건물을 싼값에 사서 고친 후 월세를 배로 올려 받기 시작하며 시 전체적으로 월세가 폭등하였다.

이에 베를린 시의회와 당국은 2020년 10월에 모든 상가와 주택의 월세를 20% 인하하도록 법을 개정하여 시행하려고 준비하고 있다. 물론 임대인들은 반발하며 소송을 제기하기도 하지만 법은 가진 자들의 이익을 보장하기보다 강자의 횡포를 제어하고 약자들을 보호하기 위해 존재하기 때문에 국가와 자치단체의 법 개정과 준엄한 법 집행이 승리할 것으로 기대해 본다.

또 코로나 19 위기상황에서 주택과 상가의 임대료를 올릴 수 없으며 고용유지를 위해 임대료와 인건비의 고정비(기본)를 최대 90%까지 지원한다.

한국도 정부와 서울시, 지방자치 단체에서 전세와 월세를 20-30% 인하를 행정법으로 제정하여 유예기간 없이 즉시 시행하고 국회에서는 초당파적으로 국민의 주거안정을 위한 근본적인 주택과 토지 임대차법을 신속하게 개정해야 할 것이다.

물론 생계형 임대인들에게는 세금을 감면해 주고 임차인과 국가에서 25%씩 부담하여 50%의 수입을 보장해 주면 더욱 좋을 것이다.

선한 이웃은 그리 많지 않고 더욱이 아파트값이 터무니없이 오르고 전세가격이 오르는 것과는 상관이 없다.
정부의 행정명령으로 전세와 월세의 인하를 강제로 집행하는 것이 가장 빠르고 좋은 길이라고 생각된다.

형법은 범법자를 징계하고 벌하기 위해 존재하고 어린이와 청소년, 여성과 노약자 보호법과 임대차 보호법 등은 약자를 보호하기 위해 존재하고 만든 법이므로 임대차 보호법을 개정하여 국민의 주거안정을 위하여 부자인 임대인의 재산 자유권을 강제(법으로)로 제한하는 것이 정부의 책무요 정치가 해야 할 일이다.

상가의 임대차 법도 개정하여 첫 계약이 10년으로 되어야 하고 중간에 건물이 매각되어 주인이 바뀌어도 임대 기간은 보장되도록 해야 한다. 그리고 재계약 시에도 보증금과 월세를 10년에 5% 이상은 올릴 수 없도록 법을 제정해야 한다.

장사가 잘된다고 보증금과 월세를 올린다면 장사가 안되어 적자가 나면 보증금을 깎아주고 적자난 부분을 채워주고 월세를 안 받을 것인가? 장사가 잘되는 것은 상인의 수완과 노력의 결과다.

무엇보다 상가의 뜨거운 감자인 권리금 제도를 없애야 한다. 장사를 그만두고 타인에게 사업권을 넘길 때에는 시설을 뜯어가든지 같은 종류의 사업이면 그냥 넘기든지 아니면 시설비의 노후를 따져 약간의 시설비를 받을 수 있도록 법으로 정해야 한다.

지금 장사가 잘되는 것이 다음 사람에게 잘된다는 보증이 되는 것도 아니요. 장사가 잘되는 것이 장소 때문이라고 하면 더더욱 현재 장사하는 사람이 주장할 권리는 못 된다.

지난 과거의 불법에 대해서는 어느 시점을 기준으로 정리하고 허가 관청과 건설회사 금융기관과 사법당국까지 새로운 법이 확정된 뒤에는 추후의 불법과 편법이 용납되어서는 안 될 것이다.

OECD 국가들의 사회주택 평균비율이 8%에 달하고 한국은 2025년까지 공공임대주택 재고율이 10%에 달한다고 한다.
대기업과 개인 자산가와 국가의 저렴하고 살기에 편한 공공임대 사회주택의 건설을 늘려 부동산 투기와 사기꾼들이 발붙일 곳이 없게 만들고 서민들의 안정된 주거환경을 만들어야 한다.

부동산 중개법도 개정하고 정비하여 터무니없는 중개비나 수수료를 받지 못하게 해야 한다.

아파트 가격 상승요인의 주범은 부동산 중개업자들이다. 중개료를 많이 받기 위해 시세보다 높은 가격으로 내놓고 매매와 전세임대가 체결되자 점점 더 터무니없는 가격으로 올린 것이다.

손해 볼 것이 없는 집주인들이야 가만히 앉아 많은 이익을 얻는데 싫어할 일이 없는 일이다. 그러다가 기획부동산이라는 사기꾼들이 우후죽순처럼 생기고 턱도 없이 비싼 값에 팔리는 아파트값에 개인 이기주의에서 집단이기주의로 바뀌어 아파트 단지 전체의 값을 올리는 불법이 자행된 것이다.

거기다가 정부의 부동산과 금융정책이 시행했다 폐기했다를 번복하며 또 전국적인 규제가 아닌 부분적인 지역 규제정책으로 온 나라의 아파트값을 올려놓은 것이다.

한 개인에게 한 채의 주택에 대한 주택대출을 허용해야 하는데 미분양 된 아파트와 허름한 빌라를 해결하기 위해 자본 없는 거지 임대인들에게 무제한적 주택담보 금융정책으로 깡통전세가 되어 가난한 임차인들을 두 번 울리고 있다.

사기꾼 임대인들은 은행과 임차인들의 돈으로 고급 외제 승용차에 호의호식하며 방탕하고 해외로 빼돌리고 도피하는 일까지 일어나고 있다.

매매자와 매수자, 임대인과 임차인이 법에 정한 0.3%의 중개료(수수료)를 1/2씩 나누어 내도록 하거나 매매자에게만 받도록 확정하여 약자(가난한 자)를 보호하도록 법을 제정해야 한다.

전세와 월세의 경우 건당 얼마의 중개료를 정하여 쌍방에서 1/2씩 부담하도록 해야 한다.

◆ 노동과 경제 정의

일하기 싫거든 먹지도 말라!

노동은 삶의 활력소가 되어야 한다. 먹고 살기 위해 억지로 하거나 죽지 못해 하는 일은 신선한 노동이 아니라, 고역이 된다. 땀 흘리는 노동은 생산을 위한 보람으로 보상된다. 봄에 씨앗을 뿌리는 농부에게는 가을의 풍성한 열매를 향한 소원이 담겨 있다.

오늘날뿐 아니라, 2천여 년 전에도, 탕자의 비유에서 알 수 있듯이 놀고먹기를 즐기고 일하기 싫어하는 사람이 있었는가 보다. 성경은 사람이 놀고먹을 권리가 없다고 말한다. 게으른 자는 개미에게 가서 일하는 모습을 보고 배우라고 명한다. 일하기 싫은 사람은 먹지도 말라고 한다. 이마에서 땀이 흘러야 먹을 것을 얻을 수 있다고 말한다.

그러나 오늘날에는 일하고 싶어도 일을 시켜주는 사람이 없고 일자리가 없어 빈둥거리며 한숨을 쉬며 굶주리는 사람들도 많이 있다.

인간의 소외는 2천 년 전이나 오늘날이나 매한가지인 것 같다. 특히 자본주의 세계에서는 능력과 경제적 격차에 따라 소외감은 더 깊어만 간다.

오늘날 지식과 정보의 시대에서는 지식과 기술, 새로운 정보의 빠른 습득과 활용에 따라 사업의 성공 여부가 좌우된다. 그래서 지식과 기술과 기능을 가진 고급인력이 대우를 받고 노동의 대가가 높아진다. 5% 이내의 고액 연봉자들과 40%에 달하는 저임 노동자들의 임금 격차는 삶의 질, 생활의 격차로 직결된다.

육체적인 노동으로 땀 흘리는 것으로 하면 40%의 저임 노동자들은 땀을 흘리고 5% 이내의 사람들은 최고급 사무실에 앉아서 결재나 하고 20-30%의 사람들은 시원한 사무실에 앉아서 사무를 본다.

상위 5-20%의 사람들은 재산도 많고, 시간도 많고, 보너스도 많아 좋은 집에서 가족과 함께 호의호식하며 자식들도 배우고, 하고 싶은 것을 다 하며 살지만, 최소한 15-20%의 사람들은 추위에 항상 집 걱정하며 자식들은 제대로 가르치지 못하고 당장 입에 풀칠할 일용할 양식조차 부족해 전전긍긍하는 삶을 살아가고 있다.

분명하게 말하지만 노동자들의 파업과 쟁의는 정당한 권리이지만 불법파업이나 폭력이 아닌 평화롭고 정당한 권리행사일 때 정의에 해당한다.

불법과 폭력을 동반한 파업이나 쟁의는 사회와 국민의 삶에 불편을 주는 불법한 불의에 지나지 않는다.

나사렛 예수가 꿈꾸는 하늘나라의 경제관은 품꾼의 능력이나 기술, 지식이나 건장함과 오랜 시간의 노동에 달려 있지 않다.
노동은 먹고사는 일용할 양식과 관계한다.

머리가 좋은 천재이든, 과학자와 의사, 수완 좋은 사업가이든, 머리도 나쁘고 기술과 능력도 없고 힘도 없는, 노약자나 장애인이든지 간에 또 그가 무슨 일을 얼마만큼 하는가의 성과에 상관없이 그가 먹어야 하고, 그가 먹여 살려야 할 식구들의 일용할 양식에는 차이가 없어야 한다는 이야기다.

포도원 일꾼들의 상황은 하늘나라를 원하는 그리스도인들의 한결같은 꿈이어야만 한다. 아니 꿈꾸는 것으로 끝나서는 희망이 없다. 부정과 부패, 세상 부조리와 싸워서 이기고 변화시켜야 한다. 선을 행하며 욕을 먹고, 고난을 당해도 낙심치 말고 선으로 악을 이겨야 한다.

약속을 지키지 아니하는 것이 악이요, 사정과 형편을 평등하게 고려하지 아니하는 것이 악이지, 선한 마음으로 선을 행하는 것이 결코 욕먹을 일이나 악이 되지 아니한다.

어차피 앞으로는 천재와 대기업들이 국민과 나라를 먹여 살려야 한다.

과학이 발달할수록 일자리는 점점 더 줄어들 것이고 돈을 많이 버는 사람은 더 많이 벌고 가난한 사람은 점점 더 소득이 적어 가난해질 수밖에 없다.

가난은 나라님도 못 다스린다는 옛말이 있듯이 경제적 혼란과 어려움을 국가가 전적으로 책임질 수 없다. 물론 완성된 공산주의 국가라면 다르지만 말이다. 최소한 국민과 인류의 빈곤과 불평등과 의식주 문제만큼은 국가와 종교와 천재와 기업들이 힘을 합해 선한 제도의 실천으로 극복해 나가야 할 과제다.

국가와 법이 천재와 기업을 더 잘할 수 있도록 뒷받침하고 백성들이 감사하게 생각하고 칭찬하며 평화로운 공존을 모색해야 한다.
세계의 모든 나라와 인류가 마찬가지다. 자본가와 굴지의 기업들이 자본과 기술을 자신과 자기 나라만의 부가 아닌 전 인류의 평화와 행복을 위해 쓰이도록 경제 정의가 세워지도록 중용으로 나아 와야 한다.

예수 안에서 하나님의 아들딸, 인자 사랑하는 사람들이 되어야 한다.

법과
정의

법은 정의와 같은 말이다. 법은 독일어로 Recht요 정의도 Recht 요 Gerechtigkeit다. 라틴어로 Justitia요 영어로 Justic이다.

정의는 법이다. 즉 법은 사회정의를 실현하기 위해 존재하는 도구 다. 정의는 도덕적으로 옳다. 올바르다는 뜻으로 법은 도덕적으로 삐 뚤어지거나 잘못되는 것을 예방하는 백신과 같은 것이다.

소크라테스의 제자인 플라톤의 제자 아리스토텔레스의 정의론은 곧 법의 정의론이다.

1 개인 상호 간의 거래에 손해와 배상의 문제와 범죄와 형벌에는 차별 없이 평등한 균형을 맞춰야 한다는 평균적 정의다.
2 사회, 공동체의 일원으로 개인이 사회에 져야 할 책임과 의무의 평균에 관한 정의다.

3 개인의 능력과 공적에 따라 사회가 보답(보상)해야 하는 평균한 분배에 관한 정의다.

법은 사회질서의 유지와 공동체의 안녕을 위해 강제적으로라도 지키게 해야 한다. 법의 정신 즉 이념은 정의롭게(올바르게) 하는 데 있고 사회정의를 구현하는 데 있다.

◆ 법은 정의를 세우는 잣대

법은 옳은 자를 위하여 있는 것이 아니다. 불법을 행하는 자와 법에 복종하지 않는 자를 위하여 있다.

사형이나 형량이 많은 중형이라고 해서 그 법이 악법이 아니다.
한사람이나 여러 사람을 이유도 없이 죽인 살인자는 흉악범이다. 어린이나 미성년자, 여성들을 성폭행한 자들도 흉악범이다.

사형을 받아 마땅하다. 마약이나 음주운전으로 사고를 내어 사람을 죽인 것도 살인죄에 해당하는 흉악범이다. 사형과 중형으로 다스려야 마땅하다.

소크라테스가 자신을 사형시키는 아테네의 법이 잘못된 악법이 아니냐? 왜 악법에 항거하거나 도망치지 않고 억울하게 죽느냐고 하면서 도주를 재촉하는 제자에게 "악법도 법이다."라고 말하며 죽어갔다고 한다.

나사렛 예수도 십자가에 달려 죽을 만한 죄가 없었고, 심판장인 빌라도도 사형시킬 만한 죄를 찾지 못했지만, 민심을 두려워하여 의인을 십자가에 못 박게 내주었다.

두 사람 모두 불의에, 악법에 항거하지 않고 바보처럼 죽어간 모자란 사람들 같다. 하지만 그 두 사람은 인류 역사에 가장 큰 영향을 준 사람들이요, 인류가 존재하는 한 앞으로도 계속 영향을 끼칠 것이다. 그들은 죽음으로 자신들이 사랑한 진리와 삶을 증언했기 때문이다.

법을 상징하는 디케의 여신은 한 손에는 저울을 다른 한 손에는 칼을 들고 있으며, 두 눈은 앞을 못 보게 두건으로 가리고 있다. 저울의 추는 어느 한쪽으로 기울어서는 안 된다.

법 앞에서 만인이 공평하고 평등함을 선포하는 것이다. 칼은 어떠한 망설임도 없이 단호한 법 집행, 형 집행을 의미한다.
두 눈을 가린 것은 핏줄이나 인연으로 인해 팔이 안으로 굽지 못하게 하려고, 부정으로 쌓는 부와 백 줄에 의한 출세를 노려, 뇌물이나 백 줄에 동요되지 않아야 함을 의미한다.

법을 집행하는 검사와 판사는 약자와 피해자를 위하여 억울함이 없는 공평무사하고 공명정대한 조사와 판단으로 집행해야 한다.

많은 사람이 사형 제도를 반대하고 중형을 악법이라고 주장하며 폐지를 외치고 있다. 법은 잘 지키고 옳게, 사람답게 사는 사람에게는 있으나 마나다. 법이 없어도 아무 상관이 없다.

법이 없어도 바르게, 올바르게 산다. 법은 법을 지키지 아니하고 불법을 저지르는 사람을 강제로 통제하기 위해서 있는 것이다.

사형을 당하지 않거나 중한 형벌을 받지 않으려면 법을 잘 지키고 죄를 짓지 않으면 된다. 법이 죄를 짓게 하거나 죄인을 만드는 것이 아니라 법을 지키지 않고 자신의 악한 소원을 이루기 위해 악행을 저지르기 때문에 죄를 짓고 죄인이 되는 것이다.

법의 정신은 올바름을 위한 것이다. 개인과 이웃, 사회와 정치, 단체와 국가의 관계를 공평하고 정(正)하게, 바르고 옳게 세우기 위한 것이다.

자연과 동물의 세계에는 법이 필요 없다. 자연 식물 세계는 기후 변화에 적응하며 살아남으면 되고, 동물의 세계는 약육강식의 법에 따라 개체 수를 보존하며 생존하면 된다.

문제는 인간이다. 사람은 유아독존의 홀로 살기는 허락되지 않았다. 사람의 생은 태어나면서부터 관계의 삶이다.
사랑의 관계 속에 태어나 사랑의 믿음 속에서 살아가는 것이 인간의 삶이다.

그런데 어느 순간 사랑이 변질되고 탈선이 생겨, 사랑의 약속에 배

신이 일어나 믿음이 깨어졌다. 그래서 그 믿음을, 사랑의 관계를 다시 바르게 세우고 유지 시키기 위해 법이 필요하게 된 것이다.

인간의 관계, 곧 사회가 있으므로 법이 필요한 것이다. 사람과 사람 사이 인간의 관계에 사회의 질서유지와 정의의 실현을 위해 법이 있는 것이다.

이웃의 아내를 범한 자는 반드시 죽여라!
공공의, 나라의 재산을 착복한 자는 반드시 죽여라!
뇌물을 받고 억울한 죄를 뒤집어씌우거나 그릇되게 판결하는 자는 반드시 죽여라!

성폭행하고 강도 살인한 자는 반드시 죽여라!
마약하고 음주운전으로 사람을 죽인 자는 반드시 죽여라!
거짓 증언하고 사기 치는 자는 반드시 죽여라!

이러한 사형법은 결코 악법이 아니다.

신, 하나님은 너는 그러한 자를 내 제단에서라도 잡아내려 죽여라! 하고 명했으니, 범죄자에게 성역은 없다.

범죄한 국회의원이 불체포특권이라니 말도 안 된다. 지나가는 개가 웃을 일이 아닌가?

불체포특권은 국회의원뿐 아니라 모든 국민이 정당한 법의 집행이
아닌 불법한 체포를 당하지 않을 권리를 말한다.

**법은 사람을 가르쳐 죽을죄를 짓지 않도록 미리 예방하며 살리는 데
목적이 있다. 그러나 마땅히 죽을 자를 살려두어서는 결단코 아니 된다.**

법의 실효성은 공명정대하고 단호한 100%의 형 집행만이 법의 정
신인 질서유지와 사회정의를 실현할 수 있다. 법이 제대로 집행되지
않는다면 법의 정신은 물론 법의 존재 자체가 무의미하게 되고 실효
성은 0이 된다.

악한 일과 악인들에 대한 징벌이 속히 실행되지 아니하므로 인간
들이 악한 일을 행하는 데 마음이 더욱 담대해진다. 법의 실효성을
위해서는 무엇보다 법의 집행이 강력하고 재빠르게 이루어져야 한다.

**만약 물이 그 본성을 잊어버리고 불을 끄지 아니하며 불꽃이 마땅히
타 죽어야 할 짐승(죄인)의 살을 태우지 아니하면 이 세상이 어찌 되겠
는가?**

미성년자들의 강력범죄에 대해 처벌의 수위를 놓고 말이 많다. 형
벌의 중함은 성년과 미성년자의 구별이 없어야 한다.
오히려 어려서 **'안 돼?'**를 배우지 못하면, 단호하게 옳고 그름을, 해

서는 안 되는 것을 가르치지 않으면 바늘 도둑이 소도둑이 되고 만다.

사형법을 폐지해야 한다는 의견이 많다. 사람의 목숨을 사람이 법으로 판단하여 생명을 죽이는 것은 인권 말살이라는 것이다.

그렇다면 멀쩡한 사람을 자신의 필요와 이익을 위해 돈을 빼앗고, 성폭행을 하고 반항하면 칼로 총으로 목 졸라 죽이는 것은 인권 말살이 아닌가?

아무 죄 없이 억울한 죽임을 당한 사람은 행복하게 살 권리와 생존권이나 인권이 없는가? 사랑하는 사람을 잃은 가족들의 슬픔과 불행은 또 어찌할 것인가?

마찬가지로 **술에 취해 음주운전으로 다른 사람이 죽으면 술 때문이니까, 고의적이 아니니까 감옥에 가두면 안 되는가? 칼이나 총으로 흉기로 죽인 것만 살인인가? 강도 살인이나 성폭행 살인이나 음주운전 살인이나 똑같은 살인이다.**

술을 마시고 운전하면 사고가 나는 것은 당연하고 사고가 나면 죽고 다치는 것은 기정사실이다. 그럼에도 불구하고 음주운전을 한 것은 악질적인 고의다. 죽음은 죽음으로 상해와 횡령과 사기는 10배의 배상과 감옥생활로 무겁게 다스려야 마땅하다.

사람을 죽인 자의 인권이라니, 그래서 사형 제도를 폐기처분을 해야 한다고요? 그런데 낙태방지법을 폐기해야 한다는 요구는 또 무엇인가?

이미 생명으로 잉태된 뱃속의 생명, 아기를 제 마음대로 없애도 되고, 수술할 수 있도록 합법화하라는 요구에 국회에서 법을 개정하려 한다. 햇빛을 보지 않은 생명에게 인권을 요구하는 것은 무리일 수 있다. 그러나 이미 현행법에 낙태할 수 있는 조건이 제정되어 있다. 그것으로 충분하다고 생각한다.

음주운전으로 사람을 죽인 자는 사형으로 다스리는 것이 더 타당하다. 그리되면 교통사고와 사망사고도 줄어들지 않겠는가?

국회의원들에 대해 말하지 않을 수 없다. 민주주의 국가에서 국민 전체가 한자리에 모여 나라의 일을 결정하고 법을 만들고 집행할 수 없으니까 대표로 머슴을 뽑아 국민의 세금으로 세비를 주어 일을 시키는 것이 국회의원이다.

그런데 국민을 위해 법을 만들고 필요할 때마다 개정하고 되도록 빨리 국민들의 불편이 해소되고 예산이 집행되도록 해야 하는 국회가 국민의 세금으로 외국 여행이나 다니고, 당장 필요한 민생법안과 자신들에게 이익이 되지 않는 국회법 개정은 나 몰라라 하는 국회의원들이다.

그리고 자신은 공부하지 않고 일하지 아니하고 놀고먹으며 비서가 한 명이면 되지 일하라고 뽑아놓은 국민의 머슴이 벼슬이라도 한 듯 무슨 놈의 여러 명의 비서와 보좌관이 필요한가? 골치 아픈 지역구에는 자신들의 이익이 되고 필요할 때만 얼굴을 내비치며 선거 시에만 굽신거리고 주민들의 안녕에는 무관심하다.

정치가 올바로 되도록 부정부패를 감시하고 관리하라고 세워놨더니 자신의 출세에만 급급하고 당권과 패권에만 눈이 어둡고 수단과 방법을 가리지 않고 더러운 이익을 위해 거미줄처럼 손을 뻗어 부정부패를 앞장서 일삼고 있으니 누구 하나 장관이나 국가기관의 장을 시키려면 청문회에 걸리지 않는 사람이 하나도 없다.

정치인과 법을 집행하는 검찰과 법원과 공무원과 경찰은 권력기관이 아니요. 권력을 마음대로 휘두르는 사람이 아니라 사회질서를 바르게 지켜 국가와 국민의 안녕과 편안한 삶을 유지하게 하는 일꾼들이다. 개인과 파당의 이익을 위해 직위와 직권을 남용하면 안 된다. 끼리끼리 팔이 안으로 굽으면 안 된다.

법은 정의를 세우고 이루기 위한 것이기 때문에 더욱 법은 정의롭게 행사되어야 한다. 유전 무죄 무전 유죄라는 유행어가 구시대의 옛말이 되어야 한다.

악하고 불법을 저지른 정치인들과 종교인들의 백성과 양 떼를 돌보지 아니하고 자신들의 배만 불리는 악행을 결코 용서하면 안 된다.

법에는 사회의 최초 구성인 가정의 훈계와 학교의 교칙과 회사와 종교단체의 법, 국가기관과 국가의 헌법과 시행법률, 국가와 국가 사이의 관계를 위한 국제법과 국제연합법 등이 있다.

법의 종류를 몇 가지로 분류해 살펴보면

국가의 법은 헌법과 명령, 규칙 등 나라를 통치하는 수단으로 사회 정의를 실현하고 사회질서 유지를 위한 것이다.

자연법은 마음에 새겨진 양심의 법이다. 순리에 따르는 것으로 법이 있든 없든 악을 멀리하고 선을 행해야 한다.

도덕과 관습법은 권선징악으로 진리를 깨달은 선각자와 종교지도 자, 민족공동체 지도자들의 가르침과 말이 공동체의 교육과 삶의 근본이 되는 윤리와 도덕으로 자리 잡게 되었다.

사랑의 법은 백성을 사랑하는 자와 하나님의 뜻대로 부르심을 받은 자에게는 사랑으로 하는 모든 행실이 선을 이루게 된다.

하나님의 영, 곧 사랑이 우리 안(속)에 충만할 때 선한 양심을 가진 사랑하는 사람, 인간이 되는 것이다.

하나님의 말씀을 받은 자, 하나님의 사랑을 행하는 사람은 신이라 했으니 사랑하는 사람은 신이요, 하나님의 아들딸이다.

의의 법은 사람의 의는 율법의 행위에 있지 아니하고, 사랑을 믿고 행하는 믿음으로 의롭다 함을 얻는 의다.

사람이 이웃으로 더불어 서로 사랑해야 함은 하나님께서 먼저 우리를 사랑하셨기 때문이다. 하나님이 이처럼 우리를 사랑하셨으니 우리도 서로 사랑함이 마땅하다.

사랑은 의인이 되기 위해 사람이 마땅히 지켜야 할 의의 법이다.

법은 하나님이 약속으로 주신 하나님의 사랑, 은혜다. 이 법을 사랑으로 지키며 살면 은혜가 되지만, 지키지 않거나 사랑으로 하지 아니하는 무늬만 사랑인 가짜행위는 책망과 저주를 받게 됨은 물론 세상 법의 철퇴를 받아 마땅하다.

국제법은 유엔(UN)이라는 국제 연합기구가 만들어져 세계와 인류의 평화와 공존번영을 꿈꾸며 민족자결주의의 원칙에 따라 각 국가 간의 이익충돌과 영토의 분쟁을 조절하고 서로 도우며 회의를 통해 해결해 나가고 있다.

그러나 처음 이 기구를 만드는 과정에서 당시 강대국들이 안전보장 이사회의 상임이사국을 차지하고 만장일치의 의결 원칙과 동시에 거부권이라는 뜨거운 감자를 만들고 말았다.

아무리 긴급하고 꼭 필요한 일이라도 냉전 시대는 물론 지금 현재에도 상임이사국 한 나라의 정치적, 경제적인 손익을 이유로 거부권을 행사함으로 인해 실행할 수 없는 처지에 놓여 있다.

유엔 산하 다른 기구들도 경제적으로 유엔 부담금을 많이 내는 국가의 독무대가 되는 경우가 대부분이다.

한마디로 시작부터 차별하고 정의가 아니라 힘의 원리 동물 세계의 약육강식이라는 법칙으로 삐딱하게 시작된 기구다.

유엔은 하루빨리 상임이사국의 거부권제도를 없애고 중요한 사안은 총회의 의결로 결정하고 비상시에는 확대된 안전보장 회의에서 결정하여 실행하면 좋을 것이다.

◆ 법과 자유

자유는 무제한이거나 무한정이 아니다. 양심의 자유는 선한 소원을 꿈꾸며 실천하는 것으로 고난당하는 사람과 함께하는 것이요, 이웃(타인)을 위해 자신이 가진 것을 내놓고 필요한 때는 자신의 하나밖에 없는 목숨이라도 아끼지 않는 것이 진정한 자유의지의 선택이요 자유를 선용하는 것인 동시에 자유를 소유하고 누리는 것(사람)이다.

불법을 행하는 자들은 악한 소원을 꿈꾸며 실행하는 것으로 다른 사람의 고난과 고통을 유발한다.

이웃(타인)의 고난과 고통을 이용하여 자기 이익을 꾀하고 필요한 때는 이웃의 것을 탐하여 빼앗고 상처를 입히며 죽이는 양심에 화인 맞은 자들로 자유의지나 때로는 돈에 매수되어 악을 선택하고 자유를 이용하여 악한 소원을 이루므로 죄인이 되고 형벌을 받게 되는 것이다.

집회와 결사의 자유가 헌법에 보장된 국민의 기본권이라는 주장은 맞는 말이요 누구나 다 아는 사실이다.

같은 헌법에 국가와 국민의 안전과 생명에 위협이 될 때는 국가가 개인과 단체의 집회와 결사의 자유를 제한할 수 있다고 명시되어 있다. 거창하게는 비상사태와 계엄령이지만 한국의 경우 독재상황에서 자신들의 불법을 감추고 합리화하려는 불법적인 국민 통제였다.

평화 시에도 필요할 때 정부의 행정법이나 긴급한 경우 행정명령으로 개인과 단체의 집회와 결사를 제한할 수 있는 것이다. 이러한 행정명령을 어기는 행위는 권리인 자유의 행사가 아니라 불법이다. 국가의 공권력의 행사는 불법을 행하는 자들로부터 국민의 생명과 안전을 지키려는 정당한 정치행위다.

더러운 정권 유지를 위해 선거를 앞두고 국민의 표를 의식하여 불합리한 시민의 자유를 제한하지 않거나 방임하는 것은 국민을 무시하는 행동이다. 시민의식이 없는 우중취급을 하는 것이다.

코로나 19 팬데믹 상황에서 세계 각국의 대응을 살펴보면 그 나라 국민들의 의식 수준을 알 수 있다.

미국의 경우 자유를 제한하지 않고 방역을 서두르지 않은 관계로 죽지 않아도 될 수많은 사람이 죽어갔다. 근래 세계 5대 전쟁에 참여하여 죽은 미군의 사망자 수보다 많은 25만 명이 넘는 사람들이 비극적으로 죽어갔다.

황금만능의 자본주의 국가인 미국에서는 평시에도 죽을병에 걸려도 돈이 없으면 자리 보존하고 죽어가야 하는 의료시스템이 자리하고 있다. 그것이 없는 자의 자유라면 자유다. 잘못하면 연말까지 사망자 수가 40만 명이 넘을 수도 있다고 한다.

전임자가 힘들게 개혁해 놓은 법안도 무시하고 무력화시키는 상태다. 대통령의 3-4일 입원치료비가 1억이면 모든 국민, 시민이 다 함께 누리는 평등한 자유가 아니라. 가진 자, 있는 자들만이 누릴 수 있는 자유다.

인구 25-40만 명이면 어지간한 중소도시 하나가 전멸하여 사라진 것이다. 그런 중에도 신탁을 빙자해 종교의 자유를 주장하며 예배를 강행하는 목사를 현장에서 체포하여 감옥에 보낸 것은 기이한 일이다.

허깨비 십자가가 아닌 정부의 몽둥이가 그리스도교 교인들의 생명과 안전을 지켜 구원하는 구세주 역할을 한 것이다.

자유에의 열망으로 가득 찬 유럽 국가들을 보라! 세계에서 가장 시민의식이 뛰어난 사람들이라고 자처하는 사람들이 국가에 집회와 결사, 축제행사를 제한하는 법이 있고 행정명령을 내려도 지키지 않는다. 심지어 코로나 19도 매년 유행하는 다른 바이러스 독감들처럼 유행하게 자유를 줘야 한다는 의론까지 분분하다.

물론 백신접종이 90% 이상 완료되면 항체와 면역력이 생겨 코로나 19 바이러스도 일반 독감처럼 1년에 한 번 예방주사를 맞으면 될 것이다. 미국은 많은 사람이 독감 예방접종을 하지 않으므로 일반 독감으로 1년에 20만 명 이상 사망한다.

1차 응급상황을 겪었음에도 정신을 못 차리고 마음껏 여행하고 모여서 춤추며 먹고 마신 결과 1차 유행 때보다 더 위험한 상황에 빠져버렸다.

이제는 너무 늦어 자유를 얻은 코로나 19가 국민의 삶 전역에 침투하여 자유를 만끽하며 국가 경제와 경제적 삶을 무너뜨리고 생명을 위협하고 있으며 정부 당국이 어떻게 손을 쓸 수 없는 상황으로 치닫고 있다.

한국은 정부 당국의 적절한 초기대응으로 잘 막는가 싶더니 신천지라고 하는 사교 집단의 집단감염으로 걷잡을 수 없는 상황이 되었지만 정부 당국의 신속한 대처와 방역 당국과 의료진의 헌신적인 예방과 치료로 유럽이나 미국같이 많은 사망자를 내지 않고 안정을 찾아가고 있었다.

와중에 정부 당국의 집회 금지 행정명령을 무시하고 돈밖에 모르는 신천지보다 더 비열한 사교 집단과 정신 나간 야당 정치인들의 야합으로 8.15 광복절 집회를 강행하므로 전국적으로 확산되어 수많은 확진자가 나오며 사망자가 배로 급증하였다.

제2차 응급상황을 맞아 불법을 행하는 것이 바이러스에게 자유를 허용하는 결과와 같다는 결론을 얻게 된 것이다.

계속되는 추석과 한글날 연휴에 불법 집회를 강력하게 대비한 정부의 노력으로 환자 발생이 줄어들고 확산의 기세가 꺾여가고 있으니 다행이다.

종교는 국민과 시민의 생명과 안전과 삶의 행복을 위해 존재하는 신앙단체다.

돈에 미쳐 정부의 행정명령을 무시하고 불법 집회와 예배를 강행하는 것은 저 말 못 하는 돌부처에게 절하는 것만도 못한 어리석은 미신이다. 한마디로 미치광이의 발광에 지나지 않는다.

어리석은 이만희 사기조직의 마술에 걸려 있던 신천지가 어이없게도 바이러스의 공격에 의해 그 정체가 세상에 폭로되어 급격하게 무너져 내리며 사교가 얼마나 해로운 해충과 같은 존재인 것을 알게 되어 다행이다.

그런데 또 전광훈 같은 미치광이에게 속아 구원의 미련을 갖다니 참으로 한심하기 짝이 없다.
그런 인간말종과 함께 부화뇌동하는 개만도 못한 국회의원들과 정치인들을 하루빨리 한국의 정치무대에서 퇴출시켜야 한다.

국가의 헌법과 법은 개인적 감정에 의해 지켜지는 것이 아니라 사회적 계약의 강제성과 국가 공권력의 다스림 곧 강제적 제한에 의해 행동의 제약을 받는다. 법은 국가와 사회질서를 유지하는 정치의 도구이기 때문이다.

　법은 잘 지키는 선량한 사람의 자유를 억압하기 위해 존재하는 것이 아니라 불법을 행하는 자들의 행동을 제한하고 처벌하기 위해 존재하는 것이다.

◆ 탄소 중립의 친환경 정책에 대하여

　지구의 환경과 기후 변화로 인한 생태계 파괴의 원인은 크게 두 가지로 나누어 볼 수 있다.
　하나는 태양 흑점의 계속되는 폭발로 인해 강력한 태양풍의 영향이고, 둘은 인류가 발생시켜 배출하는 온실가스 때문에 태양의 빛과 열을 방어해 주는 대기권의 오존이 파괴되어 우주에 유일한 생명체가 사는 지구의 환경은 극도로 악화되어 가고 있다.

　오존이 파괴되므로 강렬한 태양열이 지구표면 온도를 높여 극지방을 비롯한 고산지대의 빙하를 녹여서 해수면이 상승하여 이대로 가면 2050년대에는 약 9%의 해안이 사라진다고 한다.
　강력한 자외선은 피부질환과 눈에 암을 발생시킨다.

　온실가스 중 이산화탄소는 해양에 녹아들어 바닷속을 산성화시키고 해양 생물들에게 과 탄산 혈증을 유발한다고 한다.

한국 기초과학연구원의 기후 물리연구단의 연구로 기후위성이 찍은 사진을 슈퍼컴퓨터가 열대저기압에 대한 변화분석에 의하면 지구 온난화로 대기 중에 이산화탄소 농도가 2배 증가하면 열대와 아열대 지역에서 대기상층이 하층보다 빠르게 가열되어 기존의 대규모 상승 기류(해들리 순환)의 순환을 약화시켜 열대저기압의 발생 빈도는 감소하나 대기 중에 수증기와 에너지는 계속 증가하기 때문에 태풍이 발생하면 3급 이상의 대형 태풍이 50% 증가하고 강수량도 35% 이상 많아진다고 한다.

가내수공업이 산업화되며 제품과 에너지를 생산하는 많은 공장들의 높은 굴뚝과 길거리를 달리는 자동차들이 화석연료를 사용하여 내뿜는 검은 연기는 경제성장과 부국의 상징이었다.

그러나 채 150년도 지나기 전에 인류는 편리한 삶의 방편을 얻은 대신 미세먼지의 공격과 계속되는 바이러스의 공격에 속수무책으로 당하고 있다.

20세기에 접어들며 대기권의 오존이 망가져 태양 빛의 강력한 공격에 전 세계의 기후가 온통, 뒤죽박죽되어 가고 남극과 북극과 고산지대의 빙하가 녹으며 해수면이 높아지므로 저지대가 바닷물에 잠기고 많은 수의 인간과 동물들과 자연 생태계가 수몰될 위험에 처해 있다.

그 근본 원인이 인간의 편의를 위한 무제한의 탄소배출임을 알아차린 선진국들은 탄소배출을 줄이기 위해 세계 기후협약기구를 만들어 모든 제품의 생산과 생산과정의 에너지 생산에 이르기까지 탄소배출 유무를 따져 무역 거래에 탄소세(국경)를 부여하는 방향으로 나아가고 있다.

세계 OECD 국가 중 탄소배출 원흉 5위의 불명예를 안고 있는 대한민국은 다급해지고 있다. 유럽 국가들은 앞을 다투어 2050년까지 탄소 중립에서 탄소 제로(0)를 목표로 내세우고 다른 나라들의 참여를 재촉하고 있기 때문이다.

제품을 팔아서 먹고사는 나라로서는 탄소세(국경)를 물게 되면 그만큼 수익이 줄어들고 잘못하면 적자가 되기 때문이다.
물론 빠른 결단과 실천이 중요하다.

시민의 촛불 탄핵 이후 세워진 민주당 정권은 이명박으로부터 계획 허가되어 진행 중에 있는 사업과 불필요하고 무리한 사업완공으로 너무도 많은 어려움에 처해 있다.

세계에서 가장 안전한 한국형 경수로 개발과 건설로 세계의 인정을 받고 여러 나라에 수출하고 있는 시점에서 문재인 대통령의 원자력 발전의 탈피 공약은 조금 이른 감이 있지만, 무엇보다 전기 에너지 생산의 40% 이상을 차지하고 미세먼지 발생의 80%를 차지하는 화력(석탄, 석유, 가스) 발전소가 더 문제다.

물론 2035년까지 석탄 화력발전소의 34%를 폐기한다고 하지만

2012년부터 2021년 완공을 목표로 동해안 삼척과 강릉에 새로 건설 중에 있는 세 곳의 대기업이 짓고 있는 석탄 화력발전소는 어찌할 것인가?

2050년까지 현존하는 화력 발전소의 폐기도 어려운 상황에서 새로운 석탄발전소 건설이라니 말이 되는 소리인가?

10% 이내 공정이 진행된 사업을 취소한다는 정책을 미리 발표하므로 아직 조사에 착수도 하지 못한 상황에서 약삭빠른 매국기업들이 지지부진하던 사업을 강행하여 2개월 만에 23-29%의 공정으로 치달린 것이다.

새로운 정책을 실현하기 위해서는 잘못된 구정권의 허가 된 사업일지라도 철저하게 검증하여 단호한 결단으로 사업 중지와 취소를 해야 하는데 제때에 하지 못한 탓이다.

국가의 미래와 국민의 이익을 중요시하지 않고 자신들의 배만 불리려는 대기업들의 만행에 뒤통수를 맞는 우를 범한 것이다.

개인 사업이 아니고 국민의 세금으로 하는 국책 사업인 만큼 계약이 잘못되었으면 지금이라도 국가와 국민의 이름으로 파기하고 현재 진행된 과정에 대한 책임을 묻고 다른 방면(핵융합발전)으로 사용 가능성을 찾아보고 불가능하다면 폭파해서 없애버리는 것이 더 옳은 방법이고 유리하지 않겠는가?

완공을 해도 가동할 수 없고, 가동하여 생산해도 더이상 송전탑을 세울 수 없어 어디에 어떻게 써먹을 수 없는 애초에 시작도 계획도 없었어야 할 석탄발전소, 사업을 중단해도, 완공되어 발전을 안 해도 전기세를 물어주어야 한다는 정신 나간 소리다.

이런 정신 나간 물건들이 뒷전으로 정치자금을 받아먹고 허가를 내주고 뒤로 빼돌려 제 주머니에 넣은 개만도 못한 인간들을 철저히 밝혀내어 법의 심판대 앞에 세우고 토해내게 만들고 뒷거래한 대기업의 책임자들도 모조리 법정에서 감옥으로 보내야 할 것이다.

저자의 조금은 과격한 의견이지만 온 국민이 듣고 알고 두 주먹을 불끈 쥐고 답답하여 가슴을 치며 통탄할 일이 아닌가?

다행히도 대덕단지에 있는 KSTAR에서 자기장을 이용해 1억 도가 넘는 플라스마를 공중에 띄워 보관하는 초전도 핵융합로를 세계 최초로 성공하여 핵융합발전의 선두 주자가 되었다.

태양의 핵 융합폭발은 태양의 표면 온도는 6,000℃이고 태양 중심부의 온도가 1,500만℃이며 압력이 1,000억 기압이다. 온도는 낮지만 높은 기압으로 헬륨 융합폭발이 계속적으로 발생한다.

지구에서 인공 태양발전을 위해서는 1억℃가 넘는 플라스마를 만들어 가두는 핵융합 장치를 만들어 연료인 중수소와 삼중수소 원자핵들을 융합시켜 수소 핵융합반응을 일으켜 태양에너지에 가까운 에너지를 생산할 수 있다.

인공태양 핵융합을 발생시키려면 지구에는 태양과 같은 높은 압력이 없기 때문에 수소 원자를 충돌시키기 위해 원자의 극성을 무력화시키려면 대신 태양의 핵보다 훨씬 높은 1억℃의 높은 초고온이 필요하고 1억℃ 이상의 초고온의 플라스마를 300초 이상 폭발장치 안에 유지해야 24시간 운영이 가능한 것으로 알려져 있다. 한국의 KSTAR 연구진은 2025년까지 300초 달성을 목표로 연구에 박차를 가하고 있다.

한국은 석탄 외에는 석유와 가스가 한 방울도 나오지 않아 외국에서 전량 수입하는 나라로 전체 에너지 소비량의 63%를 차지하고 전력 생산에 53%가 사용된다. 어차피 화석에너지는 앞으로 50-200년이면 완전 고갈될 것으로 보고 있다.

수소 핵융합발전소가 건설되면 공해의 원흉인 석탄, 석유, 가스를 사용하는 화력 발전소와 친환경적이지도 않고 경제적으로 별로 이익이 되지 않고 효용성이 떨어지는 풍력발전과 태양광은 물론 핵폐기물과 방사능 유출의 위험성이 큰 원자력 발전소까지 필요 없게 되고 안전하고 위험성 없는 친환경 무한에너지 시대가 열리게 된다. 2025-2030년에 건설이 완료되면 2050년까지 한국은 100% 탄소 0 배출국가가 될 수 있을 것이다.

문 대통령은 이러한 사실을 내다보고 원자력 발전의 탈피를 공약

했을 것이 틀림없다.

쥐뿔도 모르는(쥐가 뿔이 달리고 네 발로 뛰어다니는지, 쥐구멍을 기어 다니는지도 알지 못하는) 인사들이 원자력 발전의 폐기를 두고 왈가왈부하며 후쿠시마 원전이 폭발을 안 했고, 방사능 유출이 없었다는 헛소리를 지껄이며 선거공약을 남발하고 있다.

여기서 이런 문외한들을 위해 원자력 발전에 관해 간단하게 살펴보는 것이 좋을 것이다.

전 세계 원자력 발전의 원자로는 가압형 경수로(PWR)와 비등형 경수로(BWR) 두 종류인데 70%가 가압형이고 30%가 비등형이다. 한국은 25기 중 초기 외국기술이 건설한 비등형 고리 1호기는 수명이 다하여 정지되었고, 캐나다에서 수입한 캔두형인 월성 1-4를 제외한 20기가 가압형 경수로다. 반면에 일본은 대부분이 비등형 경수로다.

지진이 심한 일본의 원자력 발전소는 리히터 규모 8 정도의 지진에 견딜 수 있도록 건설되었다. 그러나 후쿠시마 원전의 1, 3, 4호기의 격납건물과 2호기의 격납용기가 잇따라 폭발하며 방사능이 유출되었다. 원인은 지진 진동으로, 모든 발전기가 자동으로 정지되며 전원이 차단되었는데 냉각시스템용 비상 발전기도 함께 고장 난 것이다.

긴급히 비상 발전기를 교체하였으나 이미 원자로 내의 냉각시스템에 금이 가 누수가 발생하며 냉각수 부족으로 원자로가 과열되면서 수소가 발생 되어 수소가 원전건물 위쪽에 모이며 압력을 받아 폭발이 일어나며 방사능 유출 사고가 난 것이다.

가압형 경수로(PWR)와 비등형 경수로(BWR)의 차이점은

1 가압형 원자로는 부피 용적이 크고 비등형은 작아 폭발위험이 높다.

2 가압형은 수증기 발생 장치가 원자로 외부에 있어 안전하고, 비등형은 원자로 내부에 있어 상대적으로 위험하다.

3 냉각시스템의 차이가 크다. 가압형은 1차 보호장치로, 사고로 전원이 차단되어도 디젤 비상 발전기가 호기당 2대가 있고, 신형 한국형은 2차적으로 ACC 비상 발전기가 또 하나 설치되어 있어 안전하다. 비등형은 비상 발전기가 하나뿐이다.

4 가압형은 수소 제거장치가 설치되어 있어 안전하다. 비등형은 수소 제거장치가 없다.

한국형 스마트 소형원자로는 100mW 전기 출력에 열량 330mW 발생으로 인구 10만 명의 도시를 지원할 수 있다. 식수 등 물이 부족한 섬이나 사막이 많은 나라에서는 해수 담수용으로 건설하면 90mW 전력에 330mW의 열량과 4만t의 담수를 얻게 된다.

스마트 원자로는 증기 발생기, 가압기, 원자로 냉각기 펌프가 원자로 압력용기 안에 설치된 일체형으로 안전성이 높고 모듈 형태로 설계 제작되어 현장에서 건설 기간을 단축하고 해수 담수와 지역난방을

동시에 진행할 수 있어 수출에 큰 장점을 갖고 있다.

수소차가 등장했다. 수소는 석유나 천연가스보다 훨씬 안전하다. 화석연료 중 석탄만 생산되고 석유와 천연가스 에너지원을 외국에서 수입에 의존하고 있는 한국으로서는 물을 전기분해하면 얼마든지 얻을 수 있는 수소가 가장 경제적이다.

뒤떨어졌던 수소생산기술도 이제는 선두로 앞서고 있다. 전기차는 무공해 친환경이지만 전기 생산에서 탄소가 발생하고 사용한 배터리의 처리 또한 공해다.

위험과 공해가 없는 수소 핵융합발전으로 전기를 생산하고 폐기가 필요 없고 단시간에 급속 충전되는 영구(반영구)용 배터리를 만든다면 그야말로 금상첨화라 할 것이다. 한국에서 코드 없이 배터리를 충전하는 기술이 이미 개발되었다.

전 세계적으로 앞으로 50-100년 이상 유효한 한국형 경수로 원자력 발전은 연구를 거듭하여 더 안전하고 효율이 높은 에너지 생산으로 수출을 주도하면 경제적으로도 도움이 될 것이다.

가장 큰 문제는 탄소배출 20% 이상을 차지하는 비행기다. 비행기의 연료를 무탄소의 고체연료로 바꾸든지 폭발성이 없는 헬륨가스나 수소엔진으로 바꿔야 할 것이다.

우주개발에서 화성에 쏠려있던 관심이 갑자기 달로 향하고 있다. 1967년 아폴로 우주선이 달 표면에서 채취해 온 흙 속에 헬륨3라는 물질이 포함되어 있었으나 그 용도와 가치를 알지 못하였다.

천연가스에 섞여 나오는 헬륨가스를 포집하여 풍선과 천체관측기구와 초전도 자석에 사용하며 반도체와 MRI 입자가속기 냉각제(헬륨은 발화점이 −268℃로 세상에서 가장 차가운 물체다)로 사용한다.

우주의 70%를 차지하는 수소는 너무 가벼워 홀로 존재하기가 어렵다. 지구상에 수소는 다른 원소와 결합하여 존재하는데 75%가 산소와 결합한 물이다. 헬륨은 원소 중 수소 다음으로 가벼운 기체로 공기보다 무거워 불안정한 수소보다 안전하다. 폭발성이 없어 로켓연료로 사용하는 헬륨가스에 착안하여 연구하다가 헬륨3의 가치를 알게 되었다.

헬륨3와 바닷물에 풍부한 중수소를 핵융합시키면 석유의 1,500만 배에 달하는 에너지를 얻을 수 있다.

태양과 같이 스스로 빛을 내는 항성들은 핵융합반응을 통해 에너지를 발생시킨다. 항성의 중심부는 8천에서 1억℃ 이상의 초고온이면서 고체, 액체, 가스가 아닌 제4의 물질 플라스마 상태다. 이런 상태는 수소와 같은 가벼운 원자핵들이 융합해 수소보다 무거운 헬륨 원자핵으로 바뀌는 핵융합반응이 일어난다.

헬륨3는 태양에서 만들어져 나오는데 달 표면의 산화철과 이산화티타늄이 함유된 티탄 철광석은 구멍이 나 있는 무른 광물로 태양풍에 실려 온 헬륨3가 그 안에 들어가 보존된다.

달에는 계속되는 태양 폭발로 태양풍에 실려 오는 헬륨3가 계속적으로 축적되고 있다. 위성인 달이 태양풍을 막아주는 지구의 방패 역할을 하고 있는 것이다.

석유보다 1,500만 배, 원자력의 5배 더 강력한 에너지를 발생하는 헬륨3와 바닷물에 풍부한 중수소의 핵융합을 위해서 달에 있는 헬륨3가 포함된 원자재 확보에 경쟁이 붙은 것이다. 미국과 중국, 영국과 독일과 프랑스, 일본과 이스라엘 7개국과 우리나라도 달 착륙을 위한 우주선 발사 경쟁에 불이 붙었다.

1t 당 50억 달러 가치를 지닌 헬륨3가 약 100만t 이상 매장되어 있다고 한다. 그러나 연구결과 헬륨3를 지구로 가져오는 데는 비용이 너무 많이 들어 경제성이 없다고 판단하고 있다.

대신 달에 우주인을 보내 달에서 얻는 자원으로 달에서 살 수 있는 정착촌을 2050-2060년까지 건설하겠다는 계획을 세우고 있다고 한다.

100년 안에 실현이 가능할지 의문이나 지구 외에 우주인 혹은 월(달)인으로 살아갈 수 있는 희망이 생긴 것이다. 만약 정착촌이 건설된다고 해도 세상 재벌 중 1%만이 가볼 수 있긴 하겠지만 말이다. 꿈이 실현된다고 해도 지구보다 10배나 열악한 환경에서 사는 것이 과연 행복할까? 는 의문이다.

비행기의 정상고도가 1만 미터로 상공 10km인데 7월 11일 영국의 억만장자인 버진 갤럭틱 리처드 브렌슨(71세) 회장이 상공 88.5km의 높이를 수직 로켓 우주선이 아닌 고도 15km에서 비행 모선이 날려 보내는 비행선을 타고 1시간 비행하며 파란빛이 나는 지구를 3-4분 바라보고 미세무중력을 체험하는 우주시험관광에 성공했다고 한다. 내년부터 우주 관광객을 모집하는데 비용은 1인당 25만 달러(한화 2억8천만 원)라고 한다.

6명의 여행객이 탈 수 있는 우주선에 이미 600여 명이 예약 완료되었다고 한다.

블루 오리진은 7월 20일 지구와 우주의 경계선인 카르만 라인(고도 100km)까지 성공하겠다고 장담하였고, 일론 머스크의 스페이스 X는 9월에 4명의 우주 여행객을 싣고 고도 400km의 우주정거장에 4일 정도 머물다 귀환하는 진짜 우주여행을 준비하고 있다. 비용은 1인당 5-6천만 달러(600-700억 원)인데 이미 4개의 티켓이 판매되었다고 한다.

리튬(^{6}Li) 6를 이용해 인공적인 헬륨3를 발생시키는 방법을 연구 중에 있으나 아직은 문제가 많다. 앞으로 과학이 더 발달되면 헬륨3를 발생시킬 수 있는 기술도 개발될 것이다.

정의가
승리한다는
신기루

우리는 '정의는 반드시 승리한다.'는 이름 아래 길들여지고 바르고 옳게 살면 반드시 잘 사는 날이 올 것이라 믿으며 용기를 내어 살아왔다.

인류의 역사가 시작된 이래 정의가 승리한 적은 한 번도 없다.

우리의 바람처럼 정의가 항상, 그리고 마지막엔 반드시 승리했다면 세상은 어찌 되었을까? 온 세상이 자유와 평등이 넘쳐나고 평화가 가득한 행복한 삶을 누리고 있어야 할 것이다.

물론 때로는 정의가 승리하고 악이 패배하여 굴복한 적이 없는 것은 아니다. 그러나 정의는 승리를 이끌어 낸 소수 무리의 권력에 지나지 않았고 다수 민중의 자유와 평등이 보장된 사회정의는 이뤄지지 않은 채 독재자들의 야망의 도구로 총알받이 방패막이가 되었을 뿐이다.

정치와 종교의 권력과 무력, 힘의 승리였지 결코 모든 백성과 민중들의 삶을 정의롭게 하는 승리도 행복도 아니었다.

어리석은 우중은 속는 줄도 모르고 충성을 다해 목숨을 바쳤고 오늘도 속을 줄을 알면서도 총알받이가 되고 자살폭탄이 되고 있다.

남의 것을 빼앗아 혼자 독차지하고 나(우리)만 잘살겠다는 욕심으로 다른 사람, 다른 민족을 죽이고 전쟁을 일으켜 이기는 것이 정의가 승리하는 것이 아니다.

정의가 승리한다는 것은 신기루에 지나지 않는다. 정의는 사람이 인간 공동체의 삶 속에서 이웃을 내 몸같이 사랑하는 사랑을 서로 나누고 행하므로 이루어지는 의의 열매이기 때문이다.

정의가 세워지지 않으면 불법이 성하고 불법이 판을 치면 사랑이 식어진다. 사랑이 식어지면 정의 대신 불의의 열매가 날름거리는 독사의 혀와 같이 인간의 삶을 위협한다.

정의를 외치는 자는 스스로 사랑을 실천해야 하고 사회정의를 세우기 위해서 마땅히 불의를 강력하게 징벌해야 한다.

"죄는 미워하되 사람은 미워하면 안 된다."는 말이 있다. 그러나 오늘날 죄와 악을 행하는 악인들을 보면 사람과 사랑을 외면하게 만든다. 사람이 아니다. 동물만도 못한 버러지들이다. 스스로 사람이기를 포기한 악귀들이다. 사람의 탈을 쓰고 어떻게 이런 일을 저지를 수 있단 말인가?

그러므로 회개하지 않는 짐승만도 못한 버러지들까지 용서할 수는 없다. 그것은 화합을 위한, 용서도 사랑도 아니다.

피해자의 억울한 죽음과 고통과 가족들의 슬픔과 고통과 피해는 또 어쩐란 말이냐?

불의와 불법은 명확한 범죄요 죽어 마땅한데 오늘날 불의를 대하는 정의는 불확실하고 어정쩡하여 속단하기 어렵다.

문제는 정의를 실현하기 위해 불의를 제거하고 대처하기 위해 새로운 법을 만들면 또 다른 모양의 불의가 생산되고 판을 치는 구조가 반복되고 있다.

정의는 승리한다는 이름 아래 모든 불평등과 차별과 가난과 불편함과 불행과 억압과 모욕과 무시, 권리침해와 불공평한 분배와 억울한 판결 등을 참고 견디는 희망의 끈이었다.

언젠가는 이러한 불의와 불법이 사라지고 정의가 구현된 정의로운 사회가 이루어지리라는 내일에의 바람에 어제도 속고 오늘도 한탄하며 피눈물을 흘려야 하는 것이 어리석은 민중들의 현실적인 삶이다. 불법과 불의가 판치는 세상이기 때문에 정의가 더 절실하게 요구되고 작은 나눔과 사랑의 실천이 더 빛을 발하는 것이다.

신화 속의 신, 인간의 두려움을 해소하기 위해, 필요에 의해 만들어진 허상과 눈에 보이게 사람의 손으로 깎아 만든 우상이라는 신기루에서 깨어 정신을 차린 인간들은 악한 독재자들의 속임수인 정의는 정의를 위해 목숨을 바치는 것은 가치가 있고 위대한 희생정신이라는 사탕발림에서 벗어나야 한다.

◆ 정의로운 죽음

전쟁터에서 적탄에 맞아 죽어 흙이 되다 만, 뼛조각을 캐내어 국가를 위해 헌신한 위대한 애국자의 유해라고 떠들며 국기에 덮어 화려한 축포 속에 안장하고 기억한다고 해서 그것이 무슨 소용이 있는가?

묘비에 이름이 새겨진다고 해서 그 죽음이 무명의 용사보다 더 가치가 있는 것도 아니요, 정의로 기억되는 것도 아니다. 기억은 산자의 기억이요 정의도 승리도 살아남은 자의 승리요 영광일 뿐이다.

사람은 정의를 위해 목숨을 바칠 필요가 없다. 하나밖에 없는 소중한 목숨을 한 번밖에 없는 귀중한 삶의 기회를 불의한 악한 권력에 빼앗기는 것일 뿐, 불의를 없애거나 정의를 세우지도 못하기 때문이다. 오직 자신부터 정의롭게 사는 것이 중요하다.

세상에 정의로운 전쟁은 없다. 다른 종족과 민족이나 나라를 정복하는 침략전쟁은 결코 정의롭지 못하다. 외세로부터 자신의 민족과 나라를 지키기 위한 반침략 전쟁은 필요악이다.

끝없이 이어지는 종교전쟁과 이념전쟁, 통일전쟁과 권력 쟁탈을 위한 쿠데타와 내전, 경제와 무역전쟁 등 다양한 모든 전쟁은 인간에게 죽음의 공포와 삶의 고통을 안겨주고 슬픔을 강요하는 사회악이다. 전쟁은 필요악이라는 말도 하지만 사람을 죽이는 어떤 전쟁도 정의로울 수 없다.

보다 많은 사람의 생명을 지키기 위한 인도주의적 전쟁과 대테러 전쟁은 정의로운가?

정의로운 죽음은 어떠한 죽음인가? 역사상 대부분의 죽음은 억울한 죽음이다. 억울하게 죽었다고 해서 그 죽음이 모두 정의로운 것은 아니다.

진리의 정의를 위해서, 독재정권을 무너뜨리고 인권과 자유와 평등을 위해서, 부패하고 억눌린 사회정의를 바로 세우기 위해서, 사랑을 실천하기 위해서 위험에 처한 다른 사람의 목숨을 살리기 위해서 애쓰다가 희생하는 죽음만이 정의로운 죽음이다.

아메리카의 꿈(드림, 이상)이라는 신기루

1492년 10월 콜럼버스가 아메리카 신대륙에 도착하고 마젤란의 세계 일주 이후, 포르투갈, 스페인, 홀란드, 프랑스와 영국을 선두로 유럽제국들은 앞다투어 미지의 세계와 황금과 새로운 자원을 얻기 위해 아프리카 대륙과 희망봉을 넘어 인도양으로 향했고 대서양을 넘어 아메리카로 아메리카 대륙을 지나 태평양으로 진출했다.

그 후, 콜럼버스는 2차, 3차의 방문으로 보물찾기에 나섰지만 큰 성과를 거두지 못하자 죄 없는 원주민들을 혹사시키다 학살하는 폭군이 되어 그는 '학살자'라는 오명만 남긴 채 원하던 황금과 부귀영화와 작위도 못 얻고 빚에 시달리다가 비참한 최후를 마쳤다고 한다.

16세기 말까지 소수 집단이 북아메리카 지역에 자리를 잡았고 17세기 초 1620년에는 영국에서 핍박을 받던 개신교도인 청교도 102명이 신앙의 자유를 찾아 아메리카로 향하여 천신만고 끝에 도착하여 원주민의 도움을 받아 정착하게 되었다.

그 후로 계속된 타 교파 교인들과 새로운 땅 아메리카의 꿈을 품은 젊은이들이 몰려들어 현재의 캐나다와 미국의 전역으로 흩어져 황무지의 개척에 나섰다.

처음에 유럽인들이 꾼 아메리카의 꿈(드림. 이상)은 신대륙 아메리카에서 신앙의 자유와 풍요로운 삶을 개척하여 잘살아보겠다는 신세계를 향한 일반적인 부푼 희망이었다.

그러나 그들은 도착하자마자 황금과 드넓은 기름진 목초지에 욕심이 생기며 신앙과 양심도 내던지고 황금만능의 노예로 변해갔다. 그들은 스스로 선택받은 사람들이라고 자처하며 가톨릭의 보편주의나 개신교의 청빈과 사랑을 저버리고 나쁜 개인주의인 이기주의와 백인 우월주의라는 집단이기주의에 빠져 배타주의를 선택한 것이다.

그들은 처음에는 거대한 황무지의 개척자를 자부하며 새로운 에덴동산을 건설하는 하나님의 사자라고 자칭하며 아메리카의 자랑(American Prid)으로 서부활극에 등장하는 개척정신을 강조하며 개척사를 내세웠다. 하지만 거친 황무지를 개척하는 것보다는 이미 원주민들이 개척해 놓은 물이 흐르는 기름진 농토와 목장을 빼앗는 것이, 보다 쉬웠던 것이다.

그들은 선악에 대한 뚜렷한 기준을 가지고 있었으나 그것은 자신들(백인 인종) 사이의 기준으로 자신들은 무조건 선이고 흑인들과 원주민들은 미개한 악으로 하나님의 구원조차 불필요한 없애버려야 하는 존재로 취급하는 오도된 선악 관념일 뿐이었다.

16세기 초부터 아메리카 공략에 나선 포르투갈과 스페인 군대는 멕시코와 중남미에 진격하여 총칼과 바이러스(코로나) 등 수단과 방법을 총동원하여 원주민들을 무참히 학살하였다.

당시의 총은 임진왜란 당시 왜군이 사용했던 조총과 같은 화승총이어서 한 발을 발사하면 총구를 청소하고 탄환과 화약을 채워넣은 후 심지에 불을 붙여 목표물을 겨냥해서 쏘는 수동식 총이었기 때문에 적은 수의 군대로 많은 원주민과 싸우는데 역부족인 경우도 많았다.

그래서 그들은 유럽에서도 아직 해결책이 없던 천연두 등의 코로나(바이러스)를 이용하여 바이러스 청정지역이라 면역력이 전혀 없던 원주민들을 손쉽게 몰살시킨 것이다.

여러 나라 여러 민족의 이민들로 구성된 북아메리카 합중국인 미국의 이상은 **'모든 사람이 행복하고 성공적인 삶을 추구할 수 있다.'**는 것이다.

그러나 그 꿈은 아무나, 누구나 꿀 수 있는 보편적인 꿈이 아니다. 백인우월주의와 선민의식으로 백인들만을 위한 꿈이었다.
신의 은총과 사랑을 내세우지만, 물질주의와 합리적인 실용주의에 길들여진 자본주의 시장의 원리는 이익을 남기는 이윤추구다.

열심히 일한 만큼 많이 받고 능력만큼 부자가 될 수 있다.
힘없고 약하고 병들어서 일을 못 하고 가난하고 고생하는 것은 스스로 타고난 거스를 수 없는 운명이다.

도태는 자연의 섭리요 적자생존의 법칙이며 강자의 원리다. 잘난 놈은 자랑하고 칭찬하지만 못나고 한 번 하급으로 떨어져 버린 곳에 자비란 없다.

유럽인들은 일찍이 신을 버리고 독립했지만, 대부분의 미국인의 삶은 신에게 종속되어 지배를 받는다.
사람은 성격뿐 아니라 모든 하는 일에 다 이중성이 존재하지만, 아메리카의 꿈과 신앙에 나타난 이중성은 특별히 극과 극이다.

인류 역사에서 가장 많은 사람을 단시간에 사망에 이르게 한 것은 전쟁이 아니라 바이러스의 공격에 의한 것이었다.

저자의 《사회와 정치》라는 책에서 논한 지구의 환경과 바이러스의 공격에 우리 인간은 아무 저항이나 대책도 없이 인구의 절반까지 사망한 전력을 갖고 있다.

코로나19로 이름 붙여진 바이러스의 공격에 속수무책으로 당하며 전 세계적으로 감염자 수가 발생 1년이 지난 1월 현재 확진자가 1억

명을 넘어서고 사망자가 230만 명에 가까워가고 있다.

　현대는 워낙 의학이 발달하여 예전의 천연두나 스페인 독감과 페스트만큼은 아니지만 그래도 그 여파는 근대 100여 년 동안 이룩해온 경제를 순식간에 무너트릴 만큼 위협적이고 미국의 경우 사망자가 25만 명을 넘어 60만에 가까워 근래 5대 전쟁에서 사망한 숫자보다 5배에 가깝다고 한다.

　제2차 세계대전에서 약 7천만 명이 사망했는데 1945년 이후, 세계 150개 지역에서 약 250번의 전쟁이 발생했다. 이 중 200번이 미국이 일으키거나 참여한 전쟁이다. 이로 인해 20세기 후반에만 1억 9천여 명의 인류가 전쟁으로 인해 사망했다.

　참고로 근래 5대 전쟁에서 사망한 미군의 전사자 수는

1 1950-1953년 한국전쟁에서 54,260명 전사
2 1964-1973년 월남전쟁에서 58,220명 전사
3 1990-1991년 걸프전쟁에서 25,86명 전사
4 2003-2010년 이라크전에서 4,410명 전사
5 2001-2014년 자유작전에서 2,600여 명 전사

　자유 작전은 제2차 이라크 전쟁과 아프가니스탄 등 분쟁지역의 군사작전이다. 다 합해도 12만 2,100여 명에 불과하다.

진실된 신앙의 사랑으로 세계 도처의 가난과 재난당한 이들 가운데 복음과 구호물자와 삶의 터전을 재건하며 병을 치료하고 교육하는 선교를 너무도 열심히 많이 한다.

반면에 식민지 침략과 정복에 척후병 역할도 꽤 열심히 했다.

아메리카의 자랑인 꿈과 이상은 기회균등이다. 그러나 결과에서 분배의 균등이 아니기 때문에 절대적 평등이 아니다.
무엇보다 세계 각국에서 아메리카 드림을 이루기 위해 밀려온 이민자들에 대한 인종차별은 기회균등조차 허락되지 않는다.

실업자나 가난한 노동자들에게는 선거에서 투표권 행사의 자유마저 제한되어 있다. 자유나 기회는 오직 가진 자, 백인우월주의, 강자의 자유와 기회일 뿐이다.

KKK, 백인우월주의는 없는 사상, 주의요 잘못된 성경의 문자적 해석의 대표적 편견이요 가진 자, 강자들의 횡포일 뿐이며 American Dream은 백인우월주의라는 허상의 꿈이다.

이민자 중에 좋은 직장이나 사업 성공으로 경제적 성공을 이룬 아메리카의 꿈, 황금만능의 꿈이라면 꿈을 실현한 소수의 사람도 물론 있다. 그러나 황금만능이 인간의 꿈이 되어서는 안 된다.

민주적 제도가 시행되지 않고 자유와 평등, 평화가 없는 아메리카합

중국 미국은 민주주의 맹주국가도 천국도 아니다.

　정의가 승리하려면 사랑이 인종과 피부색과 빈부와 귀천을 넘어 사회 전체에 고르게 베풀어지고 나누어지는 것이 사회정의요 정의가 세워지는 것이다. 그런 의미에서 아메리카의 꿈은 정의실현의 실패의 모범인 신기루에 지나지 아니할 것이다.

중용의
삶

중용은 정의로 좌우의 가운데가 아니라 동적인 움직임 속에서 항상 옳은 것을 말한다.

옳되 항상 옳고(범용) 옳은 일의 한가운데, 정중앙의 옳음(중용)이다. 정의는 중용으로 옳을 때만 옳은 것이 아니라, 시시에 적절한 옳음이다.

중용은 선과 악, 옳고 그름의 가운데가 아니라 옳은 것의 한가운데다. 진리는 항상 변치 않는 것인데 이 땅 위에 인간의 가치관에 변치 않는 것은 없다. 사랑만이 불변의 진리다. 변하는 것은 가짜요, 사기요, 거짓이다.

사람은 가정과 직장, 사회에서 모든 일에 누구의 눈치를 보아서는 안 된다. 호랑이 같은 아내나 독재자 같은 남편과 상사의 눈치를 볼 필요가 없다.

종교적으로 목사나 장로의 눈치를 볼 필요는 더욱 없다. 항상 예수의 정언명령에 따라 옳은 것은 옳다, 아닌 것, 그른 것은 아니다, 틀렸다고 말해야 한다.

사랑의 관계 유지는 일회적인 관심이나 친절, 일회적인 자선행사나 선행으로 이루어지지 않는다. 지속적이고 끊임없는 관심과 사랑의 돌봄으로 물질뿐 아니라, 영혼까지 나누는 나눔의 실천이 있어야 한다. 관심은 사랑할 때에만 지속적으로 갖게 되는 사람의 마음을 움직이는 의식, 무의식적인 행동이다.

정의구현의 문제는, 인간 개개인의 관계는 물론, 사회적 관계의 유지에 개인의 인격과 이웃에 대한 사랑의 관심에 달렸고, 사회 구성원 전체의 하나 된 관심과 좋은 제도의 확립이 필요하고, 가진 자들의 지치지 않는 사랑의 실천이 절실히 요구된다.

◆ 예수 안에 있는 정의

우리가 하나님 안에 들어오려면, 하나님 앞에 나아오려면, 하나님 앞에 서 있으려면, 우리는 우리의 짐을 모두 내려놓아야 한다.

"너희는 지나간 일을 기억하려고 하지 말며, 옛적 일을 생각하지 말라! 나는 네 죄를 용서하는 하나님이다. 이는 나의 거룩한 이름을 속되게 하지 않으려는 것이다. 나는 나를 위하여 너희 허물을 도말하고, 내가 더 이상 너의 죄를 기억하지 않겠다."고 하나님은 오늘도 우리에게 말씀하고 계신다.

네 짐을 문밖에 내려놓고 들어오너라! 네가 나를 버리고 떠난 것이나, 멸시한 것이나 나 몰래 네 이익을 구한 것이나, 친구를 배반한 미안함이나, 죽게 되니 빈손으로 다시 찾아온 미안함이나, 지난 모든 잘못과 죄, 마음의 짐을 내려놓고 나서야 하나님 안에 들어올 수 있고 사랑의 공동체 안에 들어올 수 있는 것이다.

오늘날, 이 세상이 그리스도의 교회가 진정한 사랑의 공동체, 인자의 공동체, 하나님의 백성의 공동체, 그리스도 구원의 공동체가 되지 못하는 이유가 무엇인가?

지난 일과 옛날의 원망과 미움, 더러운 찌꺼기와 짐들을 내려놓지 못하고 그대로 이고 지고 가슴에 응어리가 남은 채, 품고 나아왔기 때문이요, 들어온 후에도 십자가 밑에 그 짐을 풀어놓지 못하고, 사랑의 십자가를 지고 가는 다른 이들에게 자신의 짐을 기대려고 하기 때문이다.

'수고하고 무거운 짐 진 자들아 다 내게로 오라! 너의 짐을 내 발 앞에 내려놓고 내 멍에 사랑의 짐 사랑의 빛을 져라! 이는 내 멍에는 가볍고, 기쁘고, 쉽기 때문이다.' 고 하시는 예수의 음성이 들리지 않는가?

군중의 흥분과 성냄은 정의가 아니라 악의다. 사람들이 나사렛 예수를 올무에 걸려 넘어뜨리려고 간음한 여인을 예수에게 데려왔다. 그리고는 이 여인이 간음하다가 현장에서 붙잡혀 왔습니다.

"모세의 율법에는 돌로 쳐 죽이라고 했는데 당신은 어찌하시겠습니까?" 하고 묻는다.

나사렛 예수는 저들의 음흉한 악의를 아시고 한참의 시간을 둔 후에 "너희 중에 죄 없는 사람이 먼저 돌로 쳐라." 하고 말했다. 저들은 양심에 찔림이 있어 아이로부터 하나둘 다 물러갔다. 정죄는 정의와 마찬가지로 죄 없는 사람만이 내릴 수 있는 것이다.

예수의 사랑은 은혜의 용서로 하늘의 뜻을 세우고 이루는 것이 정의다. 하나님의 뜻은, 하나님은 모든 사람이 구원을 받으며 진리를 아는 데 이르기를 원하신다.

교회뿐 아니라 인간사회에 하나님이 없으면, 사랑이 없으면 우리에게 희망도 미래도 없다. 우리가 서로 사랑할 때에 하나님이, 사랑이 우리 안에, 내 안에 거하시고 하나님의 뜻이 곧 하나님의 사랑이 우리 안에 우리를 통해 온전히 이루어지게 되는 것이다.

하나님은, 사랑은 오직 거룩한 것이기 때문이요 거룩함 자체이기 때문이다. 사도 바울과 요한이 깨닫고 증거한 바와 같이 사랑엔 거짓이 없기 때문이요 불의는 용납되지 않기 때문이다. 이기심이나 시기와 질투는 설 자리가 없기 때문이다.

사랑이 없는 공동체, 하나님이 함께하지 않는 교회이기 때문에 다툼과 분란이 일어나고 거짓 선지자(지도자)의 망발이 계속되는 것이다.

세상에 불법과 부정부패가 성행하는 것이다.

어둠 속에서 방향과 갈피를 못 잡고 우왕좌왕, 갈팡질팡하는 것은 빛이 없기 때문이요 예수가 무엇인지조차 모르기 때문이다.
예수(복음)에 대한 지식, 하나님을 아는 지식이 없기 때문이다.

빛이 없으면, 지혜(지식)가 없으면 나에게서 그리고 너에게서 하나님의 형상을, 사랑을 볼 수 없기 때문이다. 하나님의 형상을 볼 수 없으면, 사랑이 없으면 우리는 멸망하고 죽은 자들이다.

저 산속의 돌부처나 구리 동상에 지나지 않는다. 멸망할 수밖에 없고 죽을 수밖에 없는 자들이다. 회칠한 무덤 속의 냄새 나는 시체들이다. 이 세상의 돈과 명예와 헛된 지식과 정신문화에 마음을 빼앗겨 어둠 속에 헤매며 그것들을 최고의 가치관으로 착각하고 있기 때문이다.

예수를 믿는다고 하는 사람들이 예수가 무엇인지 모르거나 말로는 아는 듯하나, 임마누엘의 체험이 없어, 성령 충만의 경험이 없어, 제대로 알지 못하고 믿지 못하는 것이요, 믿는다는 것 자체가 거짓말이기 때문이다.

스스로 제대로 알지 못하고 믿지 않는 것을 타인에게 믿으라고 강요하는 것은 억지요 사기다. 지식의, 영의 사기꾼들이다.

예수 안에서 바늘 도둑이나 소도둑이나 다 똑같다. 회개하고 성령 충만함을 받으면 모든 죄가 사해지고, 똑같이 하나님의 자녀가 되고 인자, 의인이 되는 것이 정의다.

하나님 앞에서, 사랑 안에서 예수 안에서는 큰 자도 없고 작은 자도 없으며 서로서로 섬기고 섬김을 받는 똑같은 하나님의 자녀, 사랑하는 아들딸이다.

사랑만이
정의다

"신은 죽었다. 고로 신은 없다."는 신학자들이 있었다. 지금도 있을 것이다.

그러나 말장난이 너무 심하다. 신이 없으면 신학도 없고 따라서 신학자도 없고 있을 필요도 없는 것이다. 그렇기 때문에 그들은 무신론적 신학자가 아니라, 단순히 무신론자일 뿐이다.

따라서 그리스도교에 있어서 가장 위험한 요소는 하나님이 없는 신학자, 지도자, 목회자들이다.

하나님을 모르는 자들이, 하나님이 없다 하는 자들이 이것이 하나님이다. 하고 연구하여 발표하고 정의를 내리고, 이렇게 하는 것이 하나님을 섬기는 것이요, 사랑하는 것이라고 가르치며, 소경 된 목자가 양 떼를 인도하는 것이 얼마나 위험천만한 노릇인가?

마찬가지로 민족과 나라의 경영과 행복을 하나님을 모르는, 하나님이 없는 자들에게 맡길 수 없는 것이요, 민족과 국가의 미래를 그리고 내 자식의 장래와 희망이 걸린 교육을 하나님을 모르는, 사랑이 없는 자들에게 맡겨서야 되겠는가?

신학이 교회의 신앙과 윤리는 물론, 모든 제도를 가장 좋은 방향으로 개혁을 담당하듯이, 세상 정치와 윤리, 사회제도의 개혁에 중심이 되어 사람과 일의 개선에 최선을 다해야 한다. 왜냐하면 신학은 사람을 위한 인간학이며 사랑학이기 때문이다.

교회도, 세상도, 신앙도, 생활도 모두 사람을 위한 것이요, 사람에게, 사람을 위한 가장 좋은 것, 선한 것은 바로 사랑이기 때문이다.

사람이 하나님의 아들딸이 되고 아니 되는 것은 그가 하나님을 사느냐? 하나님을 행하느냐? 아니 하느냐에 달려 있다.

사람이 사랑인 하나님을 행하면 하나님의 자녀가 되는 것이요, 개같이 살고 악마 같이 행하면 개자식(새끼)이 되고, 악마의 후손 카인의 후예가 되는 것이다.

열매가 그 나무를 증명하는 것이지, 개살구나무가 개살구를 달고서 나는 개살구나무가 아니라고 주장한다고 해서 맛있는 살구나 복숭아가 될 수 없는 것이다.

하나님은, 사랑은 죽거나 죽어 없어질 수 없으니, 사랑은 초월적(초감각적)인 것도 아니요, 윤리 도덕의 근거로 내세우기 위한 이론의 개념화나 관념화될 수 없는 것이기 때문이다.

사랑은 인간의 정신, 몸과 마음, 생활의 현장에서, 살과 살의 부딪힘 속에서 일어나고, 맺어지고 이루어지는 삶의 힘이요, 능력이며 희망으로서 삶의 의미, 생활 자체이기 때문이다.

강자의 정의는 힘이다. 그것이 폭력이든, 돈이든, 권력이든 그들의 손에 쥐고 있는 것이 정의요 그들이 주장하는 것, 말하는 것이 정의다.

나사렛 예수는 이것을 아니라고 부정한 것이다. 정의는 사랑이다. 오직 사랑뿐이다. 사랑하지 않는 것, 사랑으로 하지 않는 모든 것은 반칙이요 불법이며 불의다.

하나님의 의는 사랑이다. 사랑은 행하는 행위에서 맺어진 의 곧 사랑의 열매다.
그리스도의 의는 사랑이다. 사랑을 행하는 행위에서 맺어진 예수 안에 있는 생명 곧 사랑이다. 그의 나라는 하늘나라 곧 사랑의 나라요 그의 의는 예수 곧 하나님이 함께하시는 사랑이다.

공의는 하나님의 공평 곧 공정하고 평등한 사랑의 판결로 하나님의 사랑이 차별 없이 공평하게 베풀어지는 것이다.

개인적인 의는 정의 곧 양심대로 사랑하는 것이요 사회적(공동체) 의
는 정의 곧 사회정의는 공의로 만인에게 사랑이 공평하게 베풀어지는
것이다. 정의와 공의는 옳되 참으로 옳고 옳은 것의 한가운데인 중용
이다.

◆ 정의는 사람을 향한 하나님의 절대 사랑

사람은 선한 소원을 가지고 선을 행하려는 나에게 악한 소원이 치
고 올라와 악을 행하라고 충동질 당하고 있는 이중 인간이다.

우리들 인생은 스스로의 노력으로는 극심한 갈등에서 벗어나기 힘
들기 때문에 무엇인가 다른 초능력의 힘을 빌려서 이 사망의 몸에서
벗어나 보려고 몸부림을 친다.

그중의 한 방법이 종교로 향한 믿음이다. 그러나 위에서 살펴본 대
로 종교나 종교의 율법과 계명이 그 고민에서 헤어나게 해주는 것보
다 오히려 더 얽어맴을 당하고 있다. 얽매임은 곧 법의 심판과 형벌
을 받게 마련이다.

우리가 얽매인 사망의 몸과 우리를 죄인이라고 판단하는 법에서
벗어나 자유를 얻을 수 있는 것은 단 한 가지 방법뿐이다. 성령 안에
서, 하나님 안에서, 사랑 안에서만 자유를 얻을 수 있다. 곧 예수 안
에 사는 사람만이 모든 것으로부터 자유한 참자유인이 되는 것이다.

자유는 각 개인이 자신의 자유와 권리를 주장하고 누리는 것같이

다른 사람에게도 똑같이 자유와 권리를 누릴 조건과 기회가 공평하게 주어져야 한다.

법은 정의를 세우는 잣대로서 역할을 제대로 해야 한다. 법과 정의의 잣대는 사랑이다. 법을 판단하고 집행하는 것은 사람이기 때문에 법을 다루는 사람의 자질이 더욱 중요하다. 예수 안에 있는 사람, 사랑하는 사람이어야 한다.

사람과 사람 개인 간의 정의도, 많은 사람이 어울려 함께하는 사회 정의도, 필요에 따라 분배하고 함께 나누어 먹으며 더불어 사는 경제 정의도, 집과 땅을 차지하는 소유의 정의도, 신체적 조건과 기술과 지식의 차이를 뛰어넘는 노동의 정의도, 모든 사람이 공평하고 평등한 대우를 받는 법의 정의도 세우고 완성하는 것은 사랑뿐이다.

당신은 사랑받기 위해 태어난 사람

당신은 사랑받기 위해 태어난 사람
당신의 삶 속에서 그 사랑 받고 있지요.
당신은 사랑받기 위해 태어난 사람
당신의 삶 속에서 그 사랑 받고 있지요.

태초부터 시작된 하나님의 사랑은
우리의 만남을 통해 열매를 맺고

당신이 이 세상에 존재함으로 인해
우리에게 얼마나 큰 기쁨이 되는지

당신은 사랑받기 위해 태어난 사람
당신의 삶 속에서 그 사랑 받고 있지요.
당신은 사랑받기 위해 태어난 사람
지금도 그 사랑 받고 살아요.

말로만 사랑하는 것이 사랑이 아니듯 모든 면에서 사랑이 평등하고 공평하게 나누어지지 않는 것은 정의가 아니다.

정의는 사람을 위한 하나님의 절대 사랑이다. 이 세상은 어느 누구에게나 차별 없이 편안한 구원의 쉼터가 되어야 한다.

십자가 위에서 참회하는 한 강도처럼 지은 죄는 형벌을 받아 마땅하지만 그 영혼(마음)은 용서와 위로의 기회가 주어져야 한다.

정의로운 세상, 사랑의 나라, 평화의 동산, 하나님의 나라는 사랑으로 하나 되어 사회정의가 실현되어 완성된 공산주의 사회다.

정의가 승리한다는 신기루에서 벗어나 친구를 위하여 내 목숨을 내놓을 수 있는 사랑으로 하나 되어 서로 사랑함으로 사랑의 나라를 만들어 가야 할 것이다.

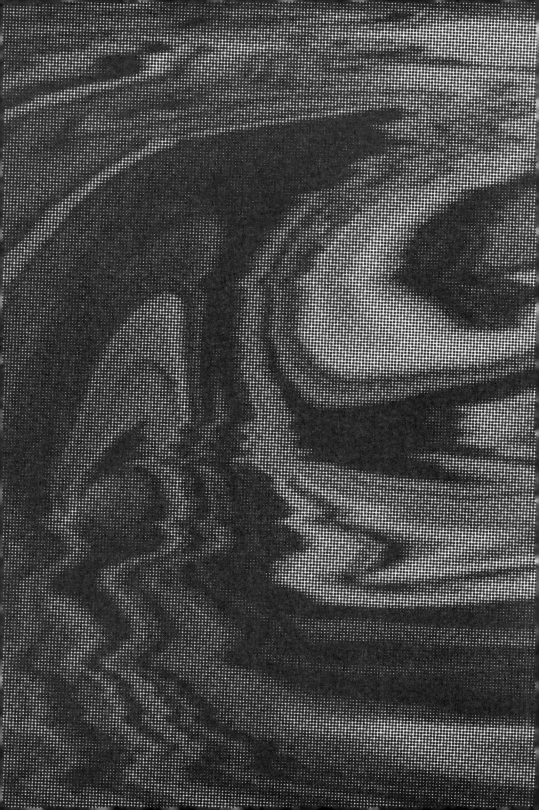

이념

(주의, 사상, idologie)

이념이란
무엇인가?

오늘날 사회갈등의 원인이 되고 있는 많은 원인 중의 근원이 이념 문제다. 이념 갈등은 사회를 계급 적으로 분리하는 현상을 초래하여 파당과 계층을 만들고 분리하여 사회적 갈등을 더 심화시킨다.

파벌과 파당, 계층의 이해관계를 이념으로 포장하여 상대편을 몰아붙인다. 반대편도 정의와 정당성의 주장보다는 반대를 위한 반대로 극한 대립이 격화된다.

이념(ideologie 독어, ideology 영어)은 사람의 생각, 주의, 정신, 사상으로 인간사회와 자연의 형태와 현상에 대해 규정하는 관점이다. 즉 사람이 가진 가치관으로 세계와 현상을 보고 판단하고 해석하여 내리는 정의다. 이념이나 개념이 정설화되면 관념론이 된다.

현대적 의미의 이념은 나폴레옹이 자신의 반대파들을 이데올로그

(ideologues) 즉 관념 학파라고 부른 데서부터 시작되었다고 한다.

1845년 마르크스와 엥겔스가 함께 저술한《독일의 관념론》(German ideologie)에서 처음으로 이데올로기라는 용어를 사용하여 계급사회의 당파성을 꿰뚫어 보았다.

계급사회에서는 어떤 특정한 계급이 이익을 얻기 위해 자신들의 가치관을 이론화하여 스스로 정당화한다.

마르크스는 이러한 이념의 성격을 허위의식이라고 비판한다. 특정 계급의 정치, 경제, 입지와 이익을 꾀하여 지배 권력을 강화하기 위해 만들어 낸(꾸며낸) 허상(우상)이라고 말한다. 마르크스의 자본론은 자본주의의 자본과 자본주들의 해악을 비판한 책이다.

이데올로기가 계급투쟁의 가장 중요한 위치를 차지하는 것은 기득권 계급(상대계급)의 이념이 잘못되고 허위요 나쁜 것이라는 것을 비판하고 증명하는 것이기 때문이다.

우리는 동서냉전의 원인이 동서사상, 이데올로기의 충돌이라고 생각하며 말해 왔다. 소비에트 연방인 동구권의 사상은 사회주의와 공산주의이고 서유럽과 북미 아메리카의 사상은 민주주의와 자본주의라는 생각이다.
이런 현상을 동서갈등 또는 체제갈등의 냉전 상태라고 진단한 것이다.

실제로는 정치적으로 전체주의와 민주주의, 일인이나 일당독재체제와 국민이 뽑은 대의정치체제로 분류되고, 경제적으로는 자유 시장경제와 통제 국가경제로, 사상적으로는 유신론과 무신론의 대결이었지 공산주의나 사회주의와의 갈등이나 대립이 아니었다.

공산주의는 자본주의의 형태와 결점을 보완하는 경제사상이요 사회주의는 인간의 모든 활동과 정치와 문화와 제도, 생각과 사상을 포함하기 때문이다.

그러므로 동서사상의 이념 갈등이나 이데올로기 전쟁은 실체가 없는 신기루에 속아 놀아난 허망하기 짝이 없는 갈등이요 고통이었다.

사회주의에 대한 잘못된 이해와 공산주의에 대한 잘못된 해석으로 인해 스스로 농락당한 것이다.

진정한 사회주의는 이제까지 이해하고 말해온 것처럼 생산수단의 독점에 대한 자본주와 노동자의 충돌이나 누가 주인이냐 하는 주인의식의 싸움도 아니다.
또 노동자들의 무력혁명에 의해 사회주의와 공산주의가 건설되는 것도 아니다.

마르크스주의는 사회주의 이론 중 특히 경제이론의 하나이지 마르크스주의가 사회주의가 아니다.

마르크스주의를 공산주의와 사회민주주의로 나누기도 하지만 이것은 단지 러시아 볼세비키 공산당 무력혁명의 결과로 빚어진 소련연방과 개혁의 길로 나아간 서부 유럽 나라들의 경제와 정치 형태의 현상을 두고 하는 말일 뿐이다.

많은 정치, 경제학자들은 공산주의는 훌륭하지만, 이기적인 인간의 본성을 무시한 결코 이루어질 수 없는 이상향인 유토피아에 머문다고 말한다.

모든 것을 똑같이 동등하게 나누는 것은 열심히 일한 사람이 피해를 보고 불평불만이 터져 나오게 된다는 것이다.

경제발전과 성장을 위해서는 자본이 필요하고 국가가 공동자본의 주인이 될 때 정치가들이 청렴한 인격자가 되지 않으면 자본의 독재자가 되어 부정한 자본가가 되어 공산당 독재가 될지언정 진정한 공산주의는 이루어지기 힘들다는 것이다.

국가의 기초 생산수단은 토지(땅)와 자본과 노동력이다. 그러나 자본이 토지를 소유하였거나 사서 소유하므로 토지는 자본에 소속된 것이나 다름없다. 노동력도 마찬가지로 임금을 주고 노동력을 사는 것이므로 노동도 자본에 귀속되고 소유한 것과 마찬가지다.

다른 것은 노동력은 기술과 노동은 사물이 아니라 인격을 가진 사람이 하는 일이기 때문에 이해의 충돌이 일어나고 파업과 협상이 이루어진다. 자본주가 이익 창출에만 혈안이 되어 있으면 자본주의의 폐해가 드러난다. 무엇보다 천재와 자본가의 인격이 문제 되는 것이 이 때문이다.

공산주의는 이러한 자본주의의 폐해에서 벗어나고자 하는 생각에서 발생한 이론이다. 개인이나 소수 집단의 독점자본이 아니요, 국가권력에 귀속되어 통제된 독재자본이 아니라 민중 스스로 결성한 공동체의 자본을 모아 생산수단을 갖추므로 다 같이 일하고 필요한 만큼 평균하게 분배하는 공동소유자산을 가진 모든 사람이 자본주인 사회를 만들자는 것이다.

자본주의(자본)의 특성은 이익(윤)을 남기는 것이다. 상품은 자본가의 이익을 위해 만들어지지만, 소비자의 원하는 것이어야 하고 가격도 적정하게 맞아야 한다. 소비자의 필요와 자본가의 이익이 합리적이어야 한다.

인간사회에는 자연적으로 자본주의와 사회주의가 공존한다. 오늘날 세계 경제의 거의 모든 부분을 자본주의가 차지하고 있으나 대부분 국가의 정치는 사회주의를 추구한다.

오늘날 세계화된 지구, 인류에게 닥친 문제는 정치, 경제, 문화와 삶의 모든 부분이 지난 역사에서 일어났던 유럽대륙의 통일을 이룬 그리스, 로마처럼 대제국의 탄생에 의한 것이 아니요 유럽대륙의 판도를 바꾼 게르만 민족의 대이동이나 오스만 터키 이슬람 대제국의

탄생같이 동서 문물의 교류로 이어진 동서 문화의 대충돌에 의한 것
도 아니다.

세계 제1, 2차 대전처럼 군사적 충돌과 인구의 이동으로 인해 자
연발생적으로 벌어진 세계화가 아닌데, 있다 할 것이다.

유럽공동체(EU)의 탄생은 미국과 소련의 냉전 속에서 일본을 옆구
리에 끼고 세계 경제의 60-70% 이상을 차지한 초강대국 미국의 영
향에서 벗어나기 위한 서유럽 나라들의 경제적 독립을 꾀한 정치가들
의 정치적 계획에 의해 인위적으로 세계화가 시작되었다.

이념적인 갈등이나 문제도 아니요, 유럽연합(EU)의 목적은 경제공
동체로 자유 시장경제체제에서 우위를 선점하고 지역경제를 공동으
로 보호하고 위협을 방어하기 위한 방책이었다. 이에 자극을 받은 미
국도 서둘러 북미와 중남미, 아시아 태평양 공동체를 형성하며 맞대
응에 나섰다.

관광여행으로 자유경제 시장의 문이 조금씩 열려가던 소련연방의
동구권이 동서 베를린의 장벽이 무너지며 어이없이 수년 사이에 하나
둘 순식간에 무너져 버렸다.

동구권이 유럽연합에 흡수되며 잠자던 사자인 중국이 인공위성을
발사하고 항공모함과 핵잠수함을 만들며 뒤질세라 중국이 중심이 된
동남아시아 공동체, 아프리카 지역을 포함하는 경제공동체를 만들어

가고 있다.

소련과 미국의 동서냉전이 끝난 지 20여 년 만에 새 군사 강국과 경제 대국으로 입지를 굳혀가는 중국과 미국의 동서냉전이 다시 시작된 것이다.

만약 1950년 한국전쟁 당시 압록강까지 이르러 통일을 눈앞에 둔 상황에서 중공군의 개입으로 미군을 중심으로 한 유엔군과 한국군이 많은 사상자를 내며 남쪽으로 밀리자, 유엔군 사령관인 맥아더 장군이 중국의 도시와 공장들에 34개의 원자탄 폭격을 트루먼 대통령에게 요청했을 때 승인하여 원자폭탄을 사용했더라면 어찌 되었을까?

아마도 중국에서 최소 몇천만에서 1억 명이 사망하고 폐허가 되었을 것이다. 한국은 통일되었을 것이며 대만으로 쫓겨갔던 장개석이 본토로 진격하여 중화인민 공화국이 세워지고 미국은 오늘과 같은 중국과의 경제, 군사적 대립이나 제2의 동서냉전은 없었을 것이다.

자본주의의 자유 시장경제체제에서 손익의 저울추가 역방향으로 기울면서 앞다투어 방어태세로 전환한 것이 지역 경제공동체의 형성이다.

극단적으로 영국의 EU 탈퇴 브렉시트나 미국 트럼프 대통령의 자국 기업의 이익과 보호를 위해 자유 시장경제에 벽을 쌓는 보호무역, 국수주의가 되살아나고 있다.

심한 경우 적대 국가 기업의 금융거래와 재산을 동결하고 특수제품과 원자재의 수출입을 통제하는 직간접적인 제재를 가하고 있다.

정부의 정치는 자본의 수익을 세금으로 징수하여 국가의 공공사업과 사회보장 제도를 운용하며 공동체(국민)의 보편적인 삶을 보호한다. 또 국영사업(기업)으로 이윤보다 사회의 이익을 극대화한다. 문제는 국가의 정치인과 공무원, 국영기업에 봉(奉)사하는 자들이 청렴하여 부정부패가 없어야 성공한다.

자본주의와 사회주의의 이념이 서로 충돌하는 것도 아니요, 갈등의 이유가 전혀 없다. 자본주의는 사회주의 이념의 경제적 한 분류이기 때문이다.

오늘날 세계 여러 나라의 자유 시장경제체제에서 일방적이기보다는 적절한 정부의 규제와 보완이 결합된 혼합경제 추세가 강하다.

진리와 정의, 옳은 것은 하나지 둘이 될 수 없다. 개인과 공동체의 이념추구는 서로 다른 생각과 입장을 가진 사람들이 함께 모여 의견을 토론해 하나의 정의를 내림으로 화합하고 진리를 깨달아 옳은 것을 선택하는 일이다.

저자가 생각하는 이념은 이로운 생각, 바른 생각, 의로운 생각이요 주의는 주인의식, 생각의 주체의식으로 민주주의는 민중(국민)이 주인인 것이 옳다는 생각이다.

사상은 겉에 보이는 것이 아니라 마음의 눈에 보이는 생각의 정리, 정립된 상, 목표를 말한다.

이념, 주의 사상은 완전한 진리가 무엇인지 알기 위해 배우고 노력한 생각을 다스려 정리한 것이다.

ideology는 idea + logos로 이데아는 완전하다고 생각하는 현실보다 더 나은 세상(천국, 이상세계)을 바라고, 꿈꾸는 인간의 희망이다.

로고스는 신의 지혜 또는 진리의 말씀으로 한마디로 사랑이다. 따라서 이데올로기는 인간이 바라는 가장 좋은 사랑만이 지배하는 완전한 상태의 나라를 향한 생각의 모음이다.

인간은 생김새만큼이나 각각 생각이 다르다. 생각과 뜻이 맞는 사람끼리 모여 파가 갈리고 당이 결성된다.

영원한 보수는 없다. 역사가 수레바퀴처럼 돌아간다고 해서 항상 제자리를 겉도는 것이 아니기 때문이다. 무엇보다 현대의 보수주의자들은 옛 성현들이 가르친 진리를 최고의 가치로 인정하고 따르는 것이 아닌 데 있다.

이데올로기로 따지면 보수와 우파는 좀 모자라고 인간사회의 발전보다 현상에 머물러 현재 자신들이 갖고 있는 기득권을 유지하려는 경향이고 진보와 좌파는 현실에 안주하지 않고 보다 더 나은 모든 사람의 평등한 삶의 환경을 만들기 위해 부단히 노력하고 개혁을 추진하는 좀 더 훌륭한 생각이요 정신이다.

생각하는
사람

저자는 15세에 파스칼의 《팡세》를 읽으며 깊은 사색에 빠져들었다.

너무 일찍 읽은 탓에 내용이 거의 기억에 남지 않으나 **"사람은 생각하는 갈대"**라는 말이 뇌리에서 떠나지 않았다.

그 책을 번역한 역자가 생각하는 갈대를 한자로 생각할 사에 갈대 겸, 사겸(思兼)이라고 표기해 그때부터 '나는 사겸 곧 사람다운 사람, 생각하는 사람이 되어야 하겠다.'라고 다짐하고 스스로 사겸 이완수라 칭하게 되었다.

생각은 기억과 새로운 인식을 정리하고 판단하여 하나의 결론을 이끌어 내는 뇌 신경의 작용이다. 곧 마음의 활동이다.

사상이나 이념, 주의는 어떤 사물이나 사건과 현상에 대한 지식을 생각, 사유, 사고에 의해 정리된 내용을 뜻한다.

생각, 사유는 사회, 인간과 관계한다. 혼자서는 사상이나 이념이 필요도 없고 생각의 결론과 기억의 생각과 새로운 인식 자체가 필요하지(일어나지) 않을 수도 있다.

인간, 사회라는 너와 나 우리, 공동체라는 사회가 이루어진 곳에 통일된 가치관, 동일한 견해를 갖기 위해 개개인이 깨달은 지식과 경험을 발표하고 토론하므로 공동의 인식과 의식을 갖게 된다.

로댕의 생각하는 사람은 무슨 생각을 하고 있을까?
"나는 사고한다. 고로 나는 존재한다."라고 한 데카르트처럼 사람은 생각하는 존재라는 뜻일 것이다.

생각은 자유다. 너는 이것만 생각하라고 해도 소용이 없다. 누구도 다른 사람의 마음의 생각을 알 수 없다. 좋은 생각을 해야 좋은 사람이 될 터인데 많은 사람이 나쁜 생각을 많이 해서 세상이 시끄러운 것인가?

사람은 자기 자신 자아를 인식할 수 있는 존재다. 의식은 뇌가 활동하고 있는 것이요 뇌 신경이 외부로부터 정보를 받아 분석하고 정리하는 것이다.

1차적 의식은 현재 눈앞에 일어나고 있는 현장에 대한 사건이나 구체적인 현상에 대한 분석과 정리를 통해 이해하고 기억을 저장하는 작업이다.

다음으로 반복되는 학습(운동, 연습)을 통해 자율적으로 몸이 움직이듯 여러 번 경험한 기억을 정리한 생각들을 말과 글로 표현한다. 물론 동물들도 학습을 통해 기억을 저장하고 사람의 말을 이해하고 행동으로 반응한다.

생각의 단편들이 바로 이념이 되지 않는다. 사람들과의 대화를 통해, 자신의 의견과 생각, 견해를 나눈다. 생각은 자기 속에 있는 마음의 느낌과 깨달음을 정리한 것이다.

의견은 자신이 옳다고 생각하는 견해다. 견해는 자신이 가지고 있는 가치관으로 발견하고 이해한 생각이다.
이렇게 발표한 말과 글이 다른 사람의 호응을 얻으며 하나의 새로운 이념과 사상으로 만들어진다.

하나의 이념을 틀림없는 하나뿐인 진리라고 믿으면 신념이 된다. 종교는 이러한 신념을 교리 화하여 조직된 단체다.

인간은 과거를 뒤돌아보아 현재를 진단하고 미래의 계획을 세워나간다. 이러한 과정에서 자아를 인식하므로 주체의식을 갖게 된다.

주체의식은 개인의 사람됨 곧 인격을 드러내고 완성함으로 다른 사람을 인정하고 다른 사람의 인격을 존중하게 된다.

사람과 사람의 인격적인 대화를 통해 소통이 이루어져야 창조적인 의견이 나오고 좋은 사상이 만들어진다.

선한 소원을 품고 이루기 위해 아름다운 생각을 하는 사람이 되어 보지 않으려는가?

생각만으로 역사는 이루어지지 아니한다. 먼저 생각하는 사람이 되어야 하지만 행동하지 않는 양심은 양심이 아니듯이 행동하지 않는 생각은 공상에 지나지 않는다. 인간은 생각하므로 존재하는 것이 아니라 행동하므로 존재하는 존재다. 옳은 것, 좋고 아름다운 것을 원한다면 무실역행해야 한다.

인간의
철학적 물음

　철학적인 물음들은 자기 자신인 인간과 우리가 사는 지구와 끝없이 광대하게 펼쳐진 우주에 관한 물음들이다.

　이념, 사상, 주의, 개념, 관점, 지식, 앎, 생각 등으로 '진리가 무엇이냐?'고 묻는 물음에 대한 체계적인 대답으로 개인적인 안목과 가치관에 따라 다를 수 있고 공동의 가치관으로 정립되기도 한다.

　철학은 자아를 알기 위한, 애씀과 노력으로 나를 비롯한 모든 존재하는 것을 생각하는 학문이다.

　보이는 것, 이미 존재하는 존재의 존재 이유와 생사 순환의 이치와 원리를 묻고 찾아 깨닫는 지혜다.

　보이지 않는 세계를 지배하는 힘, 존재에 대해 알기 위해 힘쓰며 자연과 천문 우주의 근원과 운행의 섭리를 탐구하는 사람의 지혜다. 또 그 지혜를 찬양하고 사랑하는 것이다.

인간의 주의와 사상뿐 아니라 모든 학문이 사회에 포함된 것처럼 모든 이념과 사상과 생각, 정신적인 것뿐 아니라 자연과학 등 인간의 모든 지식과 문화와 학문이 철학에 속해 있는 것이다.

철학은 이성(양심)과 합리적(과학적)인 방법으로 존재의 실재를 파악하고 증명하는 과정의 학문이라 할 수 있다.

실험과 경험을 통해 합리적(과학적)으로 증명된 것만이 확실한 앎이요 지식이다. 존재와 감각과 내 손에 쥐고 있는 것이 무엇인지 분명하게 알기까지 생각을 멈출 수 없는 것이 살아 있는 존재다.

수많은 이념이 하늘의 별처럼 인간 각자의 생각의 마음속에 존재하지만, 단편적이고 부분적이다. 이러한 이념들은 이미 고정화 된 이념인 관념들과 부딪혀 피차 부족한 것이 채워지므로 나쁜 것들이 제거되고 새로운 개념이 탄생한다.

실증주의와 실존주의는 신이나 형이상학적 이데아는 인간의 삶을 좌우하지 못한다고 말하며 감각적으로 경험되고 과학적으로 증명되는 실제적 지식만이 인간의 삶을 개혁하여 진보하게 만든다는 것이다.

역사는 신이나 운명에 의해 지배되지 아니하고 오직 인간의 활동

행위로 변화되고 발전해 간다.

곧 실제로 존재하는 것만이 자신의 꿈을 꿀 수 있고 그 꿈을 이루는 것도 인간 자신뿐으로 인간의 본질이 선이나 악이든 상관없이 자신의 선택과 행동으로 맺혀진 열매로 자신의 모습, 인격, 품성이 만들어지는 것이다.

나는 무엇을 아는가? – 소크라테스 이전의 소피스트들은 자신들이 아는 것이 진리라고 자랑했다. 그러나 소크라테스는 "나는 아무것도 알지 못한다."고 말하며 "단지 나를 알기 위해 노력할 뿐이요 나를 알게 하고 어떻게 살아야 하는가를 깨닫게 해주는 지혜를 사랑할 뿐이다."라고 대답하였다.

사물에 대한 사람의 인식은 보고 느끼고 만지는 감각을 통해서 얻게 되는 지식이지만 형이상학적인 인간의 본성과 나에 대한 인식과 보이지 않는 실재라고 믿는 신에 대한 인식은 인간의 과학적, 경험적, 감각적 인식능력으로는 해결되지 않는 불가능의 범위다.

신의 존재뿐 아니라 우주의 범위와 크기와 끝은 있는가? 시간과 공간의 끝은 어디이고 영원의 인식은 가능한가? 시간과 공간과 영원의 끝에 다다를 수 있는가?

신을 경험한다고 하는데 신은 만날 수 있는 존재인가? 대화가 가능한가? 성서의 모세를 비롯한 선지자들이 하나님과 대화를 하고 말씀을 듣고 선포하며 예언했는데 과연 오늘날 우리 시대에 신의 명을 받아 선포하는 자가 있는가?

나사렛 예수는 하나님이 함께하여 성육신 된 거룩한 생령이었는데 오늘날 성령 충만함을 받아 거룩한 삶을 사는 신의 자녀 된 하나님의 사람 사랑의 아들딸이 있는가?

나는 무엇을 하며 무엇을 할 수 있는가? – 선과 악은 존재하는가? 선악의 차이는 무엇인가? 정의와 불의는 누가 판단하고 심판하는가? 사람은 왜 착하게 살아야 하나? 나는 악을 이길 수 있는가?

인간은 오직 선악 간에 선택할 수 있는 자유를 가지고 있을 뿐이다. 스스로 선택하여 행한 행위에 스스로 양심의 판단과 실제적 삶 속에서 공동체에 속한 법의 심판을 받을 수 있을 뿐이다.

나는 착하게 살아야 한다는 양심의 명령과 내 속에서 불평하는 또 다른 나의 악한 소원을 따르려고 하는 삐딱이 중의 하나를 자유로운 선택을 스스로 할 수 있는 존재다.

나는 무엇을 바라는가? – '마음의 수레를 저 하늘의 별에 달아라!' 하는 말이 있다.

꿈을 높은 데 두고 크게 갖고 선한 소원을 품고 살라는 것이다. 땅과 아래에 속한 것 곧 육신의 욕심에 사로잡혀 동물처럼 살지 말라는 말이다.

쾌락과 아름다움이 하나 되게 살라는 것이다. 쾌락은 일시적인 즐거움이지만 아름다움은 사랑과 쾌락이 조화를 이룬 참된 인생의 미덕이요 행복이다.

또 예술로 조화된 사랑의 아름다움을 표현하면 인생은 진정한 아름다움의 가치를 소유하게 된다. 인생은 짧고 예술은 길어서가 아니라 미소 속에 담긴 행복의 여운이 아름다움의 가치요 오래 기억 속에 간직되기 때문이다.

인간은 무엇인가? - 사회는 무엇인가? 어떠한 사회가 되어야 하나? 나와 가정, 사회와 민족, 국가와 세계, 인류공동체의 정치와 경제, 사상과 제도, 전통과 개혁, 보수와 진보, 사회정의의 문제 등 인간사회의 모든 문제와 이념 갈등의 해결방안은 찾을 수 있을 것인가?

인생이란 무엇이며 어떻게 살아야 하나? 나는 착하게 살 수 있을까? 괴로움은 무엇이고 어디서 오나? 인내하면 오래 참으면 고통이 저절로 사라지는가, 해결될 것인가?

왜 우울할까? 걱정 때문인가? 무언가 부족하고 채워지지 않기 때문이다. 사랑을 아무나 할 수 없기 때문이다. 나를 모르고 부정하면 사랑할 수 없다. 자신을 알지 못하고 사랑하지 않으면 다른 사람을 알 수도, 사랑할 수도 없기 때문에 우울하고 절망한다.

나는 누구인가? - 그 누구도 알 수 없다. 다만 본인 스스로 나는 어떤 사람이 될 것인가를 꿈꾸며 누구를 만들어 갈 수 있을 뿐이다.

나는 어디서 왔는가? - 별똥별같이 하늘에서 떨어진 존재도 아니요, 지진으로 하루아침에 생겨난 솟을 바위도 아니다.

엄마와 아빠의 성스러운 쾌락의 사랑의 씨앗에서 생겨나 엄마의 자궁을 통해서 세상에 태어난 존재다.

무엇 때문에 무엇을 위해 살아야 하나? 사람은 살라고 명받은 존재다. 내가 태어나고 싶어서 세상에 온 것이 아니라 주어진 생명 목숨이기에 살아야 하고 사람답게 살아야 한다. 사랑하는 사람 때문에 사랑하기 위하여 사랑을 위해 살아야 한다.

선은 무엇인가? - 선이란 무엇이며 사람은 왜 착하게 살아야 하나? 선은 착하고 좋은 아름다운 사랑이다.

착하게 살면 혹시 복을 받을 확률이 많을 것인가? 우리는 복을 받기 위해 착하게 사는 것이 아니다. 욕심껏 마음의 악한 소원대로 더럽고 추하게 살아서 짐승만도 못한 벌레가 되지 아니하고 사람다운 사람 사랑하는 인간이 되기 위해 양심대로 착하게 살 뿐이다.

악은 존재하는가? - 악이란 무엇인가? 착하게 양심대로 살지 않고 욕심대로 사는 것이 악이다. 사람이 악을 행하면 죄가 되고 죄인이 된다. 양심 곧 사랑으로 하지 아니하는 것이 악이요 죄다.

악은 이기주의의 욕(더러운)심을 행하는 것으로 반사회적이며 반인간적인 흉악한 괴물을 만든다.

플라토닉 러브는 가능한가? - 정신적 사랑이라고도 부르는 플라톤이 스승인 소크라테스의 지혜에 대한 사랑과 인격을 존경하고 사모하는 사랑이다. 그는 결혼도 하지 아니하고 팔십 평생을 진리를 연구하는 학문에 바쳤다.

흔히 남녀 간에 이루지 못한 짝사랑을 정신적인 사랑으로 미화하는 용어로 사용하기도 하는데, 대단히 잘못된 것이요 범접 못 할 숭고한 사랑에 대한 모욕이다.

플라토닉 러브는 신약성서에서 예수의 사랑에 사로잡힌 사도 바울의 성령 충만한 사랑이 예수의 복음을 위하여 일생을 바치는 삶을 살게 한 것이다.

복음을 위해 예수의 제자로 살기 원하는 사람은 자신과 같이 혼자 사는 것도 나쁘지 않다고 말하며 그러나 아무나 할 수 있는 것이 아니라 하나님의 특별한 택함을 받은 자라야 가능하다고 말했다.

그 말을 잘못 이해하고 받아들인 천주교의 교부들과 교황이 신도들의 모범이 되기는커녕 난잡한 교직자들의 성생활과 추행에 신부와 수녀들의 결혼을 못 하게 하는 법을 만들어 인권을 말살해 버렸다.

플라토닉 사랑이 진리를 위한 사랑으로 위대하고 좋은 사랑이지만 상대적으로 육체적인 사랑이 결코 잘못된 것이나 나쁜 것이 아니다.

선각자가 되기 전에 결혼하여 아들을 낳은 석가모니 부처와 깨달음을 얻은 후에 결혼하여(파계?) 아들 설총을 낳은 원효대사처럼 위대한 인물이나 할 수 있는 특별한 사랑이다.

행복이란 무엇인가? – 행복은 무엇이며 인간에게 가능한 일인가? 행복은 결코 심술쟁이 신이나 운명이 점지해 주는 행운의 선물이 아니다. 진정한 행복은 정신적인 안정과 육신의 편안함으로 부족한 것이 없이(결여) 사랑이 충만한 상태다.

참으로 행복한 사람은 자아를 찾아 알고 인생의 진리를 깨달아 자신의 꿈을 이룬 인격자다.

행복은 사람의 본성(사랑)이 다다르고자 하는 목표로 한 남자와 한 여자가 잘 맞는 짝을 만나 한 몸을 이루어 사랑으로 충만한 삶을 사는 것이다.

나(우리)를 사랑하고 내 이웃을 내 몸같이 사랑하는 것이 아름답고 행복하지 아니한가?
사람은 스스로 나를 만들고 우리(인간)를 만들어 가면서 행복을 추구하고 행복해지는 것이다.

운명은 무엇인가? - 생사화복은 무엇인가? 인간의 운명은 정해진 것인가? 사람은 운명에 반항하므로 운명을 거슬러 이길 수 있는가?

스토아 철학은 운명론으로 세상을 지배하는 것은 보이지 않는 비인격적 힘이나 운명이라고 주장하며 운명에서 벗어나기 위해 인간이 할 수 있는 일은 아무것도 없다고 믿었다.

운명은 선의 일부이니 운명에 순종(굴복)하는 것이 좋다고 말한다.

그러나 인간은 선악의 위력 앞에 인간의 한계를 느끼면서도 스스로의 양심으로 자유로운 의지의 선택에 의해 양심의 자유를 누릴 수 있다.

니체는 사랑은 운명을 이길 수 있는 단 하나의 무기요, 수단이다. 따라서 운명적인 사랑까지도 사랑하라고 말한다.

진리가 무엇이냐? - 진리는 사람으로 하여금 사람답게, 바르게 살게 하는 힘이요 사람을 살리는 능이다.

사랑의 능력으로 사랑 이외의 다른 진리란 있을 수 없다. 사랑의 능력을 체험하지 않으면 신을 알지 못한다.

하나님은 영이니 성령의 역사하심 없이 하나님을 만날 수 없고 하나님이 함께하지 않으면 사랑을 알 수 없다.

에너지, 사랑, 기는 끊임없이 활(발생) 하는 것이요 끊임없이 동(움직이는)하는 것이며, 끊임없이 운(순환)하는 것이요 끊임없이 화(변화)하는 것이다. 활동운화 – 이것이 기, 에너지, 사랑의 속성이다.

우리의 믿음은 사랑을 믿는 것이다. 이 믿음, 사랑은 활, 동, 운, 화 해야 한다. 그래서 우리의 사는 보람이 되고 따라서 우리의 기쁨이 되어야 한다. 그것은 우리의 세계관, 우리 인생의 최고의 가치관이 바로 사랑이기 때문이다.

역사의 종말은 올 것인가? – 인류의 역사는 절대정신 곧 인간의 사랑이 절대 자유를 찾아 나아가는 과정이라고 할 수 있다. 철학자 헤겔은 변증법적으로 발전을 계속하여 더 이상 변화될 필요가 없는 상태에 도달하는 것이 역사의 종말이라고 말했다.

더 이상 좋아질 것도 필요한 것도 없는 하나님이 지배하는 세상, 오직 사랑의 법만이 존재하는 평화의 나라, 사랑의 나라 하나님의 나라다.

그러나 세상 멸망의 날이나 역사의 종말이나 인생의 종말은 아무도 단언할 수 없다. 오로지 사람이 알 수 있는 것은 생명 있는 것은 반드시 죽는다는 것이다.

각 개인의 종말은 곧 죽음이다. 어떠한 삶이 어떠한 죽음을 말해준다. 사자여! 그대는 참된 사랑을 발견하고 진리를 깨달아 자유를 얻어 누렸는가?

법은 왜 필요한가? - 법은 참된 자유와 평등을 누리기 위한 하나의 장치다. 일방적인 자유의 제한이 아니라 나쁜 이기주의적 집단과 악한 개인의 자유 제한이다.

사랑의 공동체인 가정과 가족을 내팽개치고 부정하는 것은 자유가 아니라 악한 개인주의요 나쁜 이기주의다.

국가의 법은 개인과 공동체 모두의 평등한 자유와 안전을 보장하기 위한 것이지만 현실적으로 완전한 국가가 이루어진 적도 없고 법도 불완전하다.

법은 선량한 사람에게는 불필요하지만, 불법을 행하는 자의 몽둥이가 되기 위해 존재한다. 양심의 법에 따라 살며 사랑의 빚 외에는 빚을 지지 마라!

불법을 행하는 자들아 내 앞에서 썩 꺼져라!

사람은 신이 될 수 있는가? - 신은 무엇이며 어디에 존재하는가? 신은 사람을 구원할 수 있는가?

인간은 유한한 존재로 세상 인과의 지배를 받는다. 그러나 자유로운 초인의 세계를 꿈꾸며 신성한 인격을 갖기 위해 애쓴다. 의인의 세계는 서로서로 사랑으로 인정하고 존중하는 인격자가 되는 것이다.

인간의 번뇌는 행복을 추구하는 것이 죄와 악이 되지 아니하고 양심의 가책이 되지 않는 데 있다.

양심의 소리에 따르는 것이 선이요 욕망의 소리에 따르는 것이 악이다. 사람이 죽을 때 착해진다고 한다. 살아 생전 사랑을 하고 선을 베풀어야지 죽을 때 하는 후회는 쓸모가 없다.

선을 행하므로 얻게 되는 거룩한 열매 인격은 사랑의 열매다. 서로 사랑하므로 사랑하는 사람, 인간이 되는 것이 초인이요 구원이다. 신이요 하나님의 아들딸이다.

철학이란 무엇인가? − 한때 철학은 배고픈 학문이라는 말이 있었다. 철학하는 것은 소크라테스가 크산티페 형수님에게 턱수염을 잡아당기는 수모와 바가지를 긁히는 것을 각오해야 한다는 것이다.

철학은 진리를 알게 하는 지혜(지식)를 사랑하는 학문이며 자신의 내면 즉 영혼(마음)을 아름답게 채우고 살찌우는 노력이다. 지혜를 사랑하여 진리를 깨달아 가는 것 얼마나 기쁜 일인가? 인생의 보람이 이것 말고 다른 무엇이 또 있단 말인가?

스스로 자기 인생의 주인이 되어 남과 시시비비하지 아니하고 모든 사람과 한데 어울려 평화롭게 자유와 평등을 나누며 사랑의 풍요를 누리는 것이 행복이 아닌가?

이성은 진리를 깨달아 알게 하는 능력이요 마음이요 양심이다. 사람이 양심을 따라가면 진리에 도달하게 된다.

양심 곧 이성은 다른 동물이나 사물과 사람을 구별되게 해주는 사람만이 가진 특성이다.

사람이 감각적, 비감각적인 정신의 작용을 통해 인식하는 것이 지식이요 앎이다. 이렇게 사람이 인식한 앎을 삶 속에서 옳고 그름, 정의와 불의, 선악을 판단하는 원리로 적용하는 능력이 곧 양심이요 이성이다.

자연은 인간이 타고난 선험적 의식에 의해 인식된다. 그러므로 자연과학적 이론과 지식이 형이하학적인 것이 아니요 신과 영혼불멸과 자유가 형이상학적인 것도 아니다.
바른 앎을 도덕적 가치로 세우는 사랑의 실천이 문제다.

죽음이란 무엇인가? – 왜 죽는가? 영혼은 존재하는가? 영혼이 있다면 육신이 죽은 후에 어디로 가나?

만물이 주어진 연한이 다하거나 자연재해나 인위적인 죽음을 당하여 생기가 끊어지면 바로 세균들에 의해 해체작업이 시작된다. 만물의 영장인 사람이라고 예외일 수 없다.

육체와 물질은 분해되어 썩어 먼지와 흙이 되고 물이 된다. 생기, 에너지, 영혼은 어찌 되는가? 없어져 사라지는 것일까? 낙엽이 떨어져 썩어서 제 나무와 주위의 나무와 풀의 거름이 되어 다른 생물의 생기, 에너지가 되듯이 에너지는 없어지거나 줄어들지 아니하고 불멸한다는 에너지 불멸설이 과학적으로 증명된 지 오래다.

그렇다면 영혼은 신의 본성과 사람의 본성이 사랑이라고 하였으니 사랑은 영적 에너지라고 볼 수 있다.

물질적 에너지가 불멸한다면 영적 에너지도 불멸해야 하는 것 아닌가? 그래서 옛사람들도 영혼불멸설을 주장하며 사후의 세계를 궁금해하며 부활을 꿈꾸게 되었다.

만약 영혼이 불멸하여 영의 세계가 존재한다고 할지라도 아직까지 증명된 바도 없고, 죽은 육체가 다시 살아나 영원히 살아 있는 부활한 사람도 없으니 물어볼 사람도 없다.

우리가 확실하게 아는 것은 오로지 왕후장상도, 푼돈으로 한 나라를 살 수 있는 부자와 길거리에서 걸식하는 거지도 빈부와 귀천을 불문하고 이 세상에 한 번 태어난 생명을 가진 존재는 한 번 죽는 것이 기정사실이요 북망산천에 널린 무덤에도 불구하고 다시 살아서 돌아온 사람은 없다는 것이다.

삶이란 무엇인가? – 예전에는 사람의 한평생이 길면 60년이었는데 현재는 백세시대라고 할 만큼 의학이 발달하여 거의 배로 늘어난 것이다. 물론 구약성서의 므두셀라 같은 사람은 천 년에 가까운 969세를 살았다고 한다.

인생은 고해라고 한다. 고작 60년을 사는 한평생이 살기가 편하지 않고 육신과 정신이 모두 괴로움과 고통이 끊이지 않기 때문이다. 그래서 진리를 알기 위해 물음이 생겨나고 철학이라는 학문이 생겨났다. 인생이란 무엇이고 삶이란 무엇이냐? 무엇을 가지고 어떻게 살아야 하는가?

끝없는 고뇌와 고통에서 벗어날 방도는 없는가? 고뇌의 원인은 무엇인가? 탐욕, 마음의 악한 소원, 저 혼자만 편하고 잘 먹고 잘 살려는 이기주의가 이웃과 더불어 살고파 하는 선한 소원을 이기기 때문이다.

육신이 병들고 다치고 고통당하는 것도 자연의 섭리에 따르지 아니하므로 부족하거나 지나치기 때문이다.

적당히, 알맞게 먹고 마시고 운동해야 하는데. 너무 게으르거나 욕심껏 하기 때문에 병들고 몸이 망가지는 것이다.

죽음은 삶의 결과다. 어떻게 살았느냐가 어떤 죽음을 죽었는가를 말해준다. 호랑이는 죽어서 가죽을 남기고 사람은 죽어서 이름을 남긴다고 하는데 나는 죽으면 어떤 이름으로 남겨질까?

악하고 추한 더러운 반역자, 배신자라는 오명보다는 착하고 많은 사람이 존경하고 그리워하며 사모하는 이름으로 남고 싶지 아니한가?

이념논쟁과
갈등

세계 정치사회에서 이념논쟁과 갈등은 한시도 끊임없이 계속되고 있다.

동서냉전 시대에는 소련을 중심으로 동구권의 공산주의에 대한 반공주의가 세계 정치권을 이분화하는 갈등의 원인이었다고 생각하지만, 실상은 동구권은 공산주의가 아닌 공산당 독재정권이었고 미국을 맹주로 한 유럽과 그 밖의 세계는 미국이 내세운 반공산주의, 반사회주의라는 이름으로 소련연방 동구권과의 투쟁에서 우위를 차지하려는 패권주의의 오류였다.

민주주의와 자유 시장경제와 자본주의의 맹주라고 자타가 인정하는 미국은 약소국가와 적대국들의 인권문제를 가장 큰 제재와 원조의 조건으로 내세우고 강요하고 있지만 실제적으로 지구상에서 극심한 인종차별로 흑인과 소수민족을 무시하고 민주시민으로서 마땅한 기본 권리인 선거권에도 차별을 두고 국가 권력인 경찰의 생명경시가 가장 많이 발생하는 나라가 미국이다.

반공 이데올로기는 냉전 시대의 유물이지만 아직도 미국을 비롯한 여러 나라에서 반대파를 비난하고 공격하여 정권을 잡기 위한 수단과 방법으로 사용되고 있다.

서부활극의 유령이 200여 년이 지난 지금까지 그들의 인성과 사회 구조 속에 뿌리박고 있어 미국 국민의 60% 이상이 무기 보유를 찬성하고 실제로 미국 국민 100명당 120.5개의 무기를 보유하고 있다고 한다.

반공 이념은 무기를 만들어 파는 방산 업체의 선거자금을 받은 국회의원들이 무기 보유 제한법 등을 반대하고 무기상들의 무기를 팔아먹기 위한 소규모 지역전쟁을 정당화하는 방편이 되고 있다.

또 정권을 잡은 정당과 대통령의 인격에 따라 조금씩 차이가 있지만, 우방국에도 고가의 전투기 등의 무기구매를 강요하는 기본적으로 자국의 이익만을 위한 이기주의는 변함이 없다.

한국의 정치 상황에서는 정당과 시민단체와 언론과 종교와 교육에서까지 이념논쟁과 갈등은 심각한 사회균열을 만들어내고 있다.

세계 제2차 대전 후, 강자들의 이념 갈등의 희생물이 되어 민족과 국토의 분단을 겪은 한국과 베트남과 독일의 갈등해소의 차이점은 무엇일까?

물론 독일은 스스로 강자로서 전쟁을 일으켰다가 패배한 결과로 분단된 것이지만 말이다.

베트남은 소련의 지원을 받는 북쪽의 월맹과 미국의 지원을 받는 월남으로 갈려 싸우다가 미군의 참전과 한국군까지 참전했지만, 월남 정치지도자들의 나약함과 오랫동안 외세(프랑스)에 의한 지배에서 벗어나고자 하는 베트남 국민들의 의식이 작용하여 결국 공산화되고 말았다.

서부 독일과 한국의 사상, 이념적 갈등의 원인과 해소의 방법에 여러 가지 차이가 있다.

독일과 한국의 차이는 과거의 교육과 경험의 차이다. 2차 세계 대전 전에 독일은 황제제국 국가이면서 민주주의 정치를 경험했지만, 한국은 전제왕권에서 36년이라는 세월 동안 잔악한 일본 제국주의의 식민지 생활을 경험한 것이다.

패전 후, 서부 독일은 뜻있는 애국자들이 폐허 된 나라와 민족의 긍지와 망가진 민생을 일으켜 세우기 위해 정치지도자들이 되어 국가 재건과 경제회복에 총력을 기울였다.

가장 빛을 발한 것이 정치인들의 애국심과 도덕적 청렴성과 허상이 아닌 토론과 연구를 통해 만든 교육이념을 철저하게 실행한 데 있다 할 것이다.

무엇보다 정치지도자들의 도덕적인 청렴과 오직 나라와 백성을 위하는 열정이었다. 재빨리 과거의 죄악과 잘못을 회개하고 전쟁범죄자들을 색출하여 신속한 재판으로 형을 집행하였다.

어린아이들은 열심히 공부하든지 기술을 배워야 했고 아니면 일해야 했다. 부녀자들도 일하지 않으면 당장 끼니를 때울 빵을 배급받지 못했다. 천주교와 개신교의 종교인들도 사회 각 분야에서 무보수로 피땀 흘려 봉사했다.

그 결과 30년이 지난 1970년대에 유럽에서 가장 경제적으로 안정되고 부강한 국력을 회복하였다.

국가 백년대계를 지향하는 교육제도를 세우기 위해 교육자들이 머리를 싸매고 연구하며 토론하여 민주시민의 자질을 갖출 수 있는 자유와 평등 이념과 사상을 스스로 정립할 수 있도록 자주, 주체성을 강조하는 자아확립의 교육이념을 만들어 교육하였다.

그런가 하면 한국의 정치가들은 나라와 백성들의 안녕과 앞날을 위한 정책이나 교육은 뒷전이고 부패할 대로 부패하여 정권욕에만 사로잡혀 있었다.

예부터 있던 씨족과 부족, 삼국시대의 지방색에 의한 지역갈등과 해방 후, 권력에 눈이 먼 이기주의자들이 애국자들을 암살하고 미 군정에 아부하였다.

일제의 잔재를 정리하고 매국노들을 처단하기보다는 민족 반역자 쓰레기들을 기용하여 정권을 유지하는 데 급급했다.

외세의 농간으로 남북분단과 전쟁의 후유증으로 공산, 사회주의와 민주, 자본주의라는 엉뚱한 해석으로 공산당의 무자비한 만행과 반공주의자들의 어긋난 만행으로 죄 없는 국민들이 무수히 억울하게 학살당했다.

특히 4.3 제주도민 무차별 학살과 한두 마리 빈대를 잡기 위해 초가집을 태우라는 잘못된 명령을 거부한 군인들을 여, 순 반란, 공비 토벌이라는 이름으로 선량한 군인과 시민들을 무자비하게 학살한 국가 권력의 횡포였다.

5.18 광주 민주시민항쟁은 군사반란으로 권력을 잡으려는 야망에 거침돌이 되는 김대중이라는 한 인물을 제거하려는 음모로 학살된 광주와 전남 지역민들의 억울한 희생이었다.

제대로 자리 잡지 못한 노동운동과 노사갈등에 좌익(派)과 우익(派), 제대로 알지도 못하는 보수와 진보, 사회주의와 민주주의로 갈라져 싸움질하기에 여념이 없었다.

통일을 말하면서 북한과의 대화와 교류를 반대하고 정치와 경제 모든 정책에서 쓸모없는 대립으로 국고를 낭비하고 있다.

갈등과 대립의 정상에는 항상 대북문제가 있었고 제대로 알지도 못하는 빌어먹을 반공사상이라는 도깨비에 홀려 있다.

헌법에 명시된 단군의 건국이념인 사람을 널리 이롭게 하라는 홍익인간의 교육이념은 천장 밑 선반에 올려놓고 반공이란 사상도 이념도 이론도 없는 허깨비에 불과한 반공교육에 몰두했다.

사회와
사회주의

사회는 저자의 책 《사회와 정치》에서 자세히 논한 바와 같이 사회는 너와 나 두 사람 이상의 사람의 사이, 관계가 우리, 인간이요 공동체다.

아리스토텔레스가 말한 것처럼 사람은 사회적(정치적) 동물이다.
원하든 스스로 원하지 아니하든 태어나는 순간부터 사람은 사회의 일원으로 사회에 소속된다.

우리는 일상에서 사람이 가정에서 자라 초등학교와 중학교, 고등학교를 졸업하고 취직을 하든지 대학을 졸업하고 직장을 갖든지 학업을 마친 다음에 사회로 나가 사회생활을 할 때 사회인이라고 부른다.

그러나 그것은 이제까지 잘못 사용한 것이요 잘못된 생각이다. 나 혼자는 사회가 아니요, 남녀가 만나 결혼하여 가정을 이루면 부부가 가정이 첫 번째 형성된 사회인 것이다. 그러므로 사회의 기초, 출발점은 가정이다.

사람은 누구나 남녀, 부부의 가정에서 사랑으로 잉태되어 태어나는 것이요 태어나면서부터 사회인인 것이다.

예전에는 가정에 형제와 자매가 많고 조부모와 함께 사는 대가족 사회였다. 그러므로 웃어른을 섬기는 법과 형제자매 간에 지켜야 할 도리와 많은 것을 보고 자라며 작은 사회생활에 적응해 갔다. 그것을 가정교육이라고 하여 인간이 되는 사람의 성격과 품위, 인격의 기초가 되었다.

이웃과의 관계를 통해 가족이 아닌 다른 사람과의 관계와 친구를 사귀는 의리와 학교에 가며 점점 더 넓은 사회로 나아가고 배워서 익히고 지켜야 할 규칙과 질서와 법을 알아가고 학교를 졸업하고 직장을 다니며 경제와 관련된 사회생활 속으로 들어간다. 군 복무와 투표를 통해 정치와 국가와의 관계에서 시민의 의무와 권리 등을 알고 누리게 된다.

민주사회에서는 남녀노소를 불문하고 자유와 평등이 균등하게 적용된다. 법과 질서를 해치지 않는 한 어떤 불합리한 차별이나 제재를 받지 아니한다. 정치와 사회활동과 경제와 문화 활동도 누구의 강제에 의하지 아니하고 스스로 자유의지로 선택하고 참여할 수 있다.

그래서 인간은 전제정치나 일당과 일인 독재를 반대하고 민주주의 정치를 통한 민주사회 건설을 위해 마음을 모아야 한다. 옳은 뜻을 모아 실천하는 민주시민의 자질을 길러야 한다.

◆ 사회주의는

사회주의란 무엇인가? 사회가 개인이 아닌 두 사람 이상의 공동체라고 명확해졌는가? 주의는 사상 또는 개념이다. 개인을 중심으로 한 생각이 개인주의이고 공동체를 중심으로 하는 생각이 공동체주의 곧 사회주의다.

개인주의 - 개인 각 사람의 생존과 인권이 존중되고 이익이 보장되며 자유가 침해를 받지 않는 행복을 추구하는 것이다. 개체의 개인은 누구나 개인주의자이다. 동시에 가정 등 사회에 소속된 사회주의자이다.

이기주의 - 나쁜 개인주의로 자기 자신의 자유와 편리와 이익만을 추구하는 배타주의다. 자신의 이익을 위해서는 타인과 단체의 손해나 피해를 무시하고 해를 입혀도 상관없다. 이기주의자는 나쁜 개인주의자로 반사회주의자이다. 사회주의의 반대어는 나쁜 개인주의 곧 이기주의다.

집단이기주의 - 나쁜 공동체주의로 자기 가족이나 자기가 속한 단체와 회사와 정당, 지역과 지방, 넓게는 민족과 나라의 이익을 위하여 다른 단체와 정당과 지방과 타민족과 인종과 나라를 멸시하고 차별하는 고약한 습성과 행위가 집단이기주의다.

대표적인 것이 세계 제2차 대전을 일으키고 수백만 명의 유대인과 타민족을 학살한 독일의 나찌(Nati)를 들 수 있는데 나찌는 영어로 내셔널(national)로 국가다. 독일어로 National은 나찌오날로 앞의 나찌만 사용해 나찌주의라고 한다. 즉 국가 전체주의, 민족주의, 게르만 민족만 위하는 나쁜 집단이기주의이다.

한국어로 나찌를 나치로 사용하는데 잘못된 것이다. 개인주의나 개별 국가주의를 영어로 내셔널리즘이라 부른다. 나치란 발음은 없다. 독일어는 나찌즘, 나찌오날리즘, 나찌주의다. 네오 나찌는 새로운, 젊은 나찌로 히틀러 나찌즘이 아닌 새로운 젊은이들의 외국인을 혐오하는 자민족주의다.

나쁜 집단이기주의는 반사회적이며 반 인류주의다. 모든 다툼과 전쟁이 여기서 시작된다. 이탈리아의 무솔리니가 한때 권력을 휘두르던 화시즘(Fashism)도 같은 맥락의 나찌주의다. 전체주의로 히틀러가 무솔리니의 화시즘에서 배운 것이다. 전체주의이지만 그중에서 가진 자, 힘 있는 놈, 젊은이들의 가치만 중히 여기고 그들만이 권력과 행복을 누리겠다는 극한 집단이기주의에 지나지 않는다.

오늘날에도 강대국들이 걸핏하면 경제와 군사적 무력을 앞세워 약소국가들을 겁박하고 자신들의 국익을 위해 갖은 악행을 저지르고 있다.

공동체주의 – 구성원 각각의 인권존중은 물론 공동체 전체의 이익과 행복을 추구하며 공동체의 이익을 위해서 서로 협동하며 함께 일하고 얻어진 기쁨도 함께 나누는 공생체인 인간사회(공동체)의 공생주의다.

공리주의 – 개인의 자유와 권리와 이익을 보장하지만 모든 일에 개인의 권리와 자유와 이익보다 공공의 이익 곧 공동체의 이익을 우선순위로 한다. 개인의 행위가 공동체의 명예와 안전과 이익에 해가 될 경우, 법으로 개인의 행위를 제재하고 책임을 물을 수 있다.

서양의 철학 용어 이성은 동양의 윤리와 도덕에 있어 양심이다. 영국의 경험론적 공리주의자인 흄은 이성은 어떤 목적에 대한 무엇이 유용한지의 수단만을 가르쳐 줄 뿐 확실한 지식과 인간행위의 문제에 결정적인 역할을 하지 못한다고 보았다.

이성은 감정, 정념의 노예로 선이 무엇인지 가르쳐 주지 못한다는 것이다. 도덕의 본질과 근거를 정서적 행위의 경험에서 찾았다. **이성이 양심인 줄을 알지 못했기 때문이다. 양심은 선악이 무엇인지 선험적으로 알게 하며 사람의 감정을 조절한다.**

쾌락주의적 공리주의는 영국의 철학자 벤담과 밀에 의해 구성된 윤리 이론이다. 행위의 도덕적 윤리 기준을 그 행위의 유용성에 둔다. 벤담은 종교와 철학적인 형이상학에서 벗어나 감각경험의 범위를 넘어서는 안 된다고 주장했다.

자연인은 고통과 쾌락의 두 권세 아래 놓여 있다. 고통은 회피하고 최대한의 쾌락을 추구한다. 유용성(효율성)의 원리는 개인과 공동체(사회)에 더 많이 이익이 되고 안 되느냐? 행복이 되고 안 되느냐에 있다.

다른 의무론적 윤리체계인 도덕적 법과 책임과 의무에 따른 행위를 기준으로 하는 두 체제는 동기와 결과라는 상반된 두 입장을 갖고 도덕적 행위를 판단하는 대립각이다.

철학자 밀의 민주주의적 공리주의는 최대 다수의 최대 행복은 개인이나 끼리끼리, 제한된 소수, 집단이기주의가 아니고 모든 사람, 사회구성원 전체의 이익과 행복(쾌락)을 말하는 것이다. 공동체에 속한 각 개인은 자신의 이익과 행복을 추구하는 행동이 공동체의 이익과 행복에 해가 되거나 마이너스가 되면 안 되고 플러스가 되고 도움이 되어야 한다.

참된 공리주의는 현재의 사회적 불평등한 제도와 불공평한 부의 분배를 고르게 재분배해야 하는 사회정의 곧 공의의 칼을 높이 들고 있다.

모든 일은 목적과 결과가 중요하다. 그러나 과정이 나쁘면 좋은 결과를 얻기 어렵고 또 좋은 결과만이 꼭 항상 옳은 것이 될 수 없다. 인간의 행복은 쾌락이 그 본래의 가치라고 해서 끝없는 쾌락의 추구가 목적이 될 수 없다.

쾌락이 영원할 수 없거니와 쾌락만이 인간의 전부가 아니며 행복의 본질도 아니다. 배부른 돼지보다는 허기진 인간이 되는 것이 낫다. 만족한 바보가 되느니 불만족한 소크라테스가 되는 편이 낫다는 말이다.

사회주의 – 공동체주의로 공동체 소속원의 편리와 안전과 이익과 행복을 위해 법과 제도를 만들고 솔선하여 지키며 공동체 전체의 이익을 위해서라면 개인의 작은 손해나 희생은 당연한 것으로 여긴다.

나쁜 개인주의, 이기주의와 반대말로 개인과 개개인 중심이 아니고 인간사회, 공동체 중심으로 이기주의 나아가 소수와 집단이기주의를 반대하는 공동체주의다.

인류공동체 구성단위인 종족과 민족과 개별 국가는 각 구성원의 자유롭고 행복한 삶을 위하여 의사를 결정하고 실행하는 과정의 모든 인간 활동의 모든 것을 포함하는 것이 사회주의다. 궁극적으로 전체 인류사회의 평등과 평화를 이루기 위해 공동으로 노력하는 것이다.

개인과 사회의 다른 점을 좀 더 쉽게 이해하기 위하여 구분해 보면

개인(나) – 사회(공동체, 너와 나, 인간, 우리)

자유(선택) –계약, 약속(법과 제도) 안에서의 자유로 제한

책임(없음) – 자신의 행위(자유)에 따른 다른 사람과 공동체의 피해와 손익에 따른 배상과 법적인 책임과 형벌

정의(자의) – 공의, 사회정의는 다수에게 옳은 것이 아닌 모두에게

옳은, 항상 옳음의 한가운데 서 있어야 한다. 곧 중용이다.

　주의(이기) – 공동체주의는 개인 자신보다 공동체 사회의 유익을 우선하여 타인과 공동체를 위해 자신을 희생할 수 있어야 한다.

　평등(자존) – 기회의 균등, 기본권에 차별이 없고 약자를 배려해야 한다.

　권리(존엄) – 개개인의 인권존중과 공리공존의 행복을 위한, 최소한의 혜택을 누릴 수 있는 제도를 마련해야 한다.

　그리스의 철학자들에 의해 시작된 사회, 사회주의라는 용어와 민주주의 제도는 영웅들의 시대가 도래하며 말발굽에 짓밟혀 버리고 18세기 계몽주의와 인본주의 사상가들에 의해 부활하여 루소의 사회계약론을 시작으로 프랑스 대혁명의 인권선언에까지 이르렀다.

　한마디로 사회주의 사상은 인간이 만들어 낸 모든 학문의 이념, 주의, 사상, 관념과 이론을 총망라한 생각의 모음이다.

◆ 사회주의와 공산주의

　우리가 가장 잘못 알고 잘못 사용하는 사회주의와 공산주의

　라는 말이 20세기 동안 전 세계를 이념 갈등의 소용돌이 속으로 몰아넣었다.

　21세기인 오늘날까지도 반공사상이라는 망령에서 벗어나지 못하고 있는 실정이다.

사회주의는 위에서 설명한 바와 같고 공산주의를 적대시하는 반공주의는 어처구니도 없고 터무니도 없는 호랑 말코 같은 허깨비다.

공산주의는 마르크스가 자본론에서 자본론의 폐해를 지적하며 그 해결책으로 노동자와 시민 대중이 가진 자본을 모아 스스로 공동의 생산수단을 가지므로 자본가들에게 억울하게 노동 착취와 수탈을 당하지 아니하고 다 함께 일하고 균등하게 나누는 생산협동조합을 만들어야 한다는 경제이론이다.

이론이 뜻하는 전체 의미가 공동자본을 추구하는 것인데 공동자본이 공동재산을 추구하는 것으로 해석되어(틀린 것은 아니다) 공산주의라는 이름이 된 것이다.

사람은 누구나 나면서부터 가정이라는 최초의 공산주의 사회에 태어나 공산주의 삶을 사는 공산주의자이다.

만약 부부가 이혼을 하게 되어 재산을 나누면 공산주의가 깨지는 것이다. 자녀는 사적 소유재산이 아니니까 재판을 통해 양육권을 갖게 된다.
거기서부터 인생의 비극이 시작되고 가정의 평화와 행복을 깬 자는 반공산주의자인 것이다.

가정은 공동의 물질적 재산뿐 아니라 정신적인 사랑과 자녀라고 하는 나눌 수 없는 인격체의 평화와 행복을 보장하고 유지해야 하는 공동체의 인생의 울타리이기 때문이다.

경제공동체인 공산주의는 공동자본의 소유와 유지이지 강제로 개인의 재산 소유를 반대하거나 못하게 하는 것이 아니다.

공산주의 공동체 최후의 목표는 화목한 가정이다. 온 가족이 한마음으로 사랑하며 나이와 성별에 차이 없이 능력에 따라 일하고 버는 돈을 모두 합하여 의식주를 해결하며 불평이나 불만 없이 행복한 삶을 누리는 것이다.

일인 독재나 일당독재의 권력을 위해 유혈혁명으로 사람을 무자비하게 죽이고 민중(인민)을 압제하고 경제를 집단화하여 통제하는 공산당은 공산주의가 아니다.

해체된 소련연방 국가들은 이미 공산당의 공산주의 국가도 아니고 러시아도 아직 독재 권력이 정권을 유지하고 있지만 오래가지 못할 것이다.

중국과 북한만이 공산당 정권을 유지하고 있다. 중국은 20년 전만 해도 잠자는 곰이라고 불렸으나 현재는 자본주의 자유 시장경제체제로 개방되었고 세계 제패를 꿈꾸는 포효하는 성난 사자로 변하여 강력한 공산당과 군국주의의 철퇴를 휘두르고 있다. 북한만이 일인 독재체제를 유지하고 있으나 시간이 해결할 문제다.

이념교육의
중요성

서부 독일은 1960-1970년대에 자유의 가치를 우선시하는 보수정당과 평등의 가치를 우선으로 하는 진보정당 사이에 격렬한 정치교육 논쟁이 있었다.

그러나 과도한 이념경쟁으로 대화는 건설적인 결론에 이르지 못하다가 1976년 가을에 양당의 이름 있는 정치교육 학자들이 최소한의 합의라도 하자며 보이텔스 바흐에 모였다.

여기서 이루어진 최소한의 3가지 합의 사항이 현재까지도 유지되고 있는 독일의 교육이념이다. 그 3가지는

첫째, 강압 금지의 원칙 - 교육과 교화를 구분하는 원칙으로 선생이 자신의 견해를 학생이 받아들이도록 강제하므로 학생의 자립적인 판단 능력 형성을 방해해서는 안 된다.

자기주도 학습과 자아 성찰, 자주 독립심을 길러주어야지 교화는 민주사회에서 선생이 수행해야 할 목표가 아니다.

둘째, 논쟁 성 재현의 원칙 – 학문과 정치사회에서 일어나는 논쟁점은 학교 수업에서 또한 논쟁으로 토론해야 한다. 서로 다른 생각과 의견과 입장이 무시되어 올바른 선택 가능성이 없어진다면 좋은 대안이 서지 못하고 교화 현상으로 나타난다.

특정한 견해가 뒷문으로 들어오거나 선생과 학교의 일방적인 영향에 의해 학생들이 방황하면 안 된다.

셋째, 학생 중심의 원칙 – 학생들은 특정한 정치 상황과 자신의 이해관계를 분석할 수 있어야 하고 자신의 이해관계에 따라 정치 상황에 영향을 미칠 수 있어야 한다.

정치교육은 추상적인 것이 아니라 자신의 이익을 위해 정치적 참여역량을 성장시킬 수 있어야 하므로 참여역량 원칙이라고도 한다.

독일 김나지움(5-13학년) 교사들은 이 세 가지 원칙, 열려 있는 교육 방법(이념)을 바탕으로 학교 밖에서는 정치 활동과 시민 활동을 다양하게 경험하고 학교 내에서는 균형 있는 토론 논쟁교육을 실행하므로 학생들의 주체성과 존엄성을 존중하는 교육으로 자리를 잡아갔다.

독일의 교육이념이 세계의 주목을 받는 이유는 각 개인의 인권존중 곧 인간의 주체성과 존엄성을 존중하여 의식 있는 민주시민을 양성하는 데 가장 모범이 되기 때문이다.

교육의 중요성은 교사나 국가의 정치가들이 원하는 사람을 만들기 위해 학생들에게 고정된 획일적인 생각이나 사상을 주입하는 것이 아니라 자유로운 토론과 대화를 통해 스스로 생각하고 판단하는 주체성을 갖게 하는 것이다.

이제까지 대부분의 전제국가와 독재국가들은 하나같이 획일된 이념이나 사상을 국민들에게 지키고, 실천하라고 강제하였다.

한국의 군사독재가 반공을 국시의 제일로 삼고 반공사상이란 이름으로 수많은 똑똑하고 아까운 젊은 인재들을 학살한 것처럼 말이다.

특히 북한의 주체사상이라는 것은 이론적으로도 말도 안 되는 것이 북한은 일당 공산당과 일인 독재자가 요구하는 것만 주입하고 강요하는 체제로 노동자의 주체성을 주창한 마르크스의 공산주의 서적들조차 금기하고 있기 때문이다.

◆ 한국의 교육이념 홍익인간

1949년에 제정 공포된 한국의 교육법에 "대한민국의 교육이념은 **홍익인간**이다."라고 명시되었다.

홍익인간이란 무엇인가? - 간단하게는 사람(인간세상)을 널리 이롭게 하는 것이다. 어떻게 이롭게 할 것이냐? 먼저 각 개인 한 사람 한 사람이 홍익인간이 되는 것이다.

사회의 출발점인 가정에서 좋은 자식, 좋은 남편, 좋은 아버지가 되고 친구와 이웃에게 좋은 친구와 이웃이 되어야 한다.

홍익인간은 선한 소원(꿈, 희망)을 가지고 스스로 그 소원을 이루기 위해 최선을 다해 무실역행해야 한다.

자신이 속한 공동체와 가정과 이웃, 나라와 민족, 나아가 인류를 위해 꼭 필요한 한 가지 이상의 지식과 기술과 능력을 익히고 배워 실력을 갖춘 인재가 되어야 한다.

모든 사람에게 필요할 때 주저함 없이 도움과 나눔을 실천하는 사랑하는 사람이다.

그러한 사람으로 교육하여 사람다운 인성을 가진 인격자로 완성시키는 것이 홍익인간 교육이념의 목적이요 목표다.

자랑스러운 대한의 아들들 방탄소년단에게 보내는 메시지

홍익인간(BU의 세계관)

사람을 널리 이롭게 하라

너와 나 우리는 인간 그리고 사회
손에 손잡고 하나 되어
우리 모두 인연의 줄에 꿰어
사람다운 인간되어 서로 사랑하자

나뭇잎에 떨어진 빗방울이
내를 이루고 냇물 모아 강으로 흘러

온 누리 적시며 생명을 키워내고
바다에 이르러 드넓은 세상
파도처럼 힘차게 인생을 살아보자

세상을 널리 이롭게 하라
너와 나 우리 하나의 지구와 인류
차이와 차별의 벽을 넘어
자유와 평등 넘치는 아름다운 세상
꽃보다 더 아름다운 사람을 사랑하자

사람을 사랑하라 세상을 이롭게 하라
자신을 알아 나를 사랑하고
서로 사랑하는 인간이 되어
사람 사는 아름다운 사회 이루어
하늘 같은 마음으로 뜨겁게 사랑하자

한 누리, 지구 누리, 온 누리에
사랑하는 사람들로 가득 채워
자유와 평등과 평화 넘쳐나는
노래로 아름다운 세상 찾아가는
사람사랑으로 평화를 만드는 *(우리는)* BTS
노래로 아름다운 세상 만들어 가는
사람사랑으로 평화를 만드는 *(우리는)* BTS

◆ 한국 공교육의 문제점

한국은 세계에서 유례가 없는 사교육 세상이다. 어린이집에 유치원으로부터 대학과 대학원까지 공교육 기관이 갖춰져 있음에도 불구하고 사교육 시장인 학원이 넘쳐나는 진기한 현상이다.

무엇이 문제이고 어디서부터 잘못된 것일까? 많은 문제점 중에도 교육에 대한 잘못된 이해가 가장 크다 할 것이다.

교육의 목적은 여러 가지로 첫째가 직업교육과 기술교육이다. 둘째가 지성교육 곧 민주시민의 자질 교육이다. 셋째가 인성교육 곧 사람교육이다. 넷째는 천재의 계발 곧 나라와 세계, 민족과 인류를 위해 공헌할 인재교육이다.

대학은 학문을 연구하는 고등교육 기관으로 철학적 사상과 문학과 역사적 기록을 통해 교훈을 얻고 새로운 사상과 문화를 창조하는 것이다.

과학적 연구와 실험을 통해 인간의 질병을 치료하고 새로운 에너지를 개발하며 의식주의 식량생산과 주거건설과 지구의 환경과 자연 순환의 법칙을 알아서 인류가 어떻게 적응하며 살아야 하는가를 밝히는 것이다.

또 광대한 우주와 지구가 속한 태양계의 움직임과 상호관계를 연구하여 인류의 미래 생존과 직결되는 천체변화를 연구하므로 어느 날 갑자기 닥칠지도 모르는 지구와 인류의 종말 위기에 대비하는 것이다.

많은 사람들이 한국 공교육의 문제점으로

1 막대한 투자비용에 비해 성과가 없다. 곧 이웃 나라 일본은 노벨상 수상자가 24명에 이르는 데 반해 한국은 아직 한 명도 없다는 것이다.
2 대학을 졸업하고도 변변한 직장을 잡을 수 없어 고등실업자만 증가한다.
3 대기업과 공무원 시험에만 매달려 중소기업에는 인력난이 해결되지 않고 있다.
4 좌파적인 가치가 공교육을 지배하고 있다고 한다.

하나하나 따져 보면 공교육의 잘못이기도 하고 아니기도 하다.

1, 2, 3항은 공교육의 잘못이라기보다 해방 후, 척결되지 않은 채로 남아 있는 일본 제국주의의 정치적 관료주의에 의한 폐해로 관직

의 권력과 권위의식, 학벌주의와 학연, 지역주의와 지연, 대기업이라는 실속 없는 껍데기 의식, 천재를 기를 줄 모르는 인재교육의 결여에 있다 할 것이다.

첫째, 한국의 공교육비용은 선진국들에 비해 그리 높지 않다. 투자 대비 효율적이지 못한 것은 교육제도의 문제도 있고 무엇보다 교수들과 학생들의 학구열의 문제다. 학문은 돈과 연결되면 안 된다. 물론 연구에 필요한 밑받침이 부족하면 안 되지만 돈을 벌기 위한 연구나 돈벌레 교수가 되어서는 희망이 없다.

일본과의 비교는 타당치도 않다. 임진왜란(1592-1599년) 이전 조선보다 400년 이상이나 앞서 조총을 비롯한 서양 과학문명을 받아들여 발전시킨 일본과 기초과학과 연구비와 교수들과 연구생들의 학구열과 연구 자세와 자질이 비교상대가 못되었다. 그러나 앞으로는 다르다. 원자로와 핵융합에서도 월등히 앞서고 있다.

특히 이제까지 한국의 대학생들은 입시 위주의 교육으로 정해진 해답을 암기하는 것이 최고의 공부로 알고 해왔다. 과거에는 대학에 가면 진절머리 나는 공부에서 해방되어 연애와 놀러 다니는 것이 대학생의 첫째 목적이 되었었다.

그렇게 4년간 대학을 졸업하고 외국으로 유학을 가니 갓 고등학교를 졸업한 유럽학생들의 실력을 따라갈 수 없어 같은 정도의 두뇌를 가진 어린 학생들이 4년 만에 1, 2개의 석, 박사학위 논문을 통과하는

데 비해 석사학위 하나에 5, 6년, 10년씩 걸리니 비교가 되겠는가?

둘째, 대학 졸업 고등실업자의 양산은 말도 안 되는 억지다. 과거 독일의 경우 1970-1980년대 초까지만 해도 대학 진학률이 15-20% 수준에 머물러 예를 들어 공과대학을 졸업한 석사학위 소지자는 중견기업에 취직하면 바로 부장 직위를 얻었다.

한국에서 대학 졸업자가 부장으로 승진하려면 특별한 능력이나 백줄이 있어도 20년이 걸리는 자리였다.

그러나 1990년대 들어서며 대기업을 비롯한 회사들이 인건비가 저렴한 중국과 동남아와 중남미 등으로 공장을 옮기며 일자리는 줄어든 반면 대학 진학률은 30-40%로 늘어나며 대학을 졸업하고 석사나 박사학위를 받으면 취직할 직장이 없어 50% 이상이 고등학력 실업자가 되는 실정으로 세계적인 현상이다.

셋째, 한국은 대학 진학률이 70-80%에 이르니 일자리가 점점 줄어드는 현실에서 대학을 나온 것이 취업을 하는데 별 도움이 안 된다.

특히 기술직이 아닌 일반학과를 나온 사람은 안정적인 공무원 시험에 목을 매달고 대기업에 취업이 되어도 제대로 된 대우나 전공한 분야에서 능력을 발휘하는 경우도 드물다. 반면에 중소기업의 꼭 필요한 숙련된 기능공들은 부족하고 힘들고 작업복 입은 일은 하지 않으려는 젊은이들이 넘쳐나게 되었다.

이처럼 창조성이나 실력 없는 고등학력 실업자의 문제는 전 세계적인 현상이지 결코 한국만의 문제가 아니다.

무엇보다 대학은 학문을 연구하고 창조하는 곳이지 취직을 위한 졸업장을 얻기 위해 가는 곳이 아니다. 독일의 경우 예를 들어 유명한 대학의 경영학부에 200-300명의 학생이 등록을 하면 자신이 신청한 학과를 공부하기 위해 필요한 기본 필수학과목을 1년간 공부하여 시험에 통과하는 학생이 40-50명밖에 안 남는다. 기본 실력이 안 되면 자신이 원하는 학과공부를 시작조차 할 수 없다는 말이다.

공부는 혼자 하는 것이라고 말했지만 대학은 혼자 하는 공부도 있고 여럿이 공동으로 하는 연구와 과제가 있다. 혼자든 함께하든 스스로 공부하지 않으면 안 되는 것이다.
대학은 진짜 공부를 하러 가는 곳이다.

4항의 좌파적인 가치가 공교육을 지배한다는 발상은 터무니없는 억지로 지금 다루고 있는 이념 갈등의 문제에서 이념과 사상에 대한 이해 부족에서 오는 어리석음의 결과다.

좌파와 우파의 시작점을 안다면 좌파는 잘못된 법과 제도를 고치고 개혁하여 모든 사람이 평등한 인간적 대우와 자유를 누려야 한다는 옳은 주장이다.

우파는 과거 자신들이 가진 기득권을 빼앗기지 않고, 내려놓지 않으려고 잘못된 전제왕권과 귀족주의와 자본의 독점과 이익을 지키려는 가진 자들의 패역한 발버둥이다.

교육의 목적이 올바른 인격을 닦아 공동체의 이익을 위해 봉사하고 공헌할 수 있는 인재양성에 있다면 부정과 부패를 없애고 법과 제도를 좋은 방향으로 개혁하는 것이 옳은 가치가 아닌가? 특히 공교육이 지향해야 할 가치가 아닌가?

공교육이든 사교육이든 공부는 학생 스스로 혼자 하는 것이지 누가 대신해 주는 것이 아니다. 아무리 많은 돈을 주고 학원이나 개인교습을 시켜도 공부에 취미와 뜻을 갖고 스스로 목표를 향해 노력하지 않으면 아무 소용이 없다.

비싼 학원비를 내고 시간에 쫓기며 공부하고 밤잠도 편히 자지 못한 채 공교육인 학교에 와서는 졸거나 자버리면서 공교육이 제구실을 못 해서 사교육을 시킬 수밖에 없다는 말이 타당한 것인가?

구태여 15세에 학문에 뜻을 두었다는 공자님의 말씀을 기억하지 않더라도 스스로 자기 인생의 주인이 되기 위해 자주적으로 자기 주체성을 가지고 자아와 인격을 완성하는 사람이어야 목표한 학문을 이룰 수 있는 것이다.

노벨상을 받는 것이 목적이 될 필요는 없겠으나 그래도 세계에서 한 분야의 최고의 새로운 기술이나 능력으로 인류에게 봉사한 공헌을 인정받는 것은 보람된 일이다.

한국에서도 영재발굴단이라는 TV 프로그램을 통해 많은 어린 천재들이 있음을 알게 되었고 그들의 천재성을 발전시킬 수 있는 도움이 부분적으로 주어지고 있으나 교육 제도적으로 확립되지 않고 있다.

유럽 선진국들은 예술뿐 아니라 모든 학과 영역에 천재적 능력이 있는 아이는 초등학생이든 5, 6학년 학생이든 해당 학과 교수의 검정을 거쳐 대학에 등록할 수 있다.

무료로 교수에게 직접 대학교육을 받을 수 있는 제도가 있어 천재적 재능이나 지식을 연구 개발한다. 그 아이들은 초등학생이면서 예비 대학생이요 학부생으로 박사학위까지 받을 수 있는 것이다.

이렇게 뛰어난 인재들을 일찍 발견하여 세계적인 인재로 교육하기 때문에 각 분야에서 노벨상 등 큰 성과를 거두고 자신과 국가의 위상을 높이는 데 쓰임 받고 있다.

공교육의 목적은 주체성을 가진 인간으로 교육하여 선이든 악이든 자신의 자유의지로 선택하고 결정권을 행사하는 자주적으로 독립된 인격자인 민주시민의 자질을 기르는 데 있다. 자유와 평등한 기회와 자신의 행동과 결과에 대한 책임을 지며 자신이 속한 공동체의 안전과 이익과 평화로운 질서를 위해 의무를 다하는 사람이 되도록 하는 것이다.

독일과 한국의 정치적 민주주의와 경제발전의 양상과 소요된 시간의 차는 무엇인가? - 독일은 나라와 민족을 사랑하는 애국자와 지도자가 있었고 한국에는 애국자와 지도자가 없었다는 것이다. 현재까지도 대통령을 비롯한 정치가들이 임기 후에 감옥에 가야 마땅한 부정과 부패의 원흉들이다.

민주주의는 좋은 민주주의자들인 민주시민을 필요로 한다. 좋은 민주주의자라야 좋은 민주시민이 되기 때문이다.

민주시민은 좋은 사람이다. 좋은 교육이 좋은 사람을 만들고 좋은 사람이 모여 좋은 인간사회, 공동체가 이루어진다.

좋은 민주시민이 좋은 민주주의 사회를 만들고 좋은 민주정치를 할 수 있다. 좋은 정치교육이 올바른 정치가를 만들고 올바른 정치가라야 좋은 정치를 할 수 있다.

교육의 정치적 중립은 학교에서 정치교육을 하지 않는 것이 아니라 자유로운 토론을 통해 올바른 정치교육이 이루어지므로 주체성을 가진 선택을 할 수 있는 깨어 있는 민주시민으로 길러내는 것이다.

인성은 사랑이다. 짐승이나 벌레의 생각이 아닌 사람다운 생각을 하므로 사람다운 사람, 인간이 되기 위해 사랑하는 사람이 되어야 한다.

사상이란
신기루

사람의 생각, 이념, 지식, 주의가 많은 사람들의 지지를 받아 학문적으로 체계화 된 것을 사상이라고 한다.

신기루는 실제로 존재하는 것이 햇빛의 굴절현상에 의해 실제 있는 곳의 엉뚱한 방향에 반사되는 것일 수 있다.

황량한 광야의 사막에서는 나침반의 방향과 안내자의 조언이나 지도의 정확한 안내를 따라야지 피곤한 눈에 비친 허상의 신기루를 보고 따라가면 시원한 물과 먹을 것이 있는 생명의 오아시스가 아닌 막막한 사막의 한가운데서 길을 잃고 헤매다가 죽을 수도 있다.

인류 역사에서 사상이 문제가 되고 이념 갈등이 빚어진 것은 18세기 인본주의 계몽사상이 생겨나며 신 중심의 신본주의와 인간중심의 인본주의가 대립하며 종교의 신앙적 갈등에서 시작되었다.

그 후, 자본주의에 대한 피해를 줄이기 위한 노동자들의 인권과 노동의 정당한 대가를 요구하는 운동에서 발전하여 노동자 스스로 자본을 모아 생산수단을 만들어 생산수단의 주인이 되므로 이익과 수익분배의 평등을 이루자는 마르크스의 이론이 등장하였다.

　정치적으로는 보다 일찍 1789년에 프랑스의 시민혁명으로 인권선언을 발표함으로 인본주의의 승리를 자축하기에 이른다. 제2차 세계대전 종전 후, 새롭게 출범한 유엔에서 1948년 12월 10일 세계인권선언으로 채택되었다.

　프랑스 인권선언은 인간선언이다. 크게 두 가지로 부터의 인간 해방과 자유와 평등을 주장한 것으로

　첫째, 신으로부터의 해방과 자유와 독립선언이다. 인간은 더 이상 신의 꼭두각시이거나 신에게 예속되어 종교세와 제물을 바치고 복을 달라고 비는 어리석은 더 이상 어린아이가 아니라 성숙한 인간이라는 인간선언이다. 신을 믿고 순종해야 사후에 천국에 가서 영생을 누릴 수 있는 것도 아니라는 각성에서다.

　니체가 깨우쳐 준 대로 구원은 십자가의 은혜나 피가 아니고 예수가 명한 사랑을 행함으로 서로 사랑하므로 이 땅에서 평안과 안식을 얻을 수 있다는 깨달음이다.

　둘째, 전제왕권과 귀족계급의 횡포로부터의 해방이다. 인간은 날

때부터 자유와 평등한 존재라는 인간선언이다.

힘 있는 자들이 전쟁을 통해 빼앗고 넓힌 영토를 공을 세운 기사와 장군들에게 영지로 나누어 주고 마음대로 세금을 걷어 왕족들과 영주들만이 부자로 잘 먹고 잘살게 되고 대부분의 국민, 시민들은 농사와 목축을 해도 노동만 죽도록 했지 제대로 된 노동의 대가를 받지 못하였다.

노예들은 노동의 대가는커녕 사람취급도 받지 못하였다. 인간은 나면서부터 자유롭고 평등한 존재라는 깨달음으로 더 이상 가만히 앉아 차별과 핍박을 받지 않겠다는 것이다.

두 번째 이념 갈등의 시작은 한국의 남북전쟁으로 빚어진 동족상잔의 무자비함으로부터다.

19세기와 20세기 초에 걸쳐 마르크스주의에 대한 상반된 이해로 사회주의와 민주주의, 공산주의와 자본주의라는 엉뚱한 방향으로 발전하며 총칼보다 더 무서운 소리 없는 사상 전쟁이라는 말까지 등장하였다.

자본주의를 제대로 겪어보지 못한 한국의 젊은 지성인들은 사회주의라는 이상주의에 흠뻑 빠졌다.

만주와 소련에서 사회주의를 잘못 배운 사회주의자들은 오직 나라와 민족의 자주독립에만 심혈을 기울이는 민족주의자들과 생각과 뜻이 하나 되지 못하고 독립운동 중에도 심한 갈등이 일어나곤 하였다.

그러다가 제2차 세계 대전이 연합국의 승리로 막을 내리고 미국과 소련의 비밀협약에 의한 한국의 남북분단 후, 소련의 야욕을 등에 업은 북한 김일성 공산당이 1950년 6월 25일 군대를 몰아 남침하므로 동족상잔의 비극의 문이 열렸다.

공산당 인민군의 무자비한 학살을 직접 경험한 한국 민중은 공산주의나 사회주의라는 말만 나와도 치를 떨게 되었다. 이에 미국은 소련의 세계를 공산주의화 하려는 피의 야욕을 막기 위해 공산주의에 반대하는 반공사상을 만들어 정치적 반대파를 공격하고 처단하는 데 이용하며 자유세계에 속하는 민주주의 국가들의 정치적 이념으로 강요하므로 동서냉전의 표어가 되었다.

한국의 독재자 박정희는 군사 쿠데타를 일으키고 반공을 국시의 제일로 삼아 미국에 충성함으로 미국의 지지를 얻었다.

그 뒤를 이은 전두환이라는 괴물은 김대중이라는 정치적 반대파를 처단하기 위한 빌미로 아무 죄 없는 광주 민주시민들을 무자비하게 학살하였다.

공산주의와 공산당 독재도 구분 못 하는 반공이라는 머리와 꼬리도 없는 허상에 의해 얼마나 많은 죄 없는 목숨들이 억울하게 독재자의 총칼과 형장의 이슬로 사라져 갔는가?

 1958년 이승만 정권은 조봉암 선생을 공산주의자로 몰아 사형시
켰다.
 1961년 박정희 정권은 민족일보 사건으로 조용수 외 2명을 사형
시켰다.
 1969년 박정희 정권은 동백림사건으로 서독의 윤이상 교수와 이
응노 화백을 공산주의자로 몰았다.
 1973년 박정희 정권은 최종길 교수를 공산주의자와 간첩으로 몰
아 고문하다가 사망하자 자살로 발표하였다.
 1975년 박정희 정권은 인혁당 사건조작으로 8명을 사형시켰다.
 그 외에도 수많은 죄 없는 어리석은 백성들이 간첩으로 몰려 고난
을 당했다.

 사회주의와 민주주의, 공산주의와 자본주의가 서로 반대되는 개념
도 아니요 인간의 삶에 해악이 되는 것도 아니다.
 이념에 대한 잘못된 이해와 잘못된 해석을 정치적으로 이용하는
독재자와 정치 사기꾼들에 의해 어리석은 국민과 시민들이 이용당해
온 것이다.
 정치가들은 더 이상 이러한 이념을 이용하는 사기를 당장 그만두
어야 한다.

 이제는 더 이상 이념이나 사상이라는 신기루에 속아 사기꾼들에게
끌려가서는 안 된다. 스스로 진리를 깨달아 민주시민의 의식을 가진

항상 깨어 있는 민주시민으로서 정신을 차리고 살아가야 할 것이다.

갈등의
해결 방안

　지금 우리는 생존경쟁이 격화된 시대에 살고 있다. 특히 젊은이들은 지나친 경쟁상황 속에서 학업과 직업과 결혼과 자녀, 거주할 집에 대한 대답 없는 메아리에 현기증을 느끼며 꿈을 꿀 수 없도록 끙끙 앓고 있다.

　지나친 경쟁의식은 살아남기 위한 경계심을 부추기고 동료에 대한 적대감마저 발생시켜 평화로운 대화와 토론을 통한 친절한 소통을 방해한다.

　이념 갈등으로 의식, 무의식중에 우리 뇌 속에 의식화되어 버린 좌우, 상하, 빈부, 귀천, 동서와 지역과 학벌 등 내 편과 네 편을 가르는 이분법적 사고방식은 하루아침에 바뀌지 않는다. 보수와 진보, 교육과 환경, 세대와 계층, 가족 간 문제와 남북문제, 심지어 자유와 평등마저도 대립각으로 만들어 다툰다.

개인과 개인, 개인과 공동체, 공동체와 공동체, 사회와 사회, 민족과 나라와 나라 사이에 각각의 이익을 추구하는 데 있어서 상호 이익 충돌이 발생한다.

이러한 이해충돌로 인한 갈등이 심화되어 대화로 해결되지 않으면 폭력이 등장하고 전쟁으로 확산된다.

날로 폭력적으로 되어가는 갈등을 어떻게 대화를 통해 해결할 수 있을까? 구체적이고 건설적인 토론방식과 교육을 강화하여 사회적, 정치적, 경제적인 인생의 갈등을 해결하는 역할과 책임을 다해야 한다.

좋은 대화와 토론을 활용할 수 있는 방법을 연구하여 실행하므로 평화로운 소통의 문화를 확산하여 자유와 평등이 넘치는 사회를 만들어 가야 한다.

◆ 원효대사의 화쟁론

불교에는 갈등을 해결하고 화합을 이루어야 한다는 화쟁이라는 이론이 있다. 가장 유명한 것이 신라의 고승 원효대사의 화쟁론이다.

붓다가 깨달은 진리, 인연은 발생의 원인과 발생된 것의 유지와 소멸의 법칙 곧 삶의 법칙을 깨달은 것이다.
이미 발생된(존재) 것은 우리가 어쩔 수 없으나 살아 있는 것이 살아가는 동안 어떻게 살 것인가? 내 몸(생명)을 아끼고 사랑하듯 온 세상 생명 있는 것들이 잘 살아갈 수 있도록 보살피고 함부로 죽이지 말아야 한다는 것이다.

인연은 무엇보다 사람과 사람의 인연이다. 곧 인간의 문제, 사회의 문제다. 인간사회에는 사랑이 있어야 한다. 사랑의 소통이 있어야 의의 열매를 맺어 사람이 행복하게 살 수 있고 행복하게 소멸될 수(죽어 갈 수) 있다.

생이 고달프고 괴로운 것은 사랑이 없기 때문이다. 사랑하지 않기 때문이다. 있어도 잘못된 사랑을 하고 충만하지 못하기 때문이다. 사랑은 전적으로 자유의지이기 때문에 스스로의 행, 불행은 스스로의 책임이다.

인연은 곧 관계다. 너와 나 사이 인간, 사회, 공동체 안에서 사귐과 이해의 나눔과 피차, 상호관계다. 이 관계가 잘못되면 고통이 발생한다.

개인과 개인, 너와 나의 이익이나 어떤 일의 견해 차이로 갈등이 생기고 충돌이 일어난다. 개인과 공동체, 사회와 사회, 민족과 나라의 충돌은 상처를 주고받고 고통을 낳는다.

인간은 외롭고 고독한 존재이지만 인생은 즐겁고 행복하게 살아야 한다. 이중 인간의 가면을 벗고 지치고 상처받은 자아를 감추지 말고 드러내야 한다.

아프면 아프다고 소리 지르고 슬프면 꺼이꺼이 어깨가 하늘에 닿도록 흐느끼며 울어야 한다. 죽을 만큼 고통스러우면 나 죽는다고 나 좀 살려달라고 외치고 외롭고 우울하면 나 좀 봐달라고 함께 놀자고 무릎 꿇고 부탁이라도 해봐야 한다.

인연이란 다르게 말하면 공동체요 사회요 인간이다. 유아독존, 사람이 홀로 존재할 수는 있어도 인간이 혼자 살아갈 수는 없는 필연이다. 사랑의 줄에 연결되지 아니하고 사랑 없이 이 한 많은 세상을 어찌 혼자 살아갈 것인가?

사람들은 사랑을 노래하면서 인연은 우연이 아니고 정해진 운명이라고 말하길 좋아하지만 인연은 어쩌다 만난 우연이며 운명이다. 대면하여 만나는 것만이 인연이 아니다. 2,500년 전의 소크라테스를 테스 형이라 부를 수 있는 것은 책이나 철학 이야기를 통해 알게 된 인연이다.

원효대사의 화쟁론은 상호주장의 양면성을 인정하고 문제가 무엇인지 명확한 현상을 파악하여 충분한 토론을 통해 원만한 결론을 맺어 하나로 통합, 화합하는 것이다.

이것이 대승기신론의 일심으로 하나 된 마음, 한마음이 진리라는 것이다. 그리스도교의 이 마음, 한마음, 예수의 마음이다.

일심사상은 나사렛 예수의 천국은 네 마음속에 있다는 말과 같은 말이다. 세상만사가 다 마음먹기에 달렸다.

곧 선한 마음의 생각을 말과 행동으로 실천하여 이룬 결과는 마음의 기쁨으로 돌아온다는 것이다.

화쟁은 갈등과 분리, 다툼을 넘어서 진리는 하나이니 서로 마음을 열고 대화로 소통하므로 함께 어우러지는 조화를 이루자는 평화론이요 통일론이다.

부처, 붓다는 깨달음(선각), 깨달은 자(선각자)를 뜻하고 말한다. 깨닫지 못한 붓다, 부처란 말도 안 되는 소리다.
아직 깨닫지 못한 자는 부처가 아니라 중생이다. 단 한 번뿐인 고해의 인생길을 가는 모든 중생이 모두 다 하나같이 진리를 깨달아 붓다, 부처가 되어야 한다.

말썽 많은 파계에 대해 서산대사는 살생의 계(금기)가 있으나 독사가 어린아이(사람)을 물려고 할 때는 독사를 죽여 아이(사람)를 살리는 것이 옳다. 더 귀한 것(큰 계)을 위해 작은 계를 파할 수 있다. 고 후학들을 가르쳤다고 한다.

부처는 진리를 깨달음으로 자유를 얻은 사람이다. 곧 원효대사는 진리를 깨달아 부처가 된 사람이다.

자유로운 영혼을 가진 원효대사는 자신의 철학적 신념인 대승기신론의

염정불이 – 더럽고 깨끗한 것이 둘이 아닌 같은 하나요,

진속일여 – 진리(철학, 학문)를 깨달아 인격을 닦는 일이나 세상 현실 생활이 별개의 것이 아니라 하나라는 자유로운 삶을 택하고 실천한 것이다.

그리고 진리를 깨달은 사람(부처)은 아직 깨닫지 못한 사람들(중생)을 가르치고 이끌어야 할 책임이 있다는 것이다.

무아는 자신을 잊어버리는 것, 자신(이기심, 욕망)을 버려 버리는 것이다. 그래서 무아의 경지라 한다.

참자아, 자신의 참된 모습, 인성을 깨달아야 자신을 버릴 수 있다. 참자아를 찾은 자, 진리를 깨달아 자신을 버린 사람이 부처요 붓다다.

자신을 버리는 것은 다른 사람들과 하나가 되고 함께하기 위해서다. 너와 내가 사라지고 참 너와 참 나가 만나 우리가 되는 것이다. 참 우리가 되었을 때 참인연이 되고 인간, 사회가 되어 구원을 이룬한 세상을 살 수 있게 된다.

◆ 남을 먼저 대접하라

나사렛 예수는 "네가 대접을 받고자 하는 대로 남을 먼저 그렇게 대접하라고 우리에게 부탁하며 네 이웃을 네(내) 몸같이 사랑하라."고 명령한다.

내가 다른 사람에게서 좋은 대접을 받기를 원하는 대로 다른 사람

을 먼저 좋게 대접하는데 시비와 다툼이 있겠는가?

이웃(타인)을 내 몸같이 사랑하지 않고서 어찌 한마음이 이루어지겠는가? 서로 사랑할 때 한마음이 된다.

내가 먼저 변해야 한다. 내 생각부터 바꿔야 한다. 내 마음의 착함이 드러나 나의 행위가 선을 행해야 한다.

내가 거룩하지 않으면서 다른 사람이 훌륭하기를 바랄 수 없다. 사람의 인격은 다른 사람의 인격을 존중할 때 드러난다.

내가 최고이니 나만이 대접을 받아야 되는 것이 아니라 지도자는 민중을 섬기고 최고로 대접하는 사람일 때 민중의 지지와 지도자로서의 대접을 받게 된다.

갈등은 억압이나 강제와 폭력으로 해결하려고 하면 안 된다.

대화는 거짓과 꾸밈이나 편애가 없는 정직하고 바른말을 해야 한다. 피차 공동체를 사랑하는 마음으로 해야 인연이 조화된다. 인연이 조화되지 않으므로 빚어지는 것이 갈등이다. 이러한 갈등을 해결하기 위해서는

첫째, 갈등의 원인을 정확하게 알아야 한다. 갈등의 대부분은 사실 왜곡(거짓뉴스)과 상대방의 주장과 입장을 잘못 이해(오해)하는 데 있다. 특히 이념 갈등은 자신(들)이 주장하는 이념에 대해서 정확하게 모르는 것이 가장 큰 문제요 원인이다.

맹신은 사실이나 진리를 알려고 하지 아니하고 소속된 종교와 파

당에 대한 무조건적인 충성이기 때문이다.

둘째, 감정의 평정을 되찾아야 한다. 갈등의 원인이 경제적, 정치적, 사회적, 문화적 차이와 차별과 소외로 대화로 소통이 안 되면 감정적이 되어 분노로 폭발하기 마련이다.

감정이 격해지면 평화로운 토론은 불가능하고 대화 자체가 어렵게 된다.

대화는 상대방의 주장과 입장을 이해할 수 있도록 경청하는 버릇을 습관화하므로 상대방을 알고 자기 생각을 잘 정리하여 자신이 말하려는 내용을 정확하게 파악하므로 자신을 알아 상대방을 설득하거나 상대방의 주장에 동조해야 한다.

셋째, 임시방편의 협상이 되어서는 안 되고 원인을 밝히 알고 이해하고 토론을 통해 새로운 방안을 만들어 내야지 서로 주고받는 협상은 진정한 갈등해결이 아닌 시한폭탄을 내포한 협상이 될 수 있다.

정의 특히 사회정의를 이루기 위해서는 바르게 보고 정신을 집중하여 바른 생각을 모아 올바른 마음으로 바른말만 하며 최선을 다해 바르게 실천하므로 바른길을 걸어 의를 세워야 한다.

지피지기는 전쟁의 승리를 위한 전략 중의 최고의 수단이라고 알고 말한다. 고통의 원인이 되는 갈등은 남의 단점은 잘 꿰뚫어 보고 알지만 자신의 단점을 모르는 데 있다.

자신의 이익은 잘 알고 챙기면서 다른 사람의 손해는 거들떠보지 도 않는다.

자신의 장점을 최대한 발휘하고 인정받으려 하면서 다른 사람의 장점은 무시한다. 자신의 편안함과 풍족함과 행복을 꿈꾸면서 이웃의 불편함과 모자람과 불행은 모른 채 알려고 하지 않는다.

그래서 갈등이 발생한다. 갈등은 항상 괴로움(귀찮음)을 동반하고 고 통을 낳는다.

지피지기는 적을 이기는 데만 필요한 것이 아니다. 극기 자기 자신 을 이기는 데도 꼭 필요한 것이 지피지기다.

첫째, 먼저 자기 자신의 욕구와 능력과 인성을 제대로 알아야 한다.

둘째, 다른 이의 욕구와 능력과 인성을 제대로 알아야 한다.
그리하면 애초에 갈등이 빚어지지 아니하고 이해충돌이 생겨도 대 화로 갈등을 해결할 수 있게 된다.

사람이 마음의 생각을 바꾸지 아니하면 아무것도 바뀌지 않는다. 사람은 생각하는 대로 말하고 행동하기 때문이다.

굳어진 이념 관념이 틀림없이 옳은 것은 아니다. 그래서 교육과 대 화가 필요하다. 새로운 깨달음을 통해 마음의 생각을 바꿀 수 있기 위해서다.

니체의 초인은 초능력을 가진 위대한 신이 되는 것이 아니라 나사렛 예수가 말한 어린아이와 같이 되는 것이다.

놀이의 재미에 빠져 춤추며 즐거워하며 다른 아무것도 관심이 없는 천진난만한 아이 같은 마음(정신)으로 살 수 있는 사람, 사는 사람이 초인이다. 곧 사랑하는 사람, 그리스도인이다.

불교의 아바타(화신)는 그리스도교의 성육신이다. 즉 진리를 깨달아 변화된 몸, 새 사람이다. 거짓과 악이 눈곱만큼도 남아 있지 않은 거룩한 사랑으로 가득 찬 사람이다.

알에서 깨어나 벌레가 되고 벌레가 자라서 성충이 되어 번데기가 되면 번데기에서 벌과 나비와 매미가 되어 날아오른다. 땅에서 기고 나무를 타고 기던 벌레 같은 인생이 하늘을 나는 벌과 나비처럼 자유로운 영혼이 되는 것이 구원이 아니겠나?

그리스도교의 대화법 곧 나사렛 예수의 대화법은 간단하다. 너희 말은 옳다, 옳다. 아니다, 아니다. 하라는 것이다. 옳은 것은(만) 옳으니 옳다 하고 아닌 것은 아니니 아니다 하라! 이에서 벗어나면 악에서 나는 것이다.

돈 봉투가 들어오거나 옆구리를 쿡쿡 찔러도 옳은 것을 아니라고 하지 말고 아닌 것을 옳다 하지 말라는 것이다. 여기서 벗어나면 악한 것이요 그 행위는 죄다.

양심이 시키는 대로 생각하고 말하고 행동하라는 말이다. 그것이 정의요 참사랑이다. 그것이 의요 선이다.
너희 말은 항상 선하고 옳은 말만 하여 중용의 삶을 살라는 것이다.

세상의 모든 꽃은 아름답다. 남보다 화려하지 않아도 크고 탐스럽지 않아도 보잘것없어 보이는 길가의 잡초 꽃 한 송이도 다 자기 나름대로의 소명을 다하며 한(마음)껏 자신을 뽐내고 있다.

세상에 귀하지 않은 생명은 하나도 없다. 그러나 사람의 생명은 그 어떤 생명과도 바꿀 수 없이 귀한 것이다. 먹이사슬은 또 하나의 생존법칙이다. 죄가 되지도 않거니와 죄악도 아니다.

대화는 듣고 말하는 것이다. 잘 들어야 잘 말할 수 있다. 잘 듣고 잘 이해해야 내 말을 잘 이해시킬 수 있다.

자기표현을 잘하려면 자기 마음속에서 자기 생각과의 내면의 대화를 통해 생각과 말의 내용을 잘 정리해야 한다.

마지막
정리

우리는 좌파와 우파, 좌익과 우익, 흑인과 백인, 동서의 갈등과 공산주의와 자본주의 등 흑백논리에서 벗어나야 한다.

정의가 옳은 것이지 좌나 우, 흑이나 백이 옳은 것이 아니기 때문이다.

우리는 강자의 윤리 정의가 승리한다는 신기루에서 벗어나야 한다. 자기 이익만을 우선하는 강자는 결코 정의롭지 못하다. 강자는 결코 약자를 위해 자기 이익을 포기하지 않고 희생하지 않는다.

과거 유럽에서 쥐에 의한 흑사병(페스트)이 창궐했을 때 유대인들을 흑사병을 옮기는 쥐와 같은 악마라고 몰아 학살했듯이 오늘날 코로나 19 펜데믹 상황에서도 서로 책임을 전가하며 적대시하고 패권을 움켜쥐려는 데만 혈안이 되어 있다.

종교와 신이라는 신기루에서 벗어나야 한다. 신은 사랑일 뿐이지 우상도 아니요 악마도 아니다.

정의가 승리하려면 나부터 정의로운 사람이 되어야 한다. 사회정의가 실현되려면 인종차별 없이 소외되는 사람 없이 사랑이 골고루 나누어지고 베풀어지고 실천되어야 한다.
자유와 평화가 넘쳐나는 사랑의 법만이 지배하는 세상이 되어야 한다.

이념, 주의라는 신기루에서 벗어나려면 갈등이 없어야 한다. 남을 인정하고 먼저 대접하면 나도 인정받고 대접을 받게 된다.

인간의 삶, 사회는 너와 내가 아니라 우리라는 울타리이다. 울타리, 우리는 경계가 아니라 하나 되는 한 울타리 곧 한마음이다.

공산주의 사회나 국가는 네 것, 내 것 따지지 아니하고 우리 안에서 마음뿐 아니라 의식주, 경제와 교육과 문화에 이르는 인간 삶의 전체가 고르고 평등하게 나누고 누리는 사회다.

있지도 보이지도 않는 신이라는 신기루가 아니라 우주와 자연이 빚어내는 오로라와 무지개처럼 아름답게 빛나는 이 땅 위에서 우리, 인간의 따스함을 느낄 수 있는 사람 사랑, 이웃 사랑을 실천하는 것이다.

신이라는 초월적 존재를 이용한 거짓된 권위의식과 권력이라는 허상의 정의에 무릎 꿇은 어리석음에서 벗어나 인간의 이중성, 주체와 정체성이 없는 이념이라는 허수아비에 농락당하는 불쌍한 인생들을 신기루의 망상(꿈)에서 깨우기 위해 이 글을 쓴다.

아래에 〈평화의 노래〉를 읊어본다.

평화의 노래(sing of Peace)

평화는 먹는 것이 같아야 한다.
어느 놈은 고기 먹고 어느 놈은 풀을 먹네
평화는 가진 것이 같아야 한다.
월세 10만 원짜리 고시원과 100억짜리 빌라
평화는 마음과 대화가 통해야 한다.
이심전심으로 네 말이 내 말이어라

평화는 아는 것이 같아야 한다.
진리와 법으로 사회정의를 세우고
평화는 믿는 것이 같아야 한다.
너와 내가 서로 사랑을 믿으므로
평화는 마음과 생각이 같아야 한다.
사람 사랑으로 인격을 이룬 인간이 되어라

평화는 일용할 양식이 같아야 한다.

허기진 사람 배고프고 배부른 사람 배 터지네

평화는 사랑하는 것이 같아야 한다.

너를 먼저 대접하고 존중하므로

사람 사랑으로 자유와 평등 행복 넘치는

아름다운 세상 평화를 이루자!

신기루를 쫓는 인생

세 가지 헛된 믿음

-신, 정의, 이념-

초판 1쇄 발행 2021. 9. 28.

지은이 이완수
펴낸이 김병호
편집진행 한가연 ㅣ **디자인** 정지영

펴낸곳 주식회사 바른북스
등록 2019년 4월 3일 제2019-000040호
주소 서울시 성동구 연무장5길 9-16, 301호 (성수동2가, 블루스톤타워)
대표전화 070-7857-9719 **경영지원** 02-3409-9719 **팩스** 070-7610-9820
이메일 barunbooks21@naver.com **원고투고** barunbooks21@naver.com
홈페이지 www.barunbooks.com **공식 블로그** blog.naver.com/barunbooks7
공식 포스트 post.naver.com/barunbooks7 **페이스북** facebook.com/barunbooks7

· 책값은 뒤표지에 있습니다.   **ISBN** 979-11-6545-505-7 03210

바른북스는 여러분의 다양한 아이디어와 원고 투고를 설레는 마음으로 기다리고 있습니다.